FRONTPAGE

POUR

LES NULS

W9-AMU-874

FRONTPAGE POUR LES NULS

Asha Dornfest

SYBEX

Paris - San Francisco - Düsseldorf - Londres - Amsterdam

Les produits mentionnés dans ce manuel peuvent être des marques déposées, toutes ces marques sont reconnues.

Pour les Nuls est une marque déposée de International Data Group.
For Dummies est une marque déposée de International Data Group.

Traduction : Yves Frechil

Sybex n'est lié à aucun constructeur.

Tous les efforts ont été faits pour fournir dans ce livre une information complète et exacte. Néanmoins, Sybex n'assume de responsabilités ni pour son utilisation, ni pour les contrefaçons de brevets ou atteintes aux droits de tierces personnes qui pourraient résulter de cette utilisation.

Copyright © 1996 IDG Books Worldwide, Inc.
Titre original FRONPAGE™ Web publishing & design for Dummies
All rights reserved including the right of reproduction in whole or in part in any form.
This edition published by arrangement with the original publisher, IDG Books Worldwide, Inc., San Mateo, California, USA.

Copyright © 1997 Sybex

Tous droits réservés. Toute reproduction, même partielle, par quelque procédé que ce soit, est interdite sans autorisation préalable. Une copie par xérographie, photographie, film, bande magnétique ou autre, constitue une contrefaçon passible des peines prévues par la loi sur la protection des droits d'auteur.

ISBN 2-7361-2447-2
(Version originale 0-7645-0057-0)

SOMMAIRE

X

Introduction

Il y a deux ans, on ne trouvait sur l'Internet que les passionnés d'informatique, les universitaires et les vrais professionnels. Aujourd'hui, la prolifération des micros de bureau et l'apparition du World Wide Web ont placé l'Internet sur le devant de la scène. Tout le monde, depuis le P.-D.G. jusqu'à l'élève du cours préparatoire, veut être connecté. Et ils ne se contentent pas de surfer. Ils veulent aussi **publier**. Ils veulent avoir leur propre site Web.

Il n'y a pas longtemps, cette prérogative était réservée à quelques spécialistes, et c'est ainsi qu'était apparue une nouvelle race d'informaticiens, à mi-chemin entre l'édition et l'informatique. Si vous vouliez avoir votre place sur le Web, vous deviez soit avoir une bonne teinture de cette spécialité, soit passer à la caisse et recourir aux bons offices d'un de ces *dei ex machina*.

Ce n'est plus le cas actuellement, grâces en soient rendues à FrontPage 97, le dernier-né du prolifique Microsoft, qui met maintenant la publication sur le Web à la portée de tous. Sans qu'il soit nécessaire d'avoir la moindre connaissance de HTML (*HyperText Markup Language*, c'est-à-dire langage hypertexte à balises), le langage du Web, vous pouvez construire un site sophistiqué, rempli de ces gadgets que vous admirez un peu partout, et le gérer sans difficulté.

Mais attention, FrontPage n'est pas un petit logiciel qui trouve place sur une ou deux disquettes. C'est un poids lourd comparable à Word pour Windows. Comme lui, il est facile à utiliser mais seulement après que vous en aurez découvert les ficelles et les astuces.

Et c'est précisément pour ça que j'ai écrit *FrontPage pour les Nuls*.

Pourquoi ce livre va vous plaire

Ce livre, comme tous ceux de la collection *pour les Nuls* s'est fixé pour objectif de vous expliquer dans une langue de tous les jours comment utiliser un logiciel aussi sophistiqué que FrontPage.

Non seulement je vais vous montrer comment réaliser un site Web à l'aide de FrontPage, mais je vais vous indiquer comment le rendre attrayant et facile à naviguer, afin qu'il puisse faire une grosse impression sur les plus férus de technique parmi vos amis et connaissances.

Publier sur le Web est en train de glisser d'un simple bricolage vers un art à part entière avec ses règles non écrites, ses trucs et ses traditions. Ce livre va vous initier à la façon de faire des pros en vous dévoilant leurs petits secrets : ceux qu'on ne découvre généralement que par suite d'un heureux concours de circonstances.

Qui êtes-vous et que savez-vous déjà ?

FrontPage pour les Nuls va vous mettre rapidement le pied à l'étrier pour que vous puissiez réaliser la présentation Web dont vous rêvez. Mais, pour en arriver là, je dois faire quelques suppositions sur vous-même et le savoir-faire que vous possédez déjà.

- **Vous avez su établir des relations cordiales avec votre ordinateur et ses périphériques familiers : souris, clavier, moniteur et modem.** Vous savez vous faire obéir de la bête en cliquant au bon endroit et en tapant les commandes appropriées. Vous maîtrisez correctement Windows 95 dont vous connaissez le menu Démarrage. Vous lancez des programmes en double-cliquant sur leurs icônes, vous savez rechercher quelque chose à l'aide de l'Explorateur et vous comprenez ce que veut dire sélectionner une commande dans un menu.

- **Vous avez une connexion à l'Internet et vous avez déjà passé quelque temps à surfer sur le Web.** Vous ne vous êtes pas forcément intéressé au fonctionnement interne de l'Internet, mais vous avez un gourou à portée de main (ou plutôt d'oreille) à qui vous savez faire appel en cas de problème.

- **Vous avez acquis FrontPage qui s'offre à vos regards dans sa boîte toute neuve sur votre bureau, bien en vue là où sa présence contribue à rehausser votre prestige aux yeux de vos visiteurs.** Si vous êtes courageux, peut-être même l'avez-vous déjà installé sur votre bécane ?

- **Vous n'avez jamais tenté de vous lancer dans la publication sur le Web.** En tout cas, si vous vous y êtes risqué, cela n'a pas été avec FrontPage. Si vous avez quand même essayé, vous vous êtes rapidement découragé et vous n'avez fait qu'un saut jusqu'à la librairie où vous venez d'acheter *FrontPage pour les Nuls*.

Ce que vous allez trouver

FrontPage pour les Nuls contient tout ce dont vous avez besoin pour créer de spectaculaires sites Web avec FrontPage 97. Ce logiciel contient en réalité plusieurs programmes interconnectés quoique distincts, demandant chacun des connaissances particulières pour être correctement utilisé. Comme ce n'est pas quelque chose de simple, j'ai divisé le livre en plusieurs parties.

Première partie : Premier contact avec Frontpage

La première partie vous présente les vedettes du show : l'explorateur FrontPage et l'éditeur FrontPage. Le premier sert à créer et à administrer un site Web ; l'éditeur, lui, se consacre à l'édition des pages Web qui constituent les briques de base de tout site Web.

Deuxième partie : Création de pages Web qui vous donneront l'air d'un génie

La deuxième partie a pour but de vous familiariser avec la conception d'ensemble du Web ainsi qu'avec l'agencement et le formatage des pages. Vous allez découvrir comment ajouter du texte et le mettre en forme, créer des liens hypertexte, insérer des images ordinaires et des images réactives et construire des tableaux (ni en bois ni en peinture, mais au sens informatique du terme). Vous y verrez également comment créer des formulaires interactifs qui permettront à vos visiteurs de communiquer avec vous. Les *frames* n'auront plus de secret pour vous et vous saurez comment rendre vos pages facilement navigables. Vous saurez tout sur les *WebBots*, ces petits robots qu'on ne trouve que dans FrontPage et qui vous permettent d'ajouter du piment à vos pages Web. Enfin, vous apprendrez comment aller plus loin grâce au multimédia, aux contrôles ActiveX, aux applets Java, aux plug-ins et aux scripts JavaScript.

Troisième partie : Embellissement de votre site Web

La troisième partie vous montrera comment ajouter certaines fonctionnalités de FrontPage à votre site Web : un système d'enregistrement des visiteurs et un forum de discussion interactif.

Quatrième partie : Un cran au-dessus

La quatrième partie vous montrera comment vous pouvez travailler en équipe avec FrontPage : gestion des contrôles d'accès, construction de listes des tâches à réaliser. Vous verrez également comment rendre votre site visible de partout sur le Web.

Cinquième partie : Les dix commandements

C'est là que vous trouverez tout ce qui ne tient pas dans les autres parties. Sa lecture n'est pas obligatoire. C'est quelque chose qu'il faut lire, les pieds posés sur le bureau, avec, à portée de main, un verre rempli d'une de vos boissons favorites. Dix choses faisables avec un site Web, dix outils Internet indispensables et gratuits, dix sites à connaître.

Les annexes

En plus de FrontPage, le CD-ROM de Microsoft contient un *Bonus Pack*, Internet Explorer, Image Composer le serveur personnel Microsoft et l'Assistant de publication. Tous ces programmes sont conçus pour travailler avec FrontPage, formant ainsi une suite complète d'outils Web. L'Annexe A vous expliquera le rôle de chacun de ces programmes.

Si vous n'avez pas encore installé FrontPage, l'Annexe B est faite pour vous. Vous en apprendrez davantage qu'avec la notice de Microsoft. Enfin, l'Annexe C vous expliquera comment utiliser tous les gadgets que vous allez trouver sur le CD-ROM qui accompagne ce livre.

Le CD-ROM d'accompagnement

Encarté dans la dernière page de ce livre, vous allez trouver un CD-ROM contenant toutes sortes de programmes gratuits et autres gâteries. En voici un aperçu :

- **Modèles de pages Web personnalisées.** J'ai conçu un jeu de modèles de programmes que vous pourrez réutiliser à votre convenance pour vos propres pages.

- **Les bonnes adresses.** Tout au long de ce livre, j'ai cité des adresses de sites intéressants que j'ai regroupées dans une page Web contenant des liens vers chacun de ces sites. Chargez-la sur votre browser pour en prendre connaissance.

- **Paint Shop Pro.** Mon éditeur d'images favori.

- **NETCOLPC.GIF.** Un fichier image contenant toutes les couleurs que vous pouvez utiliser pour vos propres images.

- **WS_FTP LE.** Un logiciel client FTP facile à utiliser pour préparer votre site Web (*LE* signifie *limited edition*).

Comment utiliser ce livre

Pensez à moi comme si j'étais votre marraine FrontPage. Je vais vous présenter ce monde merveilleux, répondre comme par magie à toutes vos questions et rester à vos côtés avec ma baguette magique lorsque vous commencerez à voler de vos propres ailes.

Inutile de commencer par le premier chapitre. Quel que soit l'endroit du livre où vous vous trouverez, je serai là, toujours prête à vous répondre.

Si vous débutez dans la publication Web, pourquoi ne pas feuilleter le livre pour avoir une idée de ce qu'implique la réalisation d'un site Web, avant de vous attaquer à ce qui vous paraît le plus intéressant ?

Si vous êtes du genre aventureux, lancez FrontPage, cliquez sur tout ce qui bouge, jouez avec les menus et attrapez le livre quand vous serez perdu.

Voici les quelques conventions que j'ai utilisées dans ce livre :

- Lorsque j'écris tapez <Ctrl>+<N>, cela veut dire que vous commencez par appuyer sur la touche <Ctrl> et que, tout en la maintenant enfoncée, vous tapez sur <N>.

- Lorsque je vous dis de taper quelque chose, j'écris ce quelque chose **en gras**, de cette façon : "Dans la boîte de saisie Nom, tapez **Matilda**."

Icônes utilisées dans le livre

Cette icône pointe sur d'importants détails qu'il ne faut pas négliger.

Vous trouverez ici une astuce qui vous fera gagner du temps ou pourra embellir votre présentation.

Pas de panique ! Votre ordinateur ne va pas exploser lorsque vous voyez cette icône. C'est seulement le signe que vous allez aborder un point délicat.

Ces informations vous permettront d'approfondir certains détails techniques de FrontPage, mais leur lecture n'est pas indispensable si le seul aspect qui vous intéresse est la publication Web par elle-même.

 Le Web une véritable mine de renseignements sur tout ce qui concerne la publication Web et FrontPage. Cette icône vous signale une URL où il y a quelque chose d'intéressant à glaner.

Matériel et logiciel

Ne sautez pas cette section sous prétexte que vous avez acheté FrontPage et que, maintenant, vous n'avez plus besoin de rien d'autre. Lisez attentivement cette liste qui vous présente le matériel et le logiciel dont vous avez besoin pour faire tourner FrontPage dans de bonnes conditions. Si, dans cette liste, il y a quelque chose que vous ne reconnaissez pas, c'est sans doute parce que vous ne le possédez pas.

- Un ordinateur personnel équipé d'un microprocesseur 486 ou plus puissant.

- Windows 95, Windows NT 3.51 Workstation Service Pack 5 ou plus récent. FrontPage ne tourne pas sous Windows 3.x.

- FrontPage 97 de Microsoft.

- 8 Mo de RAM avec Windows 95 ou 16 Mo avec Windows NT (16 Mo recommandés pour le serveur personnel Microsoft).

- 30 Mo de place sur votre disque dur.

- Un lecteur de CD-ROM.

- Un moniteur VGA ou SVGA (au moins 256 couleurs).

- Une souris ou tout dispositif de pointage compatible (votre doigt n'est pas suffisant).

- Un abonnement à un fournisseur d'accès Internet susceptible d'héberger une présentation Web occupant un minimum de 1 Mo. Il est préférable qu'il supporte les extensions FrontPage Server (pour plus de détails sur ce point, consultez le Chapitre 18).

- Une couche TCP/IP compatible avec Winsock Version 1.1 ou plus récente (si vous avez une connexion Internet, c'est en principe un problème réglé d'avance).

Si vous voulez utiliser le Bonus Pack, il vous faut davantage d'espace disque :

- 11 Mo pour Internet Explorer.

- 1 Mo pour le serveur personnel de Microsoft.

- 1 Mo pour l'Assistant de publication.

- 2 Mo pour Internet Mail et le lecteur de news.

- 11 Mo minimum (17 Mo préférables) pour l'éditeur d'images Image Composer.

Si vous avez l'intention d'utiliser ce dernier, il vous faudra en outre :

- 16 Mo de RAM (32 Mo seraient encore mieux).

- Un moniteur SVGA (ou mieux, TrueColor avec 2 Mo de mémoire vidéo).

Première partie
Premier contact avec FrontPage

"Qu'est-ce que ça veut dire : Je mets à jour votre page Web ?"

Dans cette partie...

Lorsque vous devez affronter pour la première fois un nouveau programme, le moment le plus effrayant est probablement celui où vous le lancez et où vous contemplez un écran peuplé de symboles et de menus inconnus. C'est un peu comme lorsque, dans une réception mondaine, vous ne connaissez personne.

Dans cette partie, vous allez faire connaissance avec FrontPage et je vais faire moi-même les présentations et vous offrir quelques verres, de façon que vous ayez en peu de temps le sentiment d'être chez vous et de vous sentir à l'aise avec les deux plus importantes personnalités de FrontPage que sont l'explorateur et l'éditeur.

Chapitre 1
Explorer la toile d'araignée avec l'explorateur FrontPage

Dans ce chapitre :

En quoi consiste une publication Web ?

Création d'un nouveau site Web.

Simplification du processus de création à l'aide de modèles et d'assistants.

Importation dans FrontPage d'un site Web existant.

Ouverture d'un site Web avec FrontPage.

Suppression d'un site Web.

Une "toile d'araignée" : c'est ainsi qu'on peut traduire littéralement le mot "Web", et "World Wide" implique une couverture mondiale. D'où le titre de ce chapitre.

Microsoft aime beaucoup le mot "explorateur" qui possède une connotation à la fois aventureuse et romanesque. *Internet Explorer* est le véhicule tout-terrain avec lequel vous parcouriez jusqu'ici la toile d'araignée mondiale. Va venir s'y ajouter *l'explorateur de FrontPage* qui va vous conduire jusqu'aux frontières de la publication sur le Web.

FrontPage n'est pas seulement un programme monolithique comme Word ou Excel, mais plutôt une "suite" dans laquelle chaque programme coopère avec les autres pour vous aider à créer, gérer et publier un site sur le World Wide Web. Lorsque vous lancez FrontPage, vous commencez votre aventure sur le Web avec l'explorateur FrontPage.

L'explorateur est l'outil qui va vous permettre de créer, voir et gérer votre site Web. Un *site Web*, c'est une collection de fichiers concourant à la formation d'une présentation cohérente destinée à être publiée sur le Web. Grâce à l'explorateur, vous allez pouvoir créer de nouveaux sites ou en importer d'autres, qui existent déjà et que vous voulez mettre à jour et gérer à l'aide de FrontPage.

En quoi consiste une publication Web ?

Avant que vous ne coiffiez votre casquette d'éditeur de site Web, il faut que vous compreniez ce que vous allez faire lorsque vous créez un site. Si vous avez déjà surfé sur le Web, vous savez déjà ce qu'est un site Web : un endroit auquel vous vous êtes arrêté au cours de votre errance sur les autoroutes de l'information. Certains appellent ça leur *page d'accueil*. FrontPage utilise une expression spéciale : *FrontPage Web*. Ce n'est autre qu'un site Web qui a été créé avec FrontPage et qui ne diffère d'un autre site que par quelques fonctionnalités supplémentaires liées à l'utilisation de FrontPage.

De même qu'un livre est composé de pages individuelles, un site Web est composé d'un certain nombre de fichiers qu'on appelle *pages Web* et qui contiennent du texte et des images : celles qu'on voit lorsqu'on visite le site.

Lorsque vous construisez un site Web, vous créez des pages individuelles et établissez entre elles des liens qui permettront à vos visiteurs d'aller facilement de l'une à l'autre. Nous verrons plus en détail au Chapitre 2 comment fonctionnent ces liens. L'explorateur FrontPage simplifie ce processus de construction grâce à des *modèles* et des *assistants*. Il crée l'ensemble des articulations d'un squelette composé de pages dans lesquelles vous n'avez plus qu'à placer textes et images.

Publier un site Web signifie le rendre visible au reste du monde du Web. Contrairement à ce qu'on pourrait croire, ce n'est pas automatique car pour qu'un site Web devienne vivant, il faut :

- Que toutes les pages (tous les fichiers) soient placées sur un ordinateur où tourne un programme particulier appelé *serveur Web*.

- Que l'ordinateur en question ait une connexion permanente à l'Internet. (On parle alors quelquefois de *serveur Web dédié*.)

En général, ces serveurs sont des fournisseurs d'accès Internet ou de grosses entreprises. FrontPage est le premier programme de publication Web qui soit fourni avec son propre serveur, le Serveur personnel de Microsoft. Grâce à lui, vous pouvez créer un site Web sophistiqué et tester toutes ses fonctionnalités afin d'être certain qu'elles sont toutes opérationnelles, au moyen de votre seul ordinateur. Pour faire ces tests, ceux qui ne possèdent pas ce logiciel doivent obligatoirement utiliser un serveur extérieur auquel ils sont reliés par l'Internet.

Lorsque vous voudrez réellement *publier* votre présentation Web pour que tout le monde puisse la voir, vous devrez néanmoins recourir aux prestations d'un véritable fournisseur d'accès Internet, tout simplement parce que vous n'avez sans doute pas l'intention de laisser votre propre machine connectée 24 h sur 24 à l'Internet (ne serait-ce qu'en raison de la répercussion que cela aurait sur la facture que France Télécom vous envoie tous les deux mois). Nous y viendrons au Chapitre 18.

Création d'un nouveau site Web

Créer un site Web, c'est une démarche intellectuelle comparable à celle de l'écrivain devant sa page blanche. Parfois des idées de génie jaillissent à flot continu de son cerveau. A d'autres moments, c'est l'angoisse : il a beau se torturer les méninges, rien de bien intéressant n'en sort.

FrontPage établit un équilibre satisfaisant entre directivité et souplesse. Si vous voulez avoir de l'aide pour démarrer, utilisez un modèle tout fait. Si vous voulez vous sentir continuellement guidé, appelez un assistant pour vous conduire au travers des méandres de la construction. Si vous avez déjà quelques idées de ce que vous voulez obtenir, partez de zéro. Dans tous les cas, vous pourrez toujours changez plus tard.

Lorsque vous aurez créé l'ossature d'un nouveau site Web avec l'explorateur, vous ajouterez progressivement un *contenu* (images, textes et tout ce que vous voulez publier sur votre site) en éditant chacune des pages, tour à tour, avec l'éditeur de FrontPage que je vous présenterai plus tard, au Chapitre 3.

Avec un modèle

L'explorateur contient des modèles (*templates*) qui reproduisent la structure d'un site Web standard. Il suffit ensuite de le personnaliser afin de l'adapter à votre cas particulier. Bien que les sites ainsi construits aient un aspect un peu artificiel, ils constituent une bonne base de départ et, pour peu qu'on ait un peu d'imagination, il est facile, ensuite, de leur donner une apparence moins standard.

FrontPage est accompagné de modèles convenant à différents objectifs :

- **Site Web de support client :** Ce modèle convient à des entreprises qui veulent faire connaître leur production sur le Web. De cette façon, leurs clients peuvent prendre connaissance des informations les plus récentes concernant ces produits, poser des questions, en discuter avec d'autres utilisateurs... Ce modèle est orienté vers les sociétés éditrices de logiciels et contient des pages à partir desquelles les clients peuvent télécharger des versions de démonstration des nouveautés et soumettre leurs rapports d'incidents. Ce modèle est facile à personnaliser pour d'autres types d'entreprises.

- **Site Web personnel :** C'est le modèle qui convient à ceux qui ne veulent pas se casser la tête pour communiquer avec leurs semblables, parler d'eux-mêmes, de leurs projets ou de leurs hobbies (pardon ! de leurs "violons d'Ingres" !). Le modèle contient un formulaire que les visiteurs peuvent utiliser pour faire connaître leur opinion sur la présentation (et sur son auteur !).

- **Site Web d'un projet :** C'est le modèle qui convient le mieux pour un *Intranet* (sorte d'Internet local qui n'est accessible que par les employés travaillant sur un même site). C'est un bon outil pour suivre les différentes étapes d'un projet selon leur chemin critique. On y trouve aussi un forum de discussion.

Pour créer un site Web au moyen d'un modèle (un site personnel, par exemple), voici quelles sont les étapes à suivre :

1. **Lancez FrontPage en double-cliquant sur son icône.** La boîte de dialogue Mise en route de Microsoft FrontPage s'affiche et vous propose plusieurs options selon que vous voulez ouvrir un site existant ou en créer un nouveau (Figure 1.1).

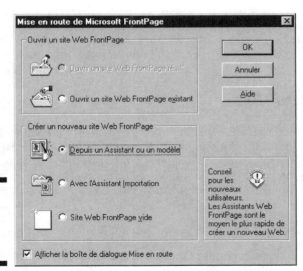

Figure 1.1 :
La boîte de
dialogue
initiale de
FrontPage.

2. **Cliquez sur le bouton Depuis un Assistant ou un modèle.**

3. **Cliquez sur OK.** La boîte de dialogue Nouveau site Web FrontPage s'affiche.

4. **Dans la boîte à liste Modèle ou Assistant, cliquez sur Site Web personnel** (ou sur l'un des autres modèles, à votre convenance).

5. **Cliquez sur OK.** La boîte de dialogue Modèle site Web personnel s'affiche. Elle va vous servir à indiquer sur quel endroit de votre disque dur vous entendez ranger les fichiers de votre nouveau site Web.

   FrontPage crée tous les nouveaux sites Web en se servant du Serveur Web personnel de FrontPage. (Si vous n'êtes pas sûr de savoir exactement de quoi il s'agit, reportez-vous à la section du début de ce chapitre "En quoi consiste un serveur Web ?".) Le nom que vous voyez dans la boîte de saisie Serveur Web ou emplacement du fichier est celui que FrontPage a assigné au Serveur Web Personnel au cours de l'installation.

   Vous pouvez créer de nouveaux sites Web sur un autre site Web ou à un autre endroit dans votre ordinateur. Pour tout détail complémentaire, utilisez l'aide en ligne de FrontPage en cliquant sur le bouton Aide.

6. **Dans la boîte de saisie Nom du nouveau site Web FrontPage, tapez un nom représenté par un seul mot.** Ce sera le nom de votre site Web et il devrait symboliser le sujet de cette présentation. Vous pouvez utiliser des majuscules et/ou des minuscules.

7. **Cliquez sur OK.** Après une courte pause, une boîte de dialogue s'affiche, vous demandant votre nom et votre mot de passe.

8. **Dans les deux boîtes de saisie, tapez le nom de l'administrateur et le mot de passe que vous avez définis lors de l'installation de FrontPage.** N'oubliez pas que vous devez les taper *exactement* de la même façon que vous les avez définis la première fois. Si vous ne pouvez pas vous les rappeler, honte à vous ! Consultez alors l'encadré suivant, "Au secours ! j'ai oublié mon mot de passe".

9. **Cliquez sur OK.** Votre disque dur se met à cliqueter, signe qu'il est en train de construire votre site Web. Au bout d'un moment plus ou moins long (selon l'ordinateur que vous utilisez), votre Web personnel apparaît dans l'explorateur.

Vous aurez peut-être remarqué le modèle Apprentissage de FrontPage listé parmi les autres options dans la boîte de dialogue Nouveau site Web FrontPage. Ce modèle crée un site Web qui est utilisé dans le didacticiel du manuel "Mise en route de Microsoft FrontPage 97" fourni avec le CD-ROM.

Au secours ! j'ai oublié mon mot de passe !

Si votre empressement à mettre FrontPage au travail vous a poussé à aller trop vite, peut-être avez-vous omis de noter soigneusement sur une feuille de papier ou dans un cahier le nom d'administrateur et le mot de passe que vous avez définis lors de son installation. Et maintenant, lorsque l'explorateur vous les demande, vous restez coi. Voilà - vous dites-vous avec amertume - comment on ruine une carrière d'auteur Web avant même qu'elle ait commencé !

Pas de panique : il y a une porte dérobée qui va vous permettre de vous tirer d'affaire sans qu'il soit nécessaire de tout réinstaller. Vous devrez simplement définir un nouveau mot de passe, l'ancien devenant périmé. Son nom est Administrateur de serveur FrontPage.

Vous pouvez ajuster ainsi les paramètres que vous avez définis lors de l'installation. Un certain nombre d'options ne concernent que les administrateurs système et autres techniciens plus soucieux de leur machine que de ce qui s'y publie mais, pour vous, il s'y trouve un outil précieux grâce auquel vous pouvez modifier votre mot de passe. Voici comment vous devez opérer :

1. **Ouvrez l'Administrateur de serveur FrontPage en double-cliquant sur son icône.** Vous pouvez aussi l'appeler avec le menu Exécuter de Démarrer (bouton le plus à gauche de la barre des tâches de Windows 95). Il se trouve généralement à l'adresse C:\PROGRAM FILES\MICROSOFT FRONTPAGE\BIN\FPSRVWIN.EXE. Sa fenêtre s'ouvre.

2. **Cliquez sur Sécurité.** La boîte de dialogue Nom et mot de passe Administrateur s'affiche et vous pouvez lire `<Site Web racine>` dans la boîte de nom du Web. Tout va bien.

3. **Dans la boîte de saisie Nom, tapez le nom de l'administrateur s'il n'est pas déjà affiché.**

4. **Dans la boîte de saisie du mot de passe, tapez un nouveau mot de passe.** (Cette fois, notez-le soigneusement !)

5. **Dans la boîte de saisie Confirmer le mot de passe, tapez une seconde fois votre nouveau mot de passe.**

6. **Cliquez sur OK.** Les boîtes de dialogue se referment.

7. **Cliquez sur Fermer pour refermer l'Administrateur.**

Plus tard, vous pourrez modifier le mot de passe à partir de l'explorateur (je vous dirai comment au Chapitre 17). N'utilisez l'Administrateur que lorsque vous ne pouvez pas faire autrement.

Avec un assistant

Un *assistant* vous conduit pas à pas dans la succession des étapes à parcourir pour créer un site Web en vous présentant une suite de boîtes de dialogue dans lesquelles vous devez introduire certaines informations. Il existe des assistants pour deux des modèles les plus sophistiqués : Assistant Présence institutionnelle et Assistant Web de Discussion. (Il existe aussi un Assistant Web d'importation pour vous aider à importer dans FrontPage un site Web existant. Nous en parlerons plus loin, dans ce même chapitre.)

- **Assistant Présence institutionnelle :** Cet assistant (dont la Figure 1.2 montre la fenêtre initiale) crée un site d'entreprise complet, images comprises. Selon les options que vous aurez choisies, le site pourra contenir des rubriques très variées, depuis un catalogue de produits jusqu'à un forum de discussion avec le service de l'entreprise chargé de la communication. L'assistant peut même placer des entrées dans la Liste des tâches afin de vous rappeler que vous devrez personnaliser certains aspects de la présentation. (Au Chapitre 16, nous verrons comment utiliser cette liste.)

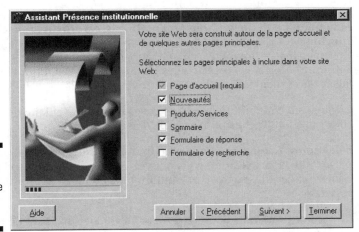

Figure 1.2 : L'Assistant de Présence institution- nelle.

- **Assistant Web de discussion :** Cet assistant crée un site interactif qui permet aux visiteurs de faire connaître leurs avis et de lire les réponses et commentaires des autres visiteurs sur un sujet déterminé. Les visiteurs peuvent aussi faire des recherches spécifiques dans les réponses se trouvant sur ce Web de discussion. Cet assistant peut créer un nouveau site de discussion ou ajouter un forum à un site de discussion existant. Vous trouverez tous les détails au Chapitre 15.

Pour créer un site d'entreprise au moyen de l'Assistant Présence institutionnelle, parcourez les étapes suivantes :

1. **Lancez l'explorateur de FrontPage en double-cliquant sur son icône.** Ou bien sélectionnez son icône dans le menu Démarrer de Windows 95. La page d'accueil de la Figure 1.1 s'affiche.

2. **Cliquez sur le bouton Depuis un Assistant ou un modèle puis sur OK.**

3. **Dans la boîte à liste Modèle ou Assistant, cliquez sur Assistant Présence institutionnelle puis sur OK.** La boîte de dialogue correspondante s'affiche. Elle va vous permettre de choisir l'endroit où vous allez conserver les nouveaux fichiers de votre site Web.

4. **S'il n'est pas déjà visible, sélectionnez le nom du Serveur Web personnel dans la liste déroulante Serveur Web ou emplacement de fichier.** Vous pouvez aussi taper un nom dans la boîte de saisie.

5. **Dans la boîte de saisie Nom du nouveau site Web FrontPage, tapez le nom que vous allez donner à votre site puis cliquez sur OK.** Si votre entreprise s'appelle la SPCL (*Société pour le comblage des lacunes*), tapez, par exemple, Lacunes ou SPCL.

6. **Si la boîte de dialogue Nom et mot de passe s'affiche, renseignez ses rubriques et cliquez sur OK.** La fenêtre d'accueil de l'Assistant de Présence institutionnelle s'affiche alors en proposant une liste de rubriques. Certaines d'entre elles sont déjà cochées. Pour l'instant, laissez-les telles quelles.

7. **Cliquez sur Suivant.** Une liste de cases à cocher s'affiche devant cinq rubriques habituelles pour ce type de serveur.

8. **Sélectionnez celles qui vous conviennent.** (Certaines sont cochées par défaut.) Par exemple, vous pouvez cocher Nouveautés si vous voulez placer une page de présentation des nouveaux produits et services.

9. **Cliquez sur Suivant.** Vous voyez alors s'afficher une liste de rubriques à insérer dans votre première page (votre *page d'accueil*).

10. **Cochez les cases placées en face des rubriques qui vous semblent convenir à votre page d'accueil.** Si vous voulez afficher des informations sur le profil de la société, cochez la case à gauche de Profil de la société. Cliquez ensuite sur Suivant.

11. **Une suite de boîtes de dialogue va alors s'afficher pour vous permettre de personnaliser les rubriques que vous avez choisies à l'étape 8.**

12. **Personnalisez la page en sélectionnant les options appropriées puis cliquez sur Suivant.** Une fois toutes ces boîtes de dialogue renseignées, vous allez voir s'afficher une nouvelle boîte de dialogue vous demandant ce qui doit apparaître en haut et en bas de chaque page.

    La boîte de dialogue suivante va vous demander quel style graphique adopter pour votre page : normal, classique, chaleureux, moderne.

13. **Cliquez sur le bouton radio en face du style qui vous plaît puis sur Suivant.** La fenêtre placée à gauche de la boîte de dialogue vous donne une idée de la présentation qui en résultera. Dans la boîte de dialogue suivante, vous allez choisir la couleur et le type de texture qui seront utilisés comme fond de page.

14. **Deux boutons radio vous permettent de choisir entre Couleurs personnalisées et Couleurs par défaut.** Cliquez sur celui qui vous paraît approprié. Pour un début, je vous conseille de ne pas modifier le choix proposé.

15. **Dans la boîte à liste déroulante placée en dessous, choisissez la couleur et la texture.**

16. **Enfin, dans la dernière boîte marquée Texte, vous choisissez les couleurs du texte et des appels de liens.** La fenêtre de gauche de cette boîte de dialogue vous présente le résultat obtenu, ce qui vous permet d'éviter les mélanges de couleurs peu visibles ou malheureux.

    De nombreux auteurs aiment indiquer dans leurs pages que celles-ci ne sont pas terminées en affichant un petit logo "En travaux". C'est ce que va vous proposer l'écran suivant quand vous aurez cliqué sur Suivant.

17. **Cliquez en face de Oui si vous voulez inclure le logo qui vous est proposé.** Une fois encore, cliquez sur Suivant. Maintenant, va apparaître une boîte de dialogue présentant trois boîtes de saisie à l'aide desquelles vous allez identifier votre entreprise.

18. **Renseignez les trois rubriques et cliquez sur Suivant.** Dans la nouvelle boîte de dialogue, vous allez indiquer vos numéros de téléphone et de fax puis l'adresse *e-mail* de votre administrateur Web et celle qui permettra à vos visiteurs d'obtenir des informations générales.

19. **Renseignez ces quatre rubriques[1].** La dernière boîte de dialogue va vous proposer d'afficher la liste des tâches après la mise à jour du site Web.

20. **Cliquez maintenant sur Terminer.**

---

1. Un traducteur zélé a cru pouvoir proposer comme modèle par défaut dans les deux dernières boîtes une adresse Internet "@masociété.com". Il n'est peut-être pas inutile de rappeler que les caractères accentués sont absolument bannis de ces adresses et que, en France, c'est presque toujours "fr" qui termine une adresse *e-mail*. (N.d.T.)

FrontPage va maintenant créer la totalité de votre site Web d'après les choix que vous avez formulés. Quelques secondes lui sont nécessaires pour cela, le temps exact dépendant du type de microprocesseur et de disque dur qui équipent votre machine. Ensuite va s'afficher une fenêtre contenant la liste des tâches restant à accomplir (Figure 1.3).

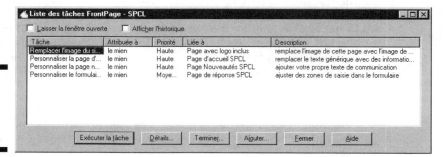

Figure 1.3 :
Liste des
tâches
restant à
accomplir.

Si vous voulez avoir un avant-goût de la façon dont va se présenter votre site Web, revenez à l'explorateur et double-cliquez sur la petite icône centrale de la fenêtre de gauche.

FrontPage et ses assistants font grand usage des *WebBots* qui sont des mini-programmes ajoutant certaines fonctionnalités à un site Web (pour plus de détails sur les WebBots, consultez le Chapitre 12). Pour que ces WebBots fonctionnent correctement, le serveur Web dédié sur lequel vous publierez votre site Web doit avoir installé les extensions FrontPage Server. Si ce n'est pas le cas, votre site Web sera néanmoins consultable mais il sera privé des fonctionnalités liées à l'existence des WebBots. Tout au long de ce livre, je vous signalerai les fonctionnalités nécessitant la présence des WebBots. Au Chapitre 18, nous verrons tout ce qu'il est nécessaire de savoir pour publier votre site Web.

En partant de zéro

Si, comme moi, vous aimez bien mettre les mains dans le cambouis, vous pouvez contrôler de près chaque aspect de la structure et de la mise en page de votre site. Les modèles et les assistants sont bien utiles, mais si vous avez un minimum de connaissances sur ce qu'est un site Web et que vous ayez une idée assez précise de l'aspect que doit revêtir votre présentation, rien ne vous empêche de la réaliser "à la main".

Les germes autour desquels vous allez faire croître votre présentation sont les modèles Site Web normal et Site Web vide. Leur donner le nom de "modèle" exagère leur rôle car ils ne font guère que créer une page vide que vous allez devoir remplir vous-même.

- **Site Web normal** crée un site contenant une page blanche.

- **Site Web vide** crée un site Web vide, ce qui s'avérera utile si vous envisagez d'importer un site existant.

La façon la plus simple d'importer un site Web existant est d'utiliser l'assistant d'importation dont l'emploi va être expliqué dans la section suivante.

Pour créer un nouveau site Web au moyen du modèle Normal, une fois FrontPage lancé, cliquez sur Site Web normal puis sur OK.

Au Chapitre 3, nous verrons comment y attacher d'autres pages blanches.

Pour créer un site Web ne contenant rien sans le secours de la boîte de dialogue Mise en route de FrontPage, commencez par lancer FrontPage puis supprimez la coche dans le coin inférieur gauche devant la rubrique Afficher la boîte de dialogue mise en route. Cliquez alors sur OK puis, dans le menu de FrontPage, sur Fichier/Quitter. La prochaine fois que vous lancerez l'explorateur de FrontPage, vous serez directement devant sa fenêtre. Vous pourrez alors cliquer sur l'icône la plus à gauche de la barre d'outils (Nouveau site Web FrontPage), ou bien taper <Ctrl>+<N>, ou encore sélectionner Fichier/Nouveau/Site Web FrontPage.

Importation d'un site Web existant dans FrontPage

Si vous voulez utiliser FrontPage pour effectuer la maintenance d'un site Web existant, vous devez commencer par l'importer dans l'explorateur FrontPage. Le moyen le plus simple pour cela est d'utiliser l'assistant d'importation. La Figure 1.4 vous montre comment se présente sa fenêtre initiale.

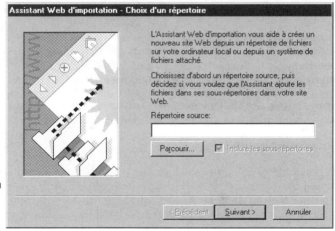

Figure 1.4 :
L'assistant
d'importation
de
FrontPage.

Voici la marche à suivre pour importer un site Web :

1. **Commencez par lancer FrontPage comme nous l'avons vu précédemment.**

2. **Cliquez ensuite sur l'Assistant Web d'importation puis sur OK.** Vous pouvez aussi sélectionner Fichier/Importer ou cliquer sur l'icône la plus à gauche de la barre d'outils (Nouveau site Web FrontPage), puis double-cliquer sur l'Assistant Web d'importation dans la boîte de dialogue Nouveau site Web FrontPage. La boîte de dialogue Assistant Web d'importation apparaît.

3. **S'il n'est pas déjà visible, sélectionnez le nom du Serveur Web personnel dans la liste déroulante Serveur Web ou emplacement de fichier.** Vous pouvez aussi taper un nom dans la boîte de saisie.

4. **Dans la boîte de saisie Nom du nouveau site Web FrontPage, tapez le nom que vous allez donner à votre site puis cliquez sur OK.** Choisissez un nom évocateur d'un seul mot.

5. **Cliquez sur OK.** Après un bref instant, vous voyez s'afficher la boîte de dialogue Assistant Web d'importation - Choix d'un répertoire, grâce à laquelle vous allez pouvoir choisir le dossier ou le réseau (si vous êtes connecté à un réseau) contenant le site que vous souhaitez importer.

6. **Tapez directement l'adresse du répertoire où se trouve le site, ou cliquez sur le bouton Parcourir et procédez comme d'habitude sous Windows 95 pour une ouverture de fichier.**

7. **Si vous voulez aussi importer les fichiers conservés dans des sous-répertoires, cochez la case devant la rubrique Inclure aussi les sous-répertoires.** Vous voyez alors s'afficher les noms des fichiers contenus dans ce répertoire, quelle que soit leur extension. Cette liste est triée par ordre alphabétique croissant en tenant compte des majuscules et des minuscules. Vous pouvez en retirer ceux que vous ne voulez pas importer.

8. **Pour sélectionner un groupe de fichiers consécutifs,** appuyez sur <Maj> puis cliquez sur le premier puis sur le dernier du groupe. Pour sélectionner plusieurs fichiers non consécutifs, appuyez sur <Ctrl> puis cliquez sur les noms des fichiers à exclure.

9. **Cliquez alors sur Retirer puis sur Suivant.** L'écran suivant s'affiche avec un commentaire commençant par "Félicitations !".

10. **Cliquez sur Terminer.**

Si, dans la partie de gauche de l'explorateur (intitulée "tous les liens"), votre page d'accueil n'est pas précédée d'une petite icône en forme de maison, vous pouvez modifier le nom de fichier que FrontPage utilise pour reconnaître la page par défaut du site. Je vous montrerai au Chapitre 2 comment procéder.

Vous pourrez remarquer quelques liens rompus lorsque FrontPage ne peut pas trouver le fichier nécessaire pour faire aboutir le lien. Nous verrons comment y remédier au Chapitre 6.

Sésame, ouvre-toi !

Non, nulle incantation n'est nécessaire pour ouvrir un Web FrontPage, c'est-à-dire un site précédemment *créé* ou *importé* par FrontPage. Il suffit de parcourir les étapes suivantes :

1. **Lancez FrontPage comme d'habitude.**

2. **Cliquez sur Ouvrir un site Web FrontPage.** A l'aide de la boîte à liste déroulante qui s'affiche et du bouton Lister les sites Web, choisissez le site que vous voulez ouvrir . Pour cela :

3. **S'il n'est pas déjà visible, sélectionnez le nom du Serveur Web personnel dans la liste déroulante Serveur Web ou emplacement de fichier.** Vous pouvez aussi taper un nom dans la boîte de saisie.

4. **Cliquez sur le bouton Lister les sites Web.** Une liste des sites Web conservés sur les serveurs énumérés dans la boîte à liste s'affiche.

5. **Dans la fenêtre Sites Web FrontPage, cliquez sur le site qui vous intéresse.**

6. **Cliquez sur OK.**

Vous ne pouvez ouvrir qu'un seul site à la fois. Si vous tentez d'en ouvrir un alors qu'il y en a déjà un d'ouvert, FrontPage refermera d'abord celui qui était ouvert.

Ouverture de sites Web sur d'autres serveurs Web

Dans ce chapitre, comme dans tous les autres, je suppose que vous construisez votre site *off-line*, c'est-à-dire localement, sans être connecté à l'Internet, directement sur votre propre micro-ordinateur et que ce n'est que plus tard que vous le *publierez* sur un véritable serveur. Je vous recommande d'adopter cette approche car elle vous fera gagner du temps et de l'argent (en minimisant le temps de connexion) et vous évitera le risque que d'autres tombent par hasard sur un travail en cours de finition. Votre réputation risquerait d'en souffrir.

Dans certains cas, il est cependant indispensable d'opérer sur une connexion réelle. Par exemple, si vous faites partie d'une équipe de développement dont les autres membres sont sur le même réseau local ou sur d'autres sites géographiques. Ce sera aussi le cas si vous voulez ajuster les *autorisations* d'accès (dont je vous parlerai au Chapitre 17). Dans l'explorateur, vous pouvez ouvrir des présentations Web situées sur d'autres serveurs, pour peu que ceux-ci aient installé les extensions du serveur FrontPage (voir à ce propos le Chapitre 18).

A l'étape 4 de la section "Sésame, ouvre-toi !", au lieu de choisir le nom d'un serveur Web personnel, choisissez dans la liste le nom d'un serveur externe ou tapez directement son nom dans la boîte de saisie puis cliquez sur le bouton Lister les sites Web. FrontPage établit alors une connexion avec le serveur distant et, lorsque celle-ci est menée à bien, les noms des sites Web que contient le serveur s'affichent dans la boîte de texte. Double-cliquez sur celui qui vous intéresse. Il s'ouvre dans l'explorateur et vous pouvez alors le manipuler comme s'il était situé sur votre propre machine. Mais attention : toute modification effectuée sur un site connecté à l'Internet est immédiatement visible du monde entier. Alors, essayez de ne pas vous tromper !

 L'explorateur place le nom des trois derniers sites ouverts au bas du menu Fichier.

Suppression d'un site Web

Il est bon de faire de temps en temps le ménage dans votre ordinateur et de le débarrasser des sites Web d'essai ou de ceux qui sont périmés. Vous en serez récompensé par un disque dur luisant de propreté et beaucoup de place récupérée.

Pour supprimer un site Web couramment ouvert, effectuez les étapes suivantes :

1. **Dans la fenêtre de l'explorateur, sélectionnez Fichier/Supprimer le site Web FrontPage.** Une boîte de message s'affiche, vous prévenant que cette suppression sera irréversible.

2. **Si vous êtes bien décidé, jetez-vous à l'eau et cliquez sur Oui.** Si vous avez un doute, cliquez sur Non.

En cas de danger, brisez la glace !

Vous devez maintenant commencer à être familiarisé avec la puissance et la complexité de FrontPage (c'est sans doute à cause de cette dernière que vous avez acheté mon livre !). Ne craignez rien, l'aide en ligne est toujours à portée de votre main. Pour l'utiliser, cliquez sur le point d'interrogation du menu Général puis sur l'entrée de menu Aide Microsoft FrontPage. Vous allez voir s'afficher un ensemble de rubriques d'aide bien organisées. Consultez-les lorsque vous n'avez pas ce livre à portée de main et que vous avez besoin d'être aidé.

Si vous vous demandez à quoi sert un bouton ou une entrée de menu, cliquez sur le bouton d'aide de la barre d'outils (celui qui figure un point d'interrogation à côté d'une flèche). Le pointeur de la souris se met alors à ressembler à ce graphisme. Cliquez maintenant sur le bouton ou l'entrée de menu qui vous pose problème.

Que signifie Site Web racine (Root Web) ?

Lorsque vous avez ouvert un site Web conservé sur le serveur personnel de FrontPage (en procédant comme je l'ai expliqué dans la section "Sésame, ouvre-toi !"), vous avez pu voir s'afficher un nom mystérieux au sommet de la liste Web : `<Site Web racine>`.

Ce site Web racine est celui de plus haut niveau du serveur personnel. Pour vous faire comprendre son rôle, je vais prendre l'exemple du site Web de Microsoft à l'URL `http://www.microsoft.com`. Si vous pointez votre browser sur cette URL, vous êtes sur le site racine de Microsoft. De la même façon que vous êtes dans le répertoire racine de votre disque dur lorsque l'invite affiche `C:\`. Il est placé sur le même serveur que le reste du site Microsoft mais dans un répertoire à part. Par exemple, le site Web de FrontPage, lui, est situé à l'URL `http://www.microsoft.com/frontpage` et, pour y accéder, vous devez compléter l'URL du site racine par `/frontpage`. Ce dernier est alors appelé Web fils ou Web enfant (*child Web*) parce qu'il est conservé sur le même serveur que le site racine mais à un niveau inférieur dans l'arborescence des répertoires. La figure ci-dessous illustre cette dépendance.

Un serveur Web peut avoir un nombre illimité de Web fils, mais un seul Web racine. Celui-ci peut être lié à un ou plusieurs Web fils ou chaque fils peut rester indépendant.

FrontPage est installé avec un Web racine standard qui agit comme un garde-place pour votre propre site de plus haut niveau. Une fois que vous avez créé votre site Web principal, vous pouvez le copier dans le Web racine, remplaçant ainsi les pages standard par les vôtres. Au Chapitre 2, nous verrons comment réaliser cela.

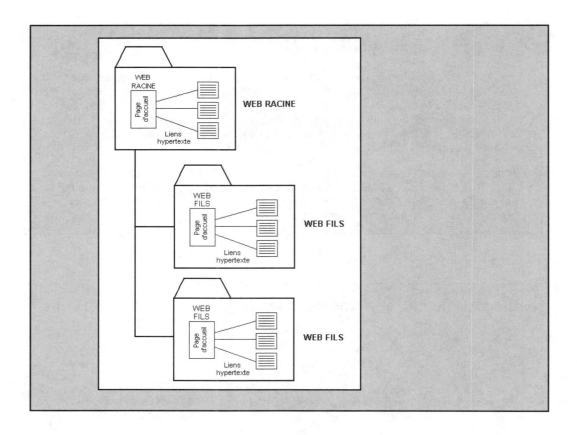

Chapitre 2
L'essentiel de l'explorateur

Considérez l'explorateur FrontPage comme votre tableau de commande. A partir de lui vous pouvez, en effet, faire à peu près tout ce que vous voulez pour modifier, mettre à jour ou réparer votre site Web.

Dans ce chapitre, nous allons aller plus loin dans l'étude des possibilités de gestion de site offertes par l'explorateur afin de vous familiariser avec les vues liens hypertexte et dossier. Vous découvrirez à cette occasion comment utiliser l'explorateur pour mettre à jour et modifier votre site Web.

Etude des vues

Le charme de l'explorateur réside principalement dans ses *vues*. C'est ainsi qu'il affiche la structure de votre site Web. L'explorateur contient deux vues : la vue Tous les liens, qui met en évidence le réseau de liens du site, et la vue Tous les dossiers, qui vous permet de voir les fichiers et les dossiers du site de la même façon qu'avec l'explorateur de Windows 95.

La vue Tous les liens

La vue *Tous les liens* affiche votre site sous la forme d'un réseau de fichiers reliés les uns aux autres. Ces liens sont des liens hypertexte et c'est l'ossature qui relie les fichiers entre eux et avec d'autres fichiers du World Wide Web. Lorsque vous cliquez sur un des liens d'une page Web, vous êtes transporté dans une autre page. (Au Chapitre 6, nous étudierons les liens en détail.)

Ces liens créent un chemin que vos visiteurs peuvent parcourir pour explorer le site. La vue Tous les liens est une sorte de carte routière qui met en évidence les chemins allant d'une page à une autre et vous permet d'apprécier la navigabilité de votre site.

La partie gauche de la vue montre la structure hiérarchisée des pages de votre site Web. Vous pouvez en voir une expansion ou la rétrécir en cliquant sur les icônes + ou - afin de voir les différents niveaux des liens hypertexte. Lorsque vous cliquez sur une icône de page, une vue agrandie apparaît dans la partie droite de la fenêtre en mettant en évidence les liens d'arrivée et ceux de départ. La Figure 2.1 montre comment se présente une vue de site personnel standard.

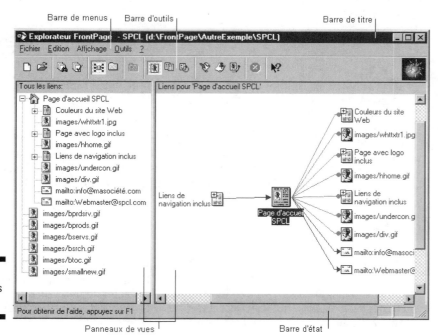

Figure 2.1 :
La vue Tous
les liens.

Dans la partie droite, vous remarquerez que presque tous les liens se terminent par une flèche, sauf celui qui aboutit à portrait.gif, qui se termine par un point. Cela indique que le lien en question aboutit dans la page même. Si ce livre était imprimé en couleurs, vous verriez que les liens terminés par une flèche sont affichés en bleu et ceux qui se terminent par un point, en gris.

Pour afficher la vue Tous les liens (si elle n'est pas déjà visible), cliquez sur le bouton Tous les liens de la barre d'outils de l'explorateur (le cinquième à partir de la gauche) ou sélectionnez Affichage/Affichage des liens.

Le Tableau 2.1 donne la signification des icônes utilisées dans cette vue.

Tableau 2.1 : Les icônes de la vue Tous les liens.

Icône	Signification
	Page d'accueil. Si la porte est rouge, vous pouvez agrandir la page en cliquant sur son icône "plus". Si elle est bleue, la page est déjà agrandie.
	Page Web.
	Placé à côté de l'icône d'une page que l'on peut agrandir pour visualiser ses liens.
	Placé à côté de l'icône d'une page déjà agrandie. En cliquant dessus, on réduit l'image de la page.
	Fichier d'images.
	Lien vers une page située en dehors du site Web.
	Lien vers une adresse *e-mail* (lien *mailto*).
	Lien rompu.
	Signale une page contenant un WebBot défini de manière incorrecte. (Pour les WebBots, voir le Chapitre 12.)

Manipulations possibles avec la vue Tous les liens

La vue Tous les liens propose plusieurs gadgets de nature à faciliter le travail sur le site Web :

- Pour afficher davantage d'informations sur un lien particulier dans la vue de droite, passez le pointeur de la souris sur une icône de page. Après un bref instant, la ligne qui symbolise le lien s'affiche en rouge et une étiquette indiquant le type de lien et le nom du fichier de page s'affiche.

- Si votre site Web contient un lien rompu, c'est-à-dire un lien vers un fichier qui a été déplacé, ce lien apparaît dans la vue en pointillé. Nous verrons au Chapitre 6 comment procéder à sa réparation.

- Pour déplacer une page au centre de la vue de droite, sans avoir à la rechercher au préalable dans la vue de gauche, cliquez du bouton de droite de la souris sur son icône de page et sélectionnez Déplacez vers le centre dans le menu qui surgit alors.

- Pour agrandir la vue déjà agrandie dans la partie droite de la vue, cliquez sur l'icône "plus" de la page que vous voulez agrandir. (C'est celle qui apparaît dans le coin supérieur gauche de l'icône de la page.)

- Pour ajuster la taille de chacun des deux panneaux, passez le pointeur de la souris sur la verticale qui les sépare jusqu'à ce qu'il apparaisse sous forme d'une barre verticale avec une flèche de chaque côté. Cliquez alors du bouton gauche et faites glisser la souris vers la gauche ou vers la droite. Relâchez quand le partage vous convient.

- Pour en voir temporairement un peu plus, vous pouvez cacher l'affichage de la barre d'outils et de la barre d'état en sélectionnant Affichage/barre d'état.

Pour faire le ménage dans la vue de droite

Si vous avez une page contenant beaucoup de liens, la vue de droite risque d'être un peu confuse. Trois outils vous permettent d'y mettre un peu d'ordre.

- **Liens vers des images :** Pour avoir une vue d'ensemble des liens de votre site, vous pouvez cacher les liens vers les images. Cliquez sur le bouton Liens vers des images, qui agit en bascule, ou sélectionnez Affichage/Liens vers des images.

- **Liens redondants :** Si une page contient plus d'un lien hypertexte vers la même page, l'explorateur n'en affiche qu'un seul. Si vous voulez les voir tous, vous devez cliquer sur le bouton Liens redondants ou sélectionner Affichage/Liens redondants.

• **Liens insérés dans une page :** Si une page contient des liens hypertexte vers des adresses situées à l'intérieur d'elle-même (c'est-à-dire des liens vers des ancrages internes), l'explorateur ne les affiche pas. Si vous voulez les voir, cliquez sur le bouton Liens dans une page ou sélectionnez Affichage/Liens dans une page. (Voir le Chapitre 6 au sujet de ces ancrages).

La vue Tous les dossiers

Alors que la vue Tous les liens vous permet de voir la structure des liens entre vos documents, la vue *Tous les dossiers* affiche le site Web sous la forme d'un groupe de fichiers ou de dossiers (Figure 2.2). Cette vue s'utilise de la même façon que l'on utilise l'explorateur de Windows 95 pour voir le contenu d'un disque. Elle vous aide à gérer et à organiser le système de fichiers de votre site Web.

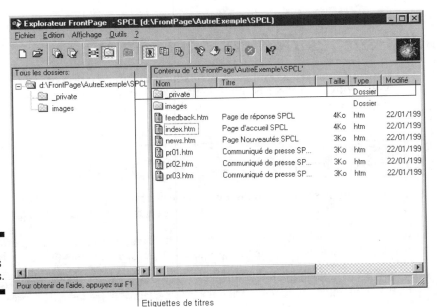

Figure 2.2 :
La vue Tous
les dossiers.

Etiquettes de titres

Pour afficher la vue Tous les dossiers (si elle n'est pas déjà affichée), cliquez sur le bouton correspondant (le sixième à partir de la gauche) ou sélectionnez Affichage/Tous les dossiers.

Cette vue s'utilise comme l'explorateur de Windows 95 :

- Cliquez sur un dossier dans le panneau de gauche de la fenêtre pour afficher son contenu dans le panneau de droite.

- Pour trier la liste des fichiers du panneau de droite, cliquez sur l'étiquette de titre de colonne correspondant à votre critère de tri.

- Pour modifier l'espace horizontal alloué à chacune des zones, placez le pointeur de la souris sur la séparation des étiquettes de titres de rubriques. Il se change en barre verticale avec une petite flèche de chaque côté. Cliquez et faites glisser jusqu'à obtenir le partage qui vous convient.

- Pour déplacer une page dans un dossier, cliquez sur l'icône de la page, amenez-la en haut du dossier et relâchez le bouton de la souris. L'explorateur met à jour les liens associés à toutes les pages pour tenir compte de cette modification.

Travail sur les fichiers d'un site Web

L'explorateur vous donne accès aux fichiers qui constituent votre site Web. Vous pouvez l'utiliser comme point de départ lorsque vous voulez ouvrir, importer ou réarranger les fichiers de votre site Web.

La page d'accueil

Lorsque vous créez un site Web, FrontPage assigne le nom INDEX.HTM à la page d'accueil (celle qui contient le point d'entrée). Si vous importez un site Web dans FrontPage et que sa page d'accueil porte un autre nom que INDEX.HTM, la page d'accueil sera affichée dans la vue Tous les liens comme une icône de page ordinaire. Sans page d'accueil, l'explorateur ne sait pas d'où partir et affiche de façon imprécise la hiérarchie des liens de votre site Web.

D'autre part, le serveur sur lequel est installée votre présentation Web peut se servir d'un autre nom pour identifier cette page d'accueil, comme HOME.HTM ou INDEX.HTML.

Pour résoudre ce problème, il faut faire un petit ajustement à l'un des fichiers de configuration du serveur personnel FrontPage. Pour cela :

1. Lancez votre éditeur de texte habituel : le Bloc-Notes ou Write, par exemple.

2. Ouvrez le fichier nommé SRM.CNF. Ce fichier se trouve dans le répertoire C:\FrontPage Webs\Server\conf. Chaque paramètre est précédé de commentaires (les lignes qui commencent par un dièse "#").

3. Cherchez la ligne commençant par :

    ```
    # DirectoryIndex index.htm
    ```

4. Modifiez éventuellement ce nom de fichier. Vous pouvez l'appeler `default.htm`, par exemple. Attention, il faut que ce nom de fichier soit reconnu comme nom de page d'accueil par votre serveur dédié. Renseignez-vous auprès de votre administrateur système ou de votre fournisseur d'accès. En général, `index.htm` est toujours reconnu.

5. Supprimez le dièse placé en tête. Cette ligne perd sa qualité de commentaire pour devenir un réel paramètre de configuration.

6. Sauvegardez le fichier et refermez votre éditeur de texte.

Ouverture des fichiers

A partir de l'explorateur, vous pouvez ouvrir n'importe quel fichier de votre site Web pour le mettre à jour. FrontPage lance le programme d'édition associé au type du fichier et vous pouvez alors l'éditer. Par exemple, si vous ouvrez une page Web, l'explorateur va lancer l'éditeur de FrontPage (que nous étudierons au Chapitre 3).

Répertoires particuliers de FrontPage

Lorsque vous passez en vue Tous les dossiers, vous rencontrez des dossiers peu courants ayant des noms comme _PRIVATE et CGI-BIN. Tous les sites Web de FrontPage contiennent un jeu standard de répertoires ayant chacun un rôle particulier à jouer :

- **_PRIVATE** : documents cachés à la vue des browsers et du WebBot recherche (dont nous ferons la connaissance au Chapitre 12).

- **CGI-BIN** : programmes destinés à être exécutés sur le serveur et qu'on appelle des *scripts CGI*. Ils sont chargés de traiter les informations provenant d'un formulaire et envoyées par le browser (nous y viendrons au Chapitre 10).

- **IMAGES** : images qui apparaissent dans les pages Web. Je vous recommande d'y placer toutes vos images afin de conserver un site Web propre et bien organisé.

Il y a trois façons d'ouvrir un fichier à partir de l'explorateur :

- Cliquer du bouton droit sur une icône puis, du bouton gauche, sur Ouvrir, dans le menu qui a surgi.

- Cliquer normalement sur l'icône (pour la sélectionner) puis, dans le menu, sur Edition/Ouvrir (ou taper <Ctrl>+<O>).

- Double-cliquer sur une icône dans le panneau de droite d'une vue de l'explorateur.

FrontPage associe automatiquement les pages Web avec son éditeur et les fichiers d'images avec le Microsoft Image Composer (éditeur d'images qui fait partie du Bonus Pack). Si votre site Web contient des fichiers qui ne sont pas reconnus par l'explorateur, vous devez renseigner FrontPage sur le programme à utiliser pour les prendre en compte.

Voici la marche à suivre pour établir ce type d'association :

1. **Dans l'explorateur, sélectionnez Outils/Options.** La boîte de dialogue Options s'affiche.

2. **Dans la boîte de dialogue Options, cliquez sur l'onglet Configuration des éditeurs.** Une boîte à liste déroulante va s'afficher qui contient une suite de noms d'extensions avec, en face, le nom des programmes qui reconnaissent les fichiers correspondants.

3. **Pour ajouter un nouveau type de fichier et lui associer un programme d'édition, cliquez sur le bouton Ajouter.** La boîte de dialogue Ajouter une association de l'éditeur apparaît.

4. **Dans la boîte Type de fichier, tapez l'extension (3 caractères) représentant le type de fichier que vous voulez ajouter.** Par exemple, **doc** pour les documents de Word pour Windows.

5. **Dans la boîte Nom de l'éditeur, tapez le nom du programme d'édition.**

6. **Dans la boîte Commande, tapez le chemin d'accès du programme d'édition ou recherchez-le à l'aide du bouton Parcourir.** Une fois ces trois boîtes de saisie renseignées, tout est prêt.

7. **Cliquez sur OK.** La boîte de dialogue se referme et ce que vous venez d'y entrer apparaît maintenant dans la liste des éditeurs associés. Vous pouvez y apporter d'autres modifications à l'aide des boutons Modifier et Supprimer.

8. **Cliquez sur OK pour refermer la boîte de dialogue Options.**

Pour ouvrir un fichier avec un éditeur différent de celui qui est automatiquement associé à une certaine extension de nom de fichier, cliquez du bouton droit sur l'icône du fichier et choisissez Ouvrir avec... dans le menu qui surgit alors. Cela a pour effet d'afficher la boîte de dialogue Ouvrir avec l'éditeur dans la fenêtre de laquelle sont affichés les noms des éditeurs associés. Choisissez celui qui vous convient et double-cliquez sur son nom.

Importation de fichiers et de dossiers

Si vous voulez ajouter un fichier existant à votre site Web FrontPage - par exemple une page Web conservée sur votre disque dur mais créée avec un programme autre que FrontPage -, vous devez importer ce fichier avec l'explorateur. Lorsque vous importez un fichier, l'explorateur place une copie de celui-ci dans votre site Web.

Pour importer un site Web en totalité dans l'explorateur - par opposition à l'importation d'une page isolée ou d'un dossier -, utilisez l'assistant d'importation dont je vous ai expliqué l'emploi au Chapitre 1.

Le plus simple pour importer un seul fichier ou un seul répertoire, c'est de le faire glisser à partir du bureau ou de l'explorateur de Windows 95 dans l'une des vues de l'explorateur de FrontPage.

Si vous importez plusieurs fichiers ou répertoires, il est plus facile d'en établir une liste et de les importer d'un seul coup. Pour créer une liste d'importation :

1. **Lorsqu'un site Web est ouvert dans l'explorateur, cliquez sur Fichier/ Importer.** (Si aucun site n'est ouvert, l'assistant d'importation sera lancé.) La boîte de dialogue d'importation s'affiche.

2. **Cliquez sur le bouton Ajouter un fichier.** La boîte de dialogue Ajouter un fichier à la liste d'importation s'affiche (Figure 2.3). Vous pouvez y choisir les fichiers que vous voulez ajouter.

3. **Parcourez votre disque dur et choisissez les fichiers que vous voulez importer.** Pour choisir plusieurs fichiers en même temps, pendant que vous cliquez, maintenez enfoncée la touche <Ctrl> s'ils ne sont pas consécutifs, ou la touche <Maj> s'ils se suivent. Assurez-vous que la boîte de texte marquée Type contient bien "Tous (*.*)".

4. **Cliquez sur le bouton Ouvrir.** La dernière boîte de dialogue ouverte se referme et les fichiers sélectionnés s'affichent dans la fenêtre d'importation.

5. **Cliquez sur OK pour déclencher l'importation des fichiers.** Une fois le dernier fichier importé, la boîte de dialogue se referme. Si vous préférez reporter l'importation à plus tard, cliquez sur le bouton Fermer. La liste de fichiers sera conservée. Si vous refermez le site Web avant de déclencher l'importation, la liste est perdue.

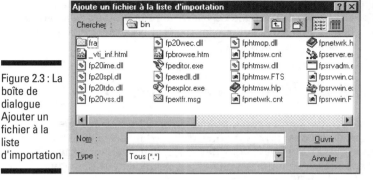

Figure 2.3 : La boîte de dialogue Ajouter un fichier à la liste d'importation.

Pour importer un dossier, remplacez "fichier" par "répertoire" à partir de l'étape 2. La boîte de dialogue qui s'affichera alors sera celle que montre la Figure 2.4.

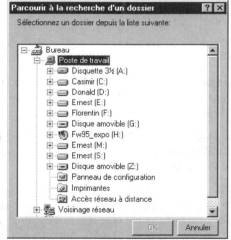

Figure 2.4 : La boîte de dialogue Parcourir à la recherche d'un dossier.

Les fichiers importés sont classés par ordre alphabétique dans la vue des liens et au bas de la liste dans la vue des dossiers.

Exportation de fichiers

Exporter des fichiers à partir d'un site Web signifie tout simplement les recopier à un endroit différent de votre ordinateur. Je ne vois pas très bien quelle peut en être l'intérêt pratique mais, néanmoins, je vais vous expliquer brièvement comment procéder.

1. **Dans l'une quelconque des deux vues, sélectionnez l'icône du fichier à exporter en cliquant dessus.**

2. **Cliquez sur Fichier/Exporter.** La boîte de dialogue Exporter la sélection sous s'affiche.

3. **Recherchez le répertoire dans lequel vous voulez l'exporter.**

4. **Cliquez sur Enregistrer.** La boîte de dialogue se referme et l'exportation a lieu. Une fois cela fait, une boîte de message vous informe de la réussite de l'opération.

5. **Cliquez sur OK pour refermer la boîte de dialogue.**

Changer le nom d'un ou de plusieurs fichiers

Je dois l'admettre, la puissance de cette fonctionnalité me donne des frissons ! Si, pour une raison ou une autre, vous voulez changer le nom d'un fichier de votre site Web, FrontPage va automatiquement modifier toutes les références et tous les liens hypertexte associés à ce fichier.

La façon la plus simple de changer le nom d'un fichier est de procéder ainsi :

1. **Si la vue des dossiers n'est pas affichée, cliquez sur le cinquième bouton de la barre d'outils à partir de la gauche.**

2. **Dans le panneau de droite, cliquez une première fois sur l'icône du fichier dont vous voulez changer le nom.** Une boîte en pointillé entoure ce nom.

3. **Cliquez une seconde fois.** La boîte s'affiche en traits pleins et s'allonge.

4. **Tapez le nouveau nom (y compris son extension).** En général, conservez la même extension, sinon l'explorateur ne pourrait plus s'y retrouver.

5. **Appuyez sur la touche <Entrée>.** Si le fichier contient des liens associés, la boîte de dialogue Renommer[2] sera affichée (Figure 2.5), vous demandant de confirmer votre décision.

6. **Si vous êtes bien décidé, cliquez sur Oui.** La boîte de dialogue se referme et les liens sont mis à jour par FrontPage.

---

2. On regrettera l'emploi abusif ici, par Microsoft, du verbe "renommer" qui ne peut s'appliquer qu'à une personne réélue à la suite d'une élection. (N.d.T.)

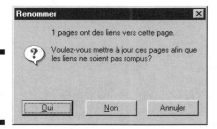

Figure 2.5 :
La boîte de
dialogue
Renommer.

Suppression de fichiers

Si votre site Web contient des fichiers périmés qui vous encombrent inutile-
ment, vous pouvez les bouter hors de votre disque dur d'un clic ferme et
décidé. Pour cela :

1. **Dans l'une quelconque des deux vues, cliquez sur l'icône représenta-
tive du fichier pour le sélectionner.** Pour en faire disparaître plusieurs
d'un seul coup, employez la méthode habituelle de sélection multiple
déjà vue à plusieurs reprises.

2. **Appuyez sur la touche <Suppr>.** Vous pouvez aussi cliquer sur Edi-
tion/Effacer. Ou encore, après avoir cliqué du bouton droit de la souris
sur l'icône du fichier, cliquez du bouton gauche sur l'entrée Effacer du
menu qui surgit alors. Une boîte de confirmation de suppression vous
demande alors de prendre vos risques en connaissance de cause
(Figure 2.6).

3. **A vos risques et périls, cliquez sur Oui.** Si vous supprimez plusieurs
fichiers, vous pouvez cliquer une seule fois sur Tous pour éviter
d'avoir à cliquer pour chacun d'eux. Si vous décidez de leur faire grâce,
cliquez sur Non ou sur Annuler.

Attention ! Si vous supprimez un fichier sur lequel pointe un lien à partir d'un
autre document HTML, vous allez évidemment rompre ce lien.

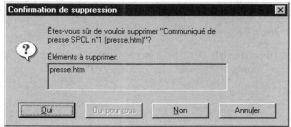

Figure 2.6 :
Boîte de
confirmation
pour la
suppression
d'un fichier.

Au niveau d'un site Web complet

Outre des modifications sur des fichiers ou des dossiers, l'explorateur peut effectuer des changements au niveau d'un site Web entier.

Création de nouveaux dossiers

Vous pouvez ajouter de nouveaux dossiers à un site Web. Si vous avez un site de taille importante avec beaucoup de pages divisées en catégories, ajouter des répertoires (des dossiers) est un bon moyen d'y maintenir ordre et cohérence.

Supposons, par exemple, que la page d'accueil de votre entreprise ait quatre sections principales :

- Au sujet de la SPCL,

- Les services proposés par la SPCL,

- Les responsables de la SPCL,

- Pour contacter la SPCL.

Dans chacune de ces sections se trouvent plusieurs fichiers. Vous pouvez ranger les fichiers de chaque section dans un répertoire séparé pour conserver à votre système de fichier un aspect net et bien organisé.

Pour créer de nouveaux répertoires :

1. **Si la vue des dossiers n'est pas affichée, cliquez sur le cinquième bouton de la barre d'outils à partir de la gauche.**

2. **Cliquez sur Fichier/Nouveau/Dossier.** Une nouvelle icône de répertoire apparaît dans le panneau de droite, portant le nom "Nouveau dossier" et entourée de sa boîte d'édition.

3. **Tapez le véritable nom que vous voulez donner à ce dossier et appuyez sur la touche <Entrée>.**

Changer le nom d'un dossier

Lorsque vous créez un site Web avec FrontPage, vous lui donnez un nom formé d'un seul mot (comme nous l'avons vu au Chapitre 1). FrontPage place ses fichiers dans un sous-répertoire de son répertoire principal des sites Web auquel il donne le même nom que le site Web. Si, plus tard, vous voulez changer ce nom (et, par extension, le nom du répertoire où est placé ce site Web), ça ne présente pas de difficulté.

Vous pouvez aussi donner à votre site Web un nom évocateur. Lorsque vous ouvrez des sites Web dans l'explorateur, leur titre est listé en même temps que leur nom dans la boîte à liste de la boîte de dialogue d'ouverture de fichier. Si vous avez créé plusieurs sites Web avec des noms identiques, les titres facilitent le repérage.

Pour changer le nom d'un site Web et son titre, faites ceci :

1. **Dans l'explorateur, cliquez sur Outils/Paramètres du site Web.** La boîte de dialogue correspondante s'affiche avec son onglet Configuration (Figure 2.7).

2. **Dans la boîte de saisie Nom du site Web, tapez un nouveau nom.**

3. **Tapez maintenant un titre évocateur dans la boîte de saisie Titre du site Web.**

4. **Cliquez sur OK pour refermer la boîte de dialogue.**

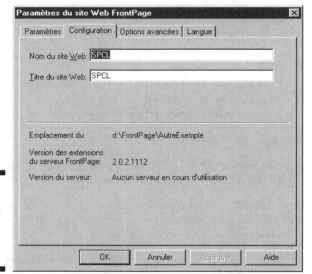

Figure 2.7 : La boîte de dialogue de l'onglet Configuration.

Copie d'un site Web

Il y a plusieurs raisons de copier la totalité d'un site Web :

- **Fusionner deux sites Web en recopiant l'un dans l'autre.** Cela est pratique si vous voulez combiner les fichiers et les dossiers de deux sites Web pour faciliter la gestion des fichiers.

- **Créer une copie de sauvegarde vous permettant de revenir à l'original en cas de modifications intempestives.**

- **Transformer votre principal site Web en site racine.** (Nous avons vu au Chapitre 1 ce qu'était un site racine.)

FrontPage est configuré avec un site racine standard par défaut. Lorsque vous aurez créé votre site principal, vous pourrez le recopier dans le site racine, auquel vous pourrez ensuite lier les autres sites que vous créerez avec FrontPage. Par définition, ce sera des sites "fils" puisque chaque serveur Web ne peut avoir qu'un seul site racine. Vous pouvez aussi tirer parti des systèmes d'inscription (qui seront décrits au Chapitre 14), des groupes de discussion (traités au Chapitre 15) et des définitions de permissions (présentées au Chapitre 17).

Si vous fusionnez deux sites Web, FrontPage écrase les fichiers du site destinataire avec les fichiers de même nom du site source. Si vous voulez éviter cette disparition, changez auparavant le nom des fichiers menacés ou de ceux qui les menacent.

Voici la marche à suivre pour copier un site Web :

1. **Dans l'explorateur, cliquez sur Fichier/Publier le site Web FrontPage.** La boîte de dialogue Publication d'un site Web FrontPage s'affiche (Figure 2.8). (Cette opération est identique à celle qu'on effectuera lorsqu'on voudra recopier un site Web vers un serveur physique, comme nous le verrons au Chapitre 18.)

2. **Choisissez le nom du serveur personnel FrontPage dans la liste déroulante Serveur Web de destination ou emplacement du fichier.**

3. **Dans la boîte de saisie Nom du site Web FrontPage de destination, tapez le nom de site Web dans lequel vous voulez copier le site Web courant.** Si vous voulez copier le site courant dans le site racine, laissez la boîte vide. Pour dupliquer le site courant, tapez un nouveau nom.

4. **Pour ne copier que les pages modifiées depuis la dernière copie, cochez la case en face de Copier les pages modifiées uniquement.** Si c'est la première copie que vous faites, supprimez la coche.

5. **Si vous faites la copie vers un autre site Web, cochez la case en face de Ajouter à un site Web FrontPage existant.** Si vous faites simplement une copie de sauvegarde, supprimez la coche.

6. **Cliquez sur OK.**

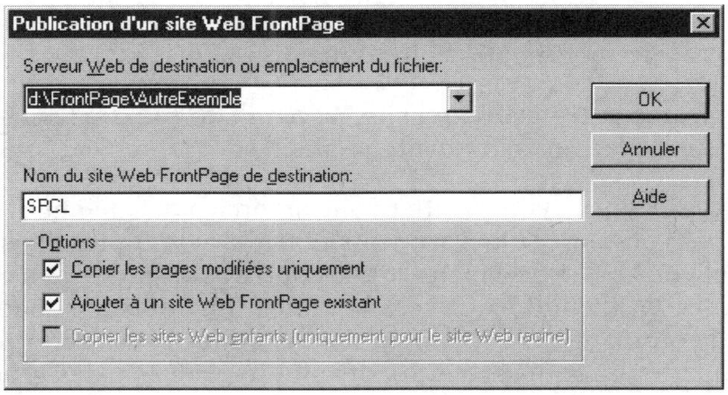

Figure 2.8 :
La boîte de
dialogue
Publication
d'un site
Web
FrontPage.

FrontPage effectue la recopie et affiche un message vous signalant la réussite de l'opération.

Chapitre 3
Les pages Web et l'éditeur de FrontPage

C'est entre 6 et 10 ans, à l'école, que j'ai connu ma période artistique, pendant les périodes vouées quotidiennement aux "activités créatrices", au cours desquelles je dessinais des images de licornes, écrivais des poèmes et perfectionnais l'art subtil de la peinture avec les doigts.

En prenant de l'âge, mes dons artistiques se sont orientés vers le dessin de bonshommes avec des bâtons puis vers le gribouillage sur des nappes de restaurant. Enfin, un jour, j'ai découvert la publication sur le Web et ça a été pour moi une seconde naissance artistique. Fini le papier à dessin, la peinture à la tempera ou le bâtonnet de colle ; maintenant, c'est avec l'éditeur de FrontPage que je crée mes pages Web si colorées.

L'éditeur de FrontPage renferme tous les outils dont vous pouvez rêver pour embellir les pages créées par l'explorateur avec les modèles de sites et les assistants. Vous pouvez aussi utiliser l'éditeur pour créer de nouvelles pages à ajouter à votre site Web. Dans ce chapitre, je vais vous présenter le travail de base avec l'éditeur : création, ouverture, sauvegarde et impression de pages Web, conversion d'autres documents en pages Web et prévisualisation de pages à l'aide d'un browser. Si vous voulez sauter à pieds joints dans la construction des pages Web, bondissez à la deuxième partie, "Création de pages Web qui vous donneront l'air d'un génie".

Quelles sont les possibilités de l'éditeur de FrontPage ?

Lorsque vous construisez un site Web avec l'explorateur de FrontPage, vous utilisez ensuite l'éditeur pour modifier les pages individuelles de votre site Web ou pour y ajouter de nouvelles pages. Cet éditeur est l'un des nombreux *éditeurs HTML* existants, qui sont des programmes spécialisés dans l'édition de pages Web. C'est sans doute l'un des plus puissants par le nombre de fonctionnalités qu'il contient.

HTML signifie *HyperText Markup Language* (langage hypertexte à balises). Il s'agit d'un ensemble de codes définissant la mise en page et la structure d'une page Web. Ces codes, que les américains appellent des *tags*, nous les désignons sous le terme générique de *balises* ou, plus précisément, de *marqueurs* ou de *conteneurs*. Comme nous le verrons bientôt, ces deux derniers mots sont plus spécifiques. La Figure 3.1 montre un fragment du contenu d'une page Web toute simple. C'est le browser qui traduit ces symboles en superbes pages colorées. La Figure 3.2 vous donne une idée (sans les couleurs, hélas !) de la façon dont le texte de la Figure 3.1 est reproduit sur l'écran d'un browser.

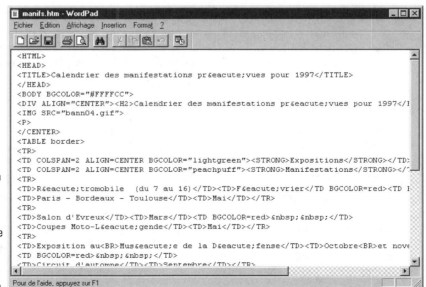

Figure 3.1 :
Ouvrez bien vos yeux : voici paraître les redouta-bles balises HTML !

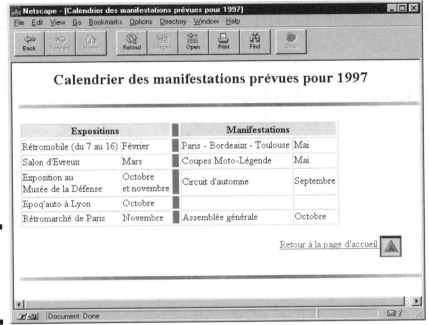

Figure 3.2 :
La même
page, après
interpréta-
tion par un
browser.

Avec l'éditeur de FrontPage, toute cette cuisine devient transparente pour l'auteur Web, qui n'a plus qu'à cliquer sur des menus et des boutons-poussoirs pour que ce soit l'éditeur qui génère tous ces codes.

Création d'une nouvelle page Web

Parvenue à l'apogée de mes talents artistiques, je pouvais rester assise dans un coin avec un morceau de papier et quelques crayons, m'occupant une heure durant à créer un véritable chef-d'oeuvre. Aujourd'hui, il faut qu'on m'aide un peu pour obtenir un tel résultat.

Si vous voulez ajouter une nouvelle page à votre site Web mais ne savez pas comment initialiser le processus de la création, rassurez-vous : les modèles et les assistants de l'éditeur de FrontPage sont là pour vous donner un coup de main. Les modèles (*templates*) sont des squelettes de pages standard que vous pouvez personnaliser selon vos goûts et vos besoins. Les assistants vous posent des questions sur la nature des informations que vous voulez incorporer dans vos pages et tout ce petit monde génère une page conforme à vos souhaits.

Mais si vos talents artistiques sont à la hauteur, rien ne vous empêche de construire librement vos pages. Evitez quand même d'écrire au feutre sur l'écran !

HTML, ce n'est pas que pour les spécialistes

Même si la connaissance de HTML n'est pas indispensable pour réaliser des pages Web avec FrontPage, en connaître quelques rudiments ne peut pas vous faire de mal. HTML est en perpétuelle évolution, de nouvelles balises venant s'y ajouter pour lui permettre de réaliser des mises en page de plus en plus soignées. Il y a toujours du retard entre l'apparition de ces nouveautés et leur reconnaissance par FrontPage, ce qui fait que, si vous tenez à pouvoir les utiliser, vous devrez mettre la main à la pâte.

Au Chapitre 4, je vous apprendrai quelques notions de HTML, histoire de vous montrer que ce n'est pas si compliqué que vous pourriez le craindre.

Au moyen d'un modèle

Dessiner une page avec un modèle, c'est comme faire partir une voiture en poussant. Si vous êtes un peu à court d'inspiration pour votre page Web, les modèles vont vous apporter l'impulsion qui vous manque pour démarrer.

Les modèles sont donc des squelettes de pages auxquels vous ajoutez vos propres informations et effets picturaux. L'éditeur contient des modèles pour le type de pages qu'on utilise communément dans les présentations Web commerciales et éducatives telles que les listes de FAQ et les descriptions de produits, pour n'en citer que deux.

Pour créer une nouvelle page à l'aide d'un modèle, faites ceci:

1. **Lancez FrontPage et, dans l'explorateur, ouvrez le site Web auquel vous voulez ajouter une page.**

2. **Dans la barre d'outils, cliquez sur le bouton Afficher l'éditeur FrontPage (le onzième en partant de la gauche).** Vous pouvez aussi cliquer sur Outils/Afficher l'éditeur FrontPage.

3. **Dans l'éditeur, cliquez sur Ficher/Nouveau ou tapez <Ctrl>+<N>.** La boîte de dialogue Nouvelle page s'affiche, dans laquelle vous est présentée une multitude de modèles et d'assistants parmi lesquels vous n'avez plus que l'embarras du choix.

4. **Dans cette liste, choisissez un nom de modèle évocateur.** Une description sommaire est affichée dans le bas de la boîte de dialogue. Pour l'instant, ne choisissez pas une rubrique commençant par "Assistant", ce sera pour tout à l'heure. Nous avons choisi "Description de produit".

5. **Cliquez sur ce nom puis sur OK.** Si rien ne vous plaît parmi ce qui vous est proposé, vous pouvez toujours créer votre propre modèle. Je vous dirai comment dans la section "Sauvegarde d'une page", plus loin dans ce même chapitre. Vous trouverez d'autres modèles sur le CD-ROM, accompagnés d'instructions d'utilisation.

Une nouvelle page s'affiche, basée sur ce que contient ce modèle (Figure 3.3).

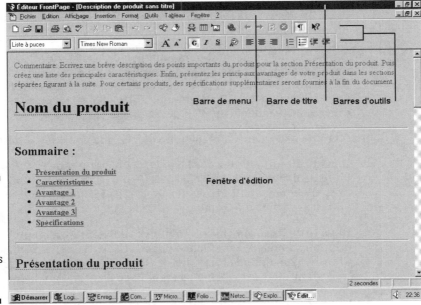

Figure 3.3 : Nouvelle page, basée sur un modèle, ouverte dans l'éditeur de FrontPage.

Le texte en petits caractères en haut de la page (affiché en violet sur l'écran) est un commentaire. Les commentaires ne sont visibles que lorsque vous éditez la page. Ils 'apparaissent jamais sur l'écran de votre browser. FrontPage se sert de commentaires pour vous présenter des suggestions sur la façon de personnaliser le modèle. Vous pouvez laisser les commentaires tels quels ou les supprimer, lorsque vous aurez vu et compris ce qu'ils vous proposent. Pour supprimer un commentaire, cliquez n'importe où dans son texte et appuyez sur la touche <Esp Arr> ou <Suppr>. Nous verrons au Chapitre 5 comment ajouter des commentaires de votre cru.

Au moyen d'un assistant

Il existe quatre assistants pour des pages particulièrement complexes :

- **Assistant Cadres :** Cet assistant vous aide à créer une page divisée en sections appelées *frames* dont chacune peut afficher une autre page. Nous étudierons les frames au Chapitre 11.

- **Assistant Connecteur de base de données :** Cet assistant crée un *connecteur de base de données* qui spécifie la façon dont votre page interagit avec une base de données connectée à l'Internet. Nous étudierons les bases de données au Chapitre 10.

- **Assistant Créateur de formulaire :** Cet assistant vous guide au travers des méandres de la création d'un formulaire interactif. Nous y viendrons au Chapitre 10.

- **Assistant Page d'accueil personnelle :** Cet assistant récite l'incantation de la page personnelle, vous posant un tas de questions sur vous-même avant de générer une page basée sur vos réponses. Remarquons au passage que le résultat obtenu est très voisin de celui qu'on peut créer avec le modèle de Web personnel de l'explorateur.

Pour créer une page avec un assistant, voici ce que vous devez faire :

1. **Dans l'éditeur, cliquez sur Ficher/Nouveau ou tapez <Ctrl>+<N>.** La boîte de dialogue Nouvelle page s'affiche, dans laquelle vous est présentée une multitude de modèles et d'assistants parmi lesquels vous n'avez plus que l'embarras du choix.

2. **Dans cette liste, choisissez un nom d'assistant évocateur.** Une description sommaire est affichée dans le bas de la boîte de dialogue. Choisissez maintenant une des quatre rubriques commençant par "Assistant". Par exemple : Assistant Page d'accueil personnelle.

3. **Cliquez sur ce nom puis sur OK.** Vous voyez alors s'afficher une liste d'options spécifiques de l'assistant sélectionné, précédées de cases à cocher. Dans notre cas, la Figure 3.3 montre ce que nous obtenons.

4. **Faites votre choix parmi les options proposées.** Pour notre part, nous allons supprimer la coche devant Informations sur l'employé et devant Commentaires et suggestions pour en ajouter une devant Projets en cours et Informations biographiques.

5. **Cliquez ensuite sur OK.** Une nouvelle boîte de dialogue s'affiche vous proposant une URL et un titre pour la page avec des valeurs par défaut déjà inscrites mais que nous allons changer respectivement en `moi.htm` et `Ma vie et mon oeuvre`.

6. **Continuez ainsi jusqu'à parvenir à une boîte contenant un bouton Terminer, sur lequel vous cliquerez.**

La Figure 3.4 vous donne une idée (partielle) du résultat obtenu.

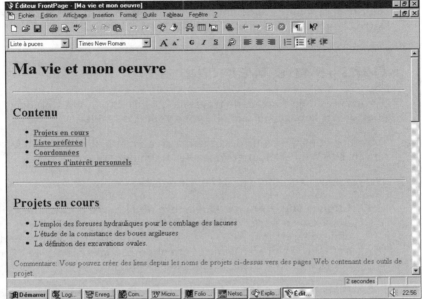

Figure 3.4 :
Construction
d'une page
personnelle
à l'aide d'un
assistant.

A partir de zéro

Si vous avez déjà une idée de ce que vous aimeriez inclure dans une nouvelle page, créez une page blanche. Pour ce faire, deux moyens s'offrent à vous :

- Cliquez sur le bouton Nouvelle page de la barre d'outils de l'éditeur (le premier en partant de la gauche). De cette façon, vous court-circuitez la boîte de dialogue qui vous propose un choix de modèles et d'assistants et vous êtes devant une page blanche.

- Cliquez sur Fichier/Nouveau et double-cliquez sur Page normale (première rubrique de la boîte de dialogue).

Il ne vous reste plus maintenant qu'à remplir cette page blanche.

Ouverture d'une page

Si vous voulez apporter des changements à une page de votre site Web, ouvrez-la dans l'éditeur. L'éditeur de FrontPage sait ouvrir n'importe quelle page Web, y compris celles qui n'ont pas été créées par FrontPage. La page peut résider n'importe où : dans votre site Web, à un autre emplacement sur votre ordinateur ou dans les tréfonds du World Wide Web.

Dans le site Web courant

Si vous êtes déjà en train de travailler avec l'éditeur, vous pouvez l'utiliser pour ouvrir la page sur laquelle vous voulez travailler.

Souvenez-vous que vous devez avoir préalablement ouvert, dans l'explorateur, le site Web sur lequel vous allez travailler.

Voici la marche à suivre pour ouvrir une page Web :

1. **Cliquez sur le bouton Ouverture de la barre d'outils de l'éditeur (le deuxième à partir de la gauche).** (Ou cliquez sur Fichier/Ouvrir ou encore tapez <Ctrl>+<O>.) La boîte de dialogue d'ouverture de fichier s'affiche (Figure 3.5). Elle contient deux onglets : Site Web FrontPage courant et Autre site. Cliquez sur le premier.

2. **Dans la boîte à liste, double-cliquez sur la page que vous voulez ouvrir.** Prenez patience, ça peut demander un peu de temps, surtout si la page contient beaucoup d'images.

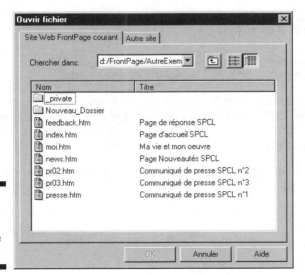

Figure 3.5 :
La boîte de
dialogue
d'ouverture
de fichier.

A partir d'un fichier

Dans le jargon de FrontPage, *ouvrir une page à partir d'un fichier* signifie ouvrir une page existante qui se trouve en dehors d'un site Web FrontPage. C'est l'option à utiliser pour ouvrir une page située n'importe où sur votre disque dur.

Voici comment procéder :

1. **Cliquez sur le bouton Ouverture de la barre d'outils de l'éditeur (le deuxième à partir de la gauche).** (Ou cliquez sur Fichier/Ouvrir ou encore tapez <Ctrl>+<O>.) La boîte de dialogue d'ouverture de fichier s'affiche. Elle contient deux onglets : Site Web FrontPage courant et Autre site. Cliquez sur le second.

2. **Sélectionnez l'adresse du fichier à ouvrir dans la boîte de saisie A partir du fichier.** Aidez-vous au besoin du bouton Parcourir.

FrontPage ne vérifie pas la cohésion syntaxique des balises HTML créées par d'autres éditeurs. Il se contente d'ouvrir la page telle quelle. Si FrontPage rencontre une erreur HTML comme une balise qu'il ne reconnaît pas, il affiche une petite icône caractéristique sur fond jaune qu'on peut voir reproduite en deux exemplaires sur la Figure 3.6. Nous verrons au Chapitre 5 comment corriger ces erreurs.

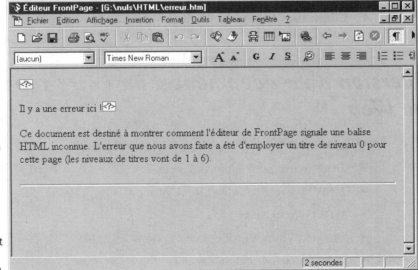

Figure 3.6 : Comment l'éditeur de FrontPage signale une erreur dans un document HTML.

A partir d'un autre serveur Web

Vous pouvez ouvrir une page Web située à distance, sur un autre site Web, ce qui est particulièrement utile si vous êtes sur un Intranet.

 Si vous ouvrez une page située sur un autre serveur Web, FrontPage ouvrira une *copie* de cette page dans l'éditeur. Lorsque vous ferez une sauvegarde de cette page, elle se fera sur votre propre ordinateur sans modifier en rien la page originale. Pour plus détails sur ce point, consultez le Chapitre 18.

Voici comment ouvrir une page située sur un autre serveur Web :

1. **Cliquez sur le bouton Ouverture de la barre d'outils de l'éditeur (le deuxième à partir de la gauche).** (Ou cliquez sur Fichier/Ouvrir ou encore tapez <Ctrl>+<O>.) La boîte de dialogue d'ouverture de fichier s'affiche. Elle contient deux onglets : Site Web FrontPage courant et Autre site. Cliquez sur le second.

2. **Cliquez sur le bouton radio A partir de l'adresse.** La boîte de saisie correspondante passe du gris au blanc, indiquant que vous pouvez y taper quelque chose.

3. **Tapez l'URL de la page que vous voulez ouvrir dans cette boîte de saisie.** Par exemple : www.cybertheque.fr/perso/anita/ internet.html. (Inutile de taper le nom du protocole, http://, FrontPage l'a déjà préparé.)

4. **Cliquez sur OK.** Après un certain temps, la page demandée se charge dans l'éditeur.

Conversion d'un document d'un autre type en page Web

FrontPage accepte les formats de documents suivants :

- .DOC : Word pour Windows, versions 2.x, 6.x, 7 et Word 97.
- .MCW : Word pour Macintosh, versions 4.0 à 5.1 et 6.
- .WPS : Works 3.0 et 4.0.
- .DOC et .WPD : WordPerfect, versions 5.x et 6.x.
- .XLS : feuilles de calcul Excel.
- .RTF : documents RTF.
- .TXT : documents en texte pur.

N'oubliez pas de créer une copie de sauvegarde préalablement à la conver-sion de vos documents, faute de quoi, au moment où vous procéderiez à la sauvegarde du document converti, vous écraseriez l'original. Vous pouvez aussi modifier le nom sous lequel vous sauvegarderez la page. Voyez la section "Sauvegarde d'une page", plus loin dans ce même chapitre.

Documents issus de traitements de texte

FrontPage sait convertir des documents provenant de traitements de texte courants comme Word ou Works et WordPerfect. La qualité du résultat est surprenante. Les polices de caractères sont respectées en ce qui concerne leur type, leur graisse et leur corps. Les images - lorsqu'il y en a - sont auto-matiquement converties aux formats GIF ou JPEG.

Pour convertir un de ces documents en page Web, ouvrez tout simplement le fichier correspondant dans l'éditeur comme je l'ai indiqué dans la section "A partir d'un fichier", un peu plus haut dans ce chapitre. Cliquez sur le bouton Parcourir et, dans la liste déroulante en face de Type, sélectionnez le type de document que vous voulez convertir. Recherchez ensuite le fichier comme d'habitude puis cliquez sur le bouton Ouvrir.

Feuilles de calcul Excel

Si vous n'avez jamais utilisé un *tableur*, sachez qu'il s'agit d'un programme destiné à simplifier des calculs tabulés, financiers ou comptables. Les documents de base de ce type de programme sont appelés *feuilles de calcul*.

Pour effectuer la conversion, ouvrez tout simplement le fichier correspondant dans l'éditeur comme je l'ai indiqué dans la section "A partir d'un fichier", un peu plus haut dans ce chapitre. Cliquez sur le bouton Parcourir et, dans la liste déroulante en face de Type, sélectionnez le type de document que vous voulez convertir - ici, Feuilles de calcul Microsoft Excel (*.xls, *.xlw). Recher-chez ensuite le fichier comme d'habitude puis cliquez sur le bouton Ouvrir.

Documents RTF

RTF signifie *Rich Text Format*. C'est un format passe-partout, pratique pour échanger des documents entre des traitements de texte différents.

Pour effectuer la conversion, ouvrez tout simplement le fichier correspondant dans l'éditeur comme je l'ai indiqué dans la section "A partir d'un fichier", un peu plus haut dans ce chapitre. Cliquez sur le bouton Parcourir et, dans la liste déroulante en face de Type, sélectionnez le type de document que vous voulez convertir - ici, Format texte riche (*.rtf). Recherchez ensuite le fichier comme d'habitude puis cliquez sur le bouton Ouvrir.

Documents en texte pur

Les documents en texte pur (dits parfois "en ASCII") ne contiennent aucune indication de formatage, uniquement du texte. Pour ces documents, il existe quatre options de conversion qui vous seront proposées dans la boîte de dialogue Convertir du texte :

- **Un paragraphe formaté.** Tous les paragraphes du document source sont soudés en un seul auquel FrontPage applique le style HTML <PRE> (préformaté), ce qui implique l'utilisation d'une police à pas fixe du genre Courier en respectant scrupuleusement les espaces, les tabulations et les retours chariot. C'est le style à choisir si votre document source contient des tableaux et qu'il faut en respecter précisément la disposition en colonnes.

- **Plusieurs paragraphes formatés.** Les paragraphes individuels sont respectés, chacun étant placé dans un conteneur <PRE> (voir le Chapitre 5). C'est le style à choisir si votre document ne contient que des phrases et/ou des titres.

- **Paragraphes normaux.** Le style Normal sera appliqué à ces paragraphes. Il s'agit du style par défaut qui n'implique l'usage d'aucun conteneur de mise en forme et utilise une police de caractères proportionnelle, du genre Times. Les espaces consécutifs sont fondus en un seul et les tabulations remplacées par des espaces. C'est un bon choix lorsque vous acceptez de perdre le formatage pouvant résulter de l'emploi d'espaces ou de tabulations dans le document source.

- **Paragraphes normaux avec sauts de lignes.** La même chose que ci-dessus, mais en insérant des sauts de lignes à la fin de chaque ligne.

Pour effectuer la conversion, ouvrez tout simplement le fichier correspondant dans l'éditeur, comme je l'ai indiqué dans la section "A partir d'un fichier", un peu plus haut dans ce chapitre. Cliquez sur le bouton Parcourir et, dans la liste déroulante en face de Type, sélectionnez le type de document que vous voulez convertir - ici, "Fichiers texte (*.TXT). Recherchez ensuite le fichier comme d'habitude puis cliquez sur le bouton Ouvrir.

Dans la boîte de dialogue Convertir du texte, choisissez l'une des quatre options détaillées au début de cette section puis cliquez sur OK.

Si le résultat obtenu ne vous satisfait pas, refermez tout simplement le fichier sans le sauvegarder. Ouvrez le de nouveau et choisissez l'une des autres options de conversion.

> ## Polices à pas fixe et polices proportionnelles
>
> On appelle *police à pas fixe* une police de caractères reproduisant la frappe des antiques machines à écrire mécaniques où chaque caractère, quelle que soit sa largeur (un "l" ou un "m") occupe le même emplacement sur le papier. La police qui est utilisée par défaut dans les browsers est, la plupart du temps, la police Courier. En voici un exemple :
>
> ```
> Ce paragraphe est imprimé avec une police de style Courier
> (avec un seul "r") qui imite la frappe des machines à écrire primitives.
> ```
>
> Au contraire, dans une police de caractères *proportionnelle*, chaque caractère occupe sur le papier (ou sur l'écran) une place proportionnelle à sa largeur réelle. Il existe une infinité de polices de ce type. Celle qui est utilisée par défaut dans les browsers est du style Times. En voici un exemple :
>
> Ce paragraphe est imprimé avec une police de caractères proportionnelle (genre Times) qui est celle que les browsers préfèrent pour afficher du texte normal.

Prévisualisation d'une page Web avec un browser

Lorsque vous créez des pages avec l'éditeur, elles ressemblent de très près à ce que verra l'utilisateur avec son browser. C'est ce qu'on appelle *WYSIWYG* (*What You See Is What You Get*) ou, en français, "tel écran, tel écrit".

Mais rien ne vaut un essai en grandeur réelle. FrontPage vous permet de le faire sans grand effort. Pour cela, cliquez sur Fichier/Afficher dans l'explorateur Internet. Une boîte de dialogue, reproduite sur la Figure 3.7, s'ouvre, dans laquelle vous pouvez choisir le browser que vous préférez. Vous pouvez enrichir la liste de browsers proposés à l'aide du bouton Ajouter, ce qui vous permet de faire plusieurs tests, pour peu que vous ayez installé plusieurs browsers sur votre machine, ce que je ne saurais trop vous recommander.

A moins d'avoir de bonnes raisons pour ne pas suivre ce conseil, conservez l'option "Par défaut" des cases à cocher du bas de la boîte de dialogue quant au choix du format d'écran. Souvenez-vous toutefois que le format le plus usité sur le Web est actuellement 800 x 600.

Une fois votre choix effectué, cliquez sur Aperçu. Les fois suivantes, vous pourrez cliquer directement sur le bouton Aperçu dans l'explorateur Internet (le cinquième de la barre d'outils à partir de la gauche) pour utiliser le browser choisi.

Figure 3.7 :
Boîte de
dialogue de
choix du
browser pour
prévisualisa-
tion.

Si vous voulez modifier la page obtenue, revenez dans l'éditeur par l'une des manoeuvres prévues à cet effet par Windows 95 (barre des tâches ou <Alt>+<Tab>). Lorsque vous êtes satisfait du résultat final, sauvegardez la page comme je l'indique un peu plus loin à la section "Sauvegarde d'une page".

Impression d'une page

En général, le résultat obtenu en imprimant une page Web n'est pas satisfaisant parce que le concept de page est différent sur l'écran et sur le papier. Et puis, peut-être n'avez-vous pas d'imprimante couleur ! Mais pour des pages contenant principalement du texte, c'est un bon moyen de conserver une trace écrite d'un document.

En utilisant les options d'impression de FrontPage, le résultat que vous aurez ne sera pas forcément identique à ce qu'obtiendront vos utilisateurs avec l'option d'impression de leur browser.

Voici comment vous pouvez imprimer une page :

1. **Dans l'éditeur, cliquez sur le bouton Imprimer de la barre d'outils.** (Le quatrième à partir de la gauche.) Vous pouvez aussi cliquer sur Fichier/Imprimer ou taper <Ctrl>+<P>. Une boîte de dialogue s'affiche.

2. **Cette boîte de dialogue est celle de Windows 95.** Faites donc comme si vous utilisiez votre traitement de texte habituel en ce qui concerne le choix des différentes options (les choix par défaut sont généralement les meilleurs).

3. **Cliquez sur OK pour lancer l'impression.**

Voici quelques astuces d'impression :

- Pour avoir une prévisualisation de la façon dont sera imprimée votre page, vous pouvez cliquer sur Fichier/Aperçu avant impression.

- Les marges d'impression sont automatiquement définies par FrontPage comme égales à 20 mm, ce qui est "généreux" ! Pour les modifier, cliquez sur Fichier/Mise en page et modifiez les valeurs proposées dans la boîte de dialogue qui s'affiche.

- Sur chaque page figure un en-tête en haut et un numéro de page en bas. Pour modifier ces options, cliquez sur Fichier/Mise en page et modifiez ce qui est affiché dans les deux boîtes de saisie du haut de la boîte de dialogue.

Sauvegarde d'une page

Votre chef-d'oeuvre de site Web n'a de réelle valeur que si vous le sauvegardez minutieusement. Faites plutôt trop de sauvegardes que pas assez. Pour ma part, mes doigts se dirigent instinctivement vers <Ctrl>+<S> chaque fois que je viens d'écrire une phrase particulièrement remarquable.

Vous pouvez sauvegarder une page sous trois formes : comme une partie de site Web, comme un fichier ou comme un modèle de page. Faites attention au *modus operandi*, car la façon de faire dépend de la façon dont vous avez ouvert la page.

Si vous avez effectué beaucoup de changements dans votre page mais que vous n'avez encore rien sauvegardé, vous pouvez annuler toutes vos modifications et revenir à la version originale en cliquant sur le bouton Actualiser de la barre d'outils (le quatrième à partir de la droite) ou en cliquant sur Affichage/Actualiser puis en répondant Non lorsque FrontPage vous demande si vous voulez sauvegarder les modifications.

Sous forme de page dans votre site Web

Si vous avez créé une nouvelle page Web ou que vous avez ouvert une page provenant d'ailleurs, vous pouvez facilement l'ajouter à votre site Web en la sauvegardant.

N'oubliez pas que pour sauvegarder une page dans un site Web, celui-ci doit avoir été ouvert préalablement dans l'explorateur.

Pour sauvegarder une page dans votre site Web, faites ceci :

1. **Si vous sauvegardez une nouvelle page ou une page ouverte sur un autre site Web, cliquez sur Fichier/enregistrer.** Ou bien cliquez sur le bouton Enregistrer de la barre d'outils (le troisième en partant de la gauche) ou encore tapez <Ctrl>+<S>.

2. **Si vous sauvegardez une page qui a été ouverte d'après un fichier, cliquez sur Fichier/Enregistrer sous...** La boîte de dialogue correspondante s'affiche.

3. **Tapez la description de votre site Web dans la boîte de saisie Titre de la page.** FrontPage générera un nom de fichier d'après ce titre.

4. **Si vous préférez un autre nom, tapez-le dans la boîte du dessous intitulée Chemin du fichier dans votre site Web FrontPage.**

5. **Cliquez sur OK.** Si vous sauvegardez une page ouverte à l'origine à une autre adresse, FrontPage vous demande si vous voulez importer les images de la page (si elle en contient). Cliquez sur Oui pour contrôler l'importation image par image ou Toutes pour une importation globale.

Sous forme de fichier

Si vous voulez sauvegarder la page vers un autre emplacement de votre disque dur (c'est-à-dire en dehors de votre site Web), c'est possible :

1. **Si vous sauvegardez une nouvelle page ou une page ouverte sur un autre site Web, cliquez sur Fichier/enregistrer.** Ou bien cliquez sur le bouton Enregistrer de la barre d'outils (le troisième en partant de la gauche) ou encore tapez <Ctrl>+<S>.

2. **Si vous sauvegardez une page qui a été ouverte d'après un fichier, cliquez sur Fichier/Enregistrer sous...** La boîte de dialogue correspondante s'affiche.

3. **Tapez la description de votre site Web dans la boîte de saisie Titre de la page.**

4. **Si vous voulez changer son nom, tapez-le dans la boîte du dessous intitulée Chemin du fichier dans votre site Web FrontPage.**

5. **Cliquez sur le bouton Fichier.** La boîte de dialogue Enregistrer en tant que fichier s'affiche.

6. **A l'aide du bouton Parcourir, recherchez puis ouvrez le répertoire dans lequel vous voulez sauvegarder le fichier.**

7. **Cliquez sur Enregistrer.** Si la page contient des images, FrontPage vous demande si vous voulez les sauvegarder sous forme de fichier. Cliquez sur Oui.

Si vous sauvegardez sous forme de fichier une page qui a été ouverte à partir de votre site Web, FrontPage sauvegarde une *copie* de la page éditée, l'original restant inchangé dans votre site Web.

Sous forme de modèle

Vous pouvez sauvegarder n'importe quelle page sous forme de modèle, ce qui vous fera gagner beaucoup de temps si vous créez plusieurs pages avec la même mise en page.

1. **Si vous sauvegardez une nouvelle page ou une page ouverte sur un autre site Web, cliquez sur Fichier/enregistrer.** Ou bien cliquez sur le bouton Enregistrer de la barre d'outils (le troisième en partant de la gauche) ou encore tapez <Ctrl>+<S>.

2. **Si vous sauvegardez une page qui a été ouverte d'après le site Web ou d'après un fichier, cliquez sur Fichier/Enregistrer sous...** La boîte de dialogue correspondante s'affiche.

3. **Cliquez sur le bouton Modèle.** La boîte de dialogue Enregistrer en tant que modèle s'affiche.

4. **Tapez un titre évocateur dans la boîte de saisie Titre.**

5. **Tapez un nom de fichier dans la boîte de saisie Nom.** Si vous omettez l'extension, l'éditeur ajoutera automatiquement **.TEM,** qui est l'extension standard des modèles (*templates*).

6. **Dans la grande boîte de saisie Description, tapez une courte description de ce que fait le modèle.**

7. **Cliquez sur OK.**

Si la page que vous sauvegardez contient des images, FrontPage vous demande si vous voulez les sauvegarder sous forme de fichier. Cliquez sur Oui si vous acceptez.

La prochaine fois que vous créerez un nouveau fichier, votre modèle apparaîtra dans la liste des modèles et assistants en compagnie de ses cousins.

Création de pages Web qui vous donneront l'air d'un génie

"Non, Aristide Briand n'a jamais fait la danse du ventre, mais ceci montre comment une animation peut servir à illustrer l'Histoire de France sur le Web."

Dans cette partie...

Maîtriser FrontPage est une chose, comprendre comment construire une belle page Web dans laquelle il est facile de naviguer en est une autre. Cette deuxième partie va vous aider à atteindre ces deux objectifs.

Dans cette partie, vous allez découvrir comment construire une page Web à partir de rien. Vous allez explorer l'éditeur de FrontPage et voir de quelle façon il peut vous aider à créer des liens hypertexte vers les sons et les animations qui embelliront votre site Web.

Chapitre 4
Principes de la conception d'une page Web

L a révolution de la PAO qui est survenue dans les années 80 a appris aux apprentis concepteurs une bonne chose : acheter un super micro-ordinateur et un hyperlogiciel de publication ne suffit pas pour créer d'impérissables chefs-d'oeuvre. Les ingrédients essentiels – le talent, le coup d'oeil – ne sont pas vendus en même temps que le logiciel.

De la même façon, la création d'excellents sites Web avec FrontPage demande que l'on comprenne clairement quelles sont les possibilités et les limites de ce logiciel et il y faut d'autres talents, plus artistiques ceux-là. Dans ce chapitre, je vais faire travailler les muscles de votre cerveau afin de développer votre esprit créateur pour que votre site soit facile à parcourir, se charge rapidement et paraisse spectaculaire.

Clients et serveurs

Pour comprendre le concept du Web, vous devez commencer par assimiler les relations de base qui existent entre *clients* et *serveurs* sur le Web. C'est le yin et le yang qui permet à l'Internet d'exister.

Un *serveur* est un ordinateur qui contient des informations et les diffuse. Un *client* est le programme qui, sur votre propre ordinateur, envoie des requêtes au serveur et affiche les informations qu'il en reçoit. Sur le Web, les serveurs Web contiennent les pages Web qu'ils distribuent à qui les demande. De leur côté, les clients Web (qu'on appelle plus simplement *browsers*[3]) affichent les pages sur l'écran de votre moniteur. Clients et serveurs sont inutiles l'un sans l'autre comme le sont les deux moitiés d'une fermeture en Velcro.

Si cette notion ne vous paraît pas claire, pensez à la façon dont marche la télévision. Lorsque vous allumez votre poste, il reçoit un signal (une émission) provenant d'un émetteur qu'il affiche sur son écran. Et c'est ainsi que vous pouvez voir, par exemple, "Les Grosses Têtes". Le client, c'est vous ; le serveur, c'est l'un des émetteurs régionaux de TF1. Si celui-ci tombe en panne, votre écran se couvre de *neige* et il ne vous reste plus que deux solutions possibles : éteindre votre poste et redécouvrir les plaisirs de la lecture ou passer sur France 2 ou tout autre *serveur de spectacle*. De l'autre côté, s'il n'y avait pas de récepteurs de télévision installés dans les foyers, un émetteur de télévision serait absolument inutile. La Figure 4.1 illustre cette symbiose client-serveur.

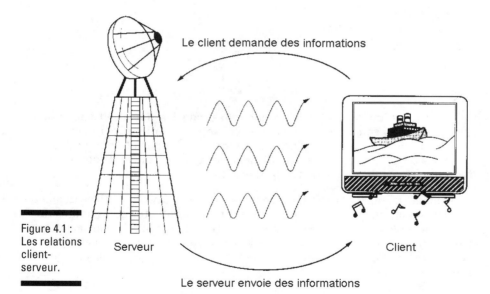

Le client demande des informations

Figure 4.1 :
Les relations client-serveur.

Serveur

Client

Le serveur envoie des informations

Lorsque vous voulez diffuser une présentation sur le Web, vous mettez tous vos fichiers avec leurs liens sur un serveur Web. Celui-ci attend patiemment, à l'écoute des requêtes formulées par d'éventuels clients venant de l'Internet

---

3.   Plusieurs traductions ont été proposées pour le mot *browser* qui vient du verbe *to browse* : parcourir, feuilleter... Navigateur, butineur, brouteur... tout (ou presque) y est passé sans que l'on puisse trouver quelque chose d'acceptable. Certains, même, sont allés jusqu'à proposer des expressions comme *interface de navigation* ! Dans le manuel qui accompagne FrontPage, Microsoft a choisi "explorateur" que nous ne retiendrons pas pour éviter toute confusion avec *l'explorateur* de FrontPage. Comme nous avons entériné le Klaxon, le Frigidaire, le footing, le rap et le rock, pourquoi ne pas y ajouter le "browser" ? (N.d.T.).

ou du réseau local Intranet de l'entreprise. Dès qu'il en reçoit une (parce qu'un *visiteur* a tapé l'URL du serveur dans la fenêtre de son browser), le serveur entre en action et envoie le fichier demandé. La façon dont ce fichier va être affiché sur l'écran du client dépend en grande partie des caractéristiques de la machine utilisée par ce client, de son système d'exploitation, de son logiciel d'affichage et de son moniteur.

Revenons un instant à notre analogie télévisuelle. L'émetteur (le serveur) envoie ses informations au téléspectateur dont le poste de télévision (le client) traduit ce qu'il reçoit en affichant une image (généralement animée) sur son écran. Vous aurez le même (désolant) spectacle quelle que soit la taille de votre écran, mais ce que vous aurez sous les yeux se présentera différemment selon que votre récepteur est un 16/9, un 70 cm ou un portable noir et blanc (Figure 4.2).

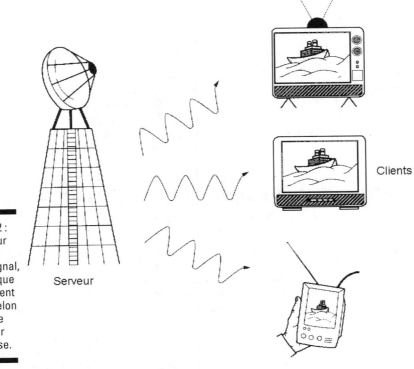

Figure 4.2 :
Le serveur envoie le même signal, mais ce que voit le client diffère selon le type de récepteur qu'il utilise.

Serveur

Clients

Vous pouvez même - si le cœur vous en dit - tripoter vos boutons de réglage pour que Cindy Crawford prenne une teinte verdâtre et que Hulk soit tout bleu. Tous les Français ne seront pas condamnés pour autant à être privés du délicieux incarnat de la peau de la star (la première, pas l'autre).

La morale de cette histoire est que c'est le client qui a le dernier mot quant à la façon dont les informations envoyées par le serveur vont s'afficher sur son écran. Je vais vous en dire davantage dans les sections qui suivent.

La manie du multiplate-forme

On compare souvent la publication sur le Web au domptage d'un fauve hirsute et malfaisant. Là où les procédés habituels vous offrent un contrôle total sur le produit fini, le Web est, au mieux, une grossière esquisse.

Pourquoi ? Parce qu'il s'agit d'un média *multiplate-forme*, ce qui veut dire que les gens qui s'y connectent le font au moyen d'une infinité de machines et de logiciels, dissemblables au possible. Et chaque composant affecte le résultat final, c'est-à-dire la façon dont le client va percevoir ce qui lui est envoyé par le serveur.

Le défi de celui qui veut publier sur le Web, c'est qu'il doit tenir compte de cette diversité pour parvenir à réaliser quelque chose qui puisse avoir la même signification chez tous ses clients, quels que soient le matériel et le logiciel qu'ils vont utiliser pour le recevoir. Rassurez-vous, ce n'est pas "mission impossible", à condition d'accepter quelques vérités premières sur ce que représente le Web en tant que support de diffusion. Vous allez bientôt vous rendre compte que le monstre de la publication sur le Web, tout malfaisant et hirsute qu'il soit, peut devenir un bon nounours si vous savez comment le prendre.

Vérité première numéro 1 : vos visiteurs n'ont pas tous le même ordinateur

De la même façon que les gens vont à leur travail par le bus, par le métro, en taxi ou avec leur voiture personnelle, ceux qui croisent sur le Net utilisent différents types d'ordinateurs. Certains ont de vieilles machines équipées d'un écran noir et blanc, d'autres ont le tout dernier modèle de machine suréquipé et pourvu d'un écran couleur grand format. Ce qu'il y a de bien avec le Web, c'est que, sur l'Internet, le véhicule compte moins que sur la route. Que vous ayez un Mac, un PC ou une station UNIX, tout ce qu'il vous faut, c'est un browser qui puisse tourner sur votre machine. L'inconvénient, toutefois, c'est que vous ne verrez pas la même page Web de la même façon avec ces divers matériels.

Un site Web vu sur différentes plates-formes n'apparaît pas forcément entièrement différent au point qu'on ne puisse pas le reconnaître, mais on peut percevoir des différences dans les couleurs, l'alignement du texte et de l'image, les polices de caractères, etc. J'ai créé ma propre page Web sur un PC tournant sous Windows 95 en lui donnant un arrière-plan de couleur jaune citron clair. Un de mes amis - qui a vendu son âme à Apple - a voulu la voir et m'a dit que son Mac lui avait restitué une page blafarde avec un fond verdâtre. (Heureusement, ça n'a pas été difficile à corriger. Je vous dirai comment au Chapitre 7.)

Vérité première numéro 2 : vos visiteurs se servent de browsers différents

Non seulement vos visiteurs utilisent des matériels hétérogènes, mais ceux qui appartiennent à la même chapelle (les Unixiens, les pécéistes, les macophiles...) se servent de browsers souvent différents ou même, s'il s'agit de logiciels du même éditeur, de versions différentes. Les neuf dixièmes de la population surfant sur le Web utilisent Netscape Navigator ou Internet Explorer, les deux ténors du Web. Ceux qui restent utilisent, qui Spyglass Mosaic, qui Lynx (en mode texte uniquement), qui Chameleon... "Bah - dites-vous - pourquoi me soucier de cette minorité ?" Tout simplement parce que ces quelque dix pour cent d'une population de surfers estimée à dix millions, c'est quand même considérable. Pour bien comprendre de quoi je parle, regardez les Figures 4.3 et 4.4.

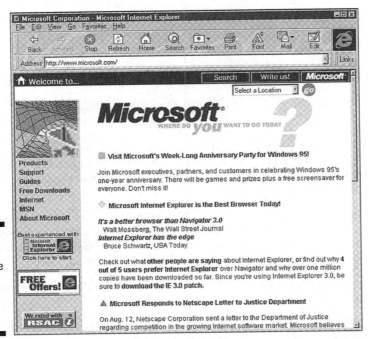

Figure 4.3 : La page d'accueil de Microsoft vue avec Internet Explorer.

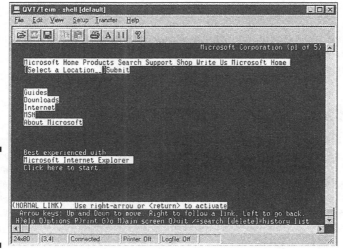

Figure 4.4 :
La page
d'accueil de
Microsoft
vue avec
Lynx.

La situation se complique encore du fait des extensions propriétaires que tel ou tel éditeur a apportées au "standard" HTML. Pour des raisons commerciales, Netscape et Microsoft ont créé des fonctionnalités tellement séduisantes qu'il est difficile de résister à leur attrait. Mais souvent, seuls ceux de vos visiteurs ayant installé la plus récente version de leur browser pourront les percevoir.

Vérité première numéro 3 : vos visiteurs se connectent à l'Internet à des vitesses différentes

Comme sur la route, la vitesse est l'obsession de celui qui surfe sur l'Internet. Attendre quelques secondes qu'une page s'affiche devient très vite insupportable. Ces secondes peuvent devenir des minutes pour ceux de vos visiteurs qui n'ont qu'une connexion à faible débit, généralement parce que leur modem est d'un ancien modèle.

Qu'est-ce qui peut faire qu'un site Web s'affiche à un train de sénateur ? Ce sont les images qui portent la plus lourde responsabilité. De grandes images parées de nombreuses couleurs demandent longtemps pour vous parvenir et le jeu n'en vaut pas toujours la chandelle.

La longueur d'une page a sa part dans ces temps d'attente. Les pages renfermant plusieurs écrans de texte sont plus longues à se charger que les pages courtes.

Parmi les autres causes de ralentissement, il ne faut pas oublier les gadgets du multimédia : sons, musiques, animations et mini-programmes comme les applets Java, les scripts JavaScript ou les composants ActiveX, tant prisés par ceux qui sont raccordés à l'Internet par une connexion à haut débit. Tant pis pour ceux dont le modem plafonne à 28 800 bps.

Vérité première numéro 4 : vos visiteurs n'ont pas tous la même culture

Le passé culturel de vos visiteurs devrait se trouver au centre de vos préoccupations de concepteur de site Web parce que les différences culturelles affectent la perception qu'on peut avoir d'une présentation et même son choix. Votre site doit être capable de parler (donc de se faire comprendre) à des visiteurs de nationalités différentes dont le système de valeur n'est pas le même que le vôtre. Inutile d'apprendre une nouvelle langue pour parler sur le Web mais faites en sorte de ne choquer personne si vous voulez agrandir votre audience. Assurez-vous qu'il est facile de naviguer dans vos pages et que leur rédaction est suffisamment claire, si vous voulez que votre site soit accessible par tous.

Cinq étapes vers le succès

Le mot d'ordre des scouts : "Scout... toujours prêt !" s'applique très bien à la publication sur le Web. Maintenant que vous avez vu quelles étaient les quatre vérités premières à ne pas perdre de vue, vous allez devoir en tenir compte dans votre conception. Les sections qui suivent vont vous expliquer comment faire en cinq étapes faciles à parcourir.

Choisissez un objectif

Le but de ce livre n'est pas de vous documenter sur l'Internet ni même de vous expliquer chaque ficelle de la publication sur le Web, mais de vous montrer comment utiliser FrontPage pour créer un site Web attractif et équilibré tout en vous distrayant.

Pour être efficace, votre site doit témoigner de la même clarté. Mettez l'accent sur vos motivations. Voulez-vous instruire ? Voulez-vous vendre un produit ? Voulez-vous faire partager la perception que vous avez du monde ? Une fois votre choix fait, il faut que ce but soit clair pour vos visiteurs afin qu'ils sachent à quoi s'attendre s'ils décident de passer un moment avec vous.

Vous pouvez exprimer directement votre intention : "Bienvenue sur la page du Cyclone du jour, votre page d'informations sur les phénomènes météorologiques exceptionnels." Mais vous pouvez aussi procéder indirectement en donnant une liste des différentes parties que traite votre présentation.

Ainsi, votre visiteur pourra juger d'un seul coup d'oeil si votre site est susceptible ou non de l'intéresser.

Définissez votre auditoire

Se fixer un but n'est pas toujours facile mais ça peut se simplifier si vous définissez par avance la typologie de vos visiteurs, ce qu'on appelle le *lectorat* dans le domaine de la presse écrite. *Elle* et *L'Equipe* ne visent pas la même clientèle. Il faut donc savoir quel type de population vous souhaitez attirer vers votre site.

Votre auditoire espéré a-t-il des compétences techniques ? Quel est sa tranche d'âge ? Quelle sorte d'informations recherche-t-il ? Plus vous pourrez affiner les réponses à ces questions, mieux vous communiquerez votre message aux visiteurs de votre site.

Au Chapitre 14, je vous montrerai comment doter votre site Web d'un système d'enregistrement de vos visiteurs afin de mieux connaître (de *cibler*) votre auditoire.

Cultivez votre image de marque

Peugeot, Enrico Macias et Adidas ont une image de marque totalement différente mais qui leur confère une individualité aisément identifiable. Votre site aussi doit - toutes proportions gardées - avoir sa personnalité. C'est ce qu'on appelle le *look and feel*. Comment souhaitez-vous que votre auditoire perçoive votre site ? Quel qualificatif souhaitez-vous qu'il lui applique : amical ? pointu ? utile ? étrange ? Concevez sa structure et sa mise en page en fonction de vos intentions.

Facilitez la navigation sur votre site

S'il vous est arrivé de conduire à Grenoble ou à Marseille, vous savez qu'il n'est pas facile d'y trouver son chemin. (A Grenoble, en particulier, les sens uniques sont conçus de façon à centrifuger l'étranger en dehors du coeur de la ville.)

Votre site Web doit présenter un aspect opposé : il doit être facile d'y naviguer et, pour cela, il ne doit pas contenir de sens uniques ou d'impasses et posséder l'équivalent de panneaux indicateurs judicieusement placés. Séparez vos informations en petits blocs, faites des pages courtes et faciles à lire. (N'oubliez pas que plus une page est courte, plus vite elle se charge.) Pour éviter que vos visiteurs se perdent, mettez à leur disposition une carte routière sur laquelle les liens entre pages et rubriques seront clairement indiqués. Pensez à utiliser des mots clés. (Le WebBot Recherche de FrontPage, que nous étudierons au Chapitre 12, vous facilitera cette tâche.)

Pensez à l'évolution de votre site

Les sites Web, les petits bébés et le déficit de la Sécu ont en commun la propriété de grandir. Au cours du temps, vous allez être amené à compléter vos pages, à ajouter de nouvelles sections, de nouvelles images. Diminuez les tâches répétitives en créant des modèles de pages. Servez-vous des WebBots d'insertion de FrontPage pour y automatiser l'inclusion d'éléments standard (vous apprendrez comment au Chapitre 12). Plus important encore, affinez le but que vous poursuivez tout en restant centré sur votre auditoire.

 Si la lecture de textes en anglais ne vous rebute pas, vous pourrez trouver quelques réflexions intéressantes aux adresses suivantes :

- `http://www.dsiegel.com/tips` (le *Web Wonk* de David Siegel).

- `http://www.glover.com/improve.html` (les dix meilleures façons d'améliorer sa page d'accueil).

- `http://union.ncsa.uiuc.edu/HyperNews/get/www/style.html` (style et ressources des maîtres du Web).

Preuve irréfutable de la simplicité de HTML

Vous ne quitterez pas ce chapitre sans que je vous aie dit deux mots de HTML, le langage utilisé pour créer les pages Web (pour plus de détails sur HTML, revoir le début du Chapitre 3).

Il n'est pas nécessaire de connaître HTML pour publier des pages Web de bonne apparence lorsqu'on utilise FrontPage. Mais si vous voulez vous attaquer sérieusement à ce genre de publication, vous ne pouvez pas y couper. HTML évolue plus rapidement que Microsoft n'est capable de créer de nouvelles versions de FrontPage, aussi la connaissance de HTML peut-elle vous permettre d'intégrer les plus récents effets dans vos pages Web.

Aucune expérience de programmation n'est indispensable pour apprendre HTML car ce n'est pas un langage de *programmation* mais un langage de *marquage*, de balisage, ce qui signifie qu'il ne s'agit que d'une suite de codes signalant au browser d'afficher d'une manière ou d'une autre certains éléments de la page. Ces codes sont appelés *balises* et sont faciles à repérer. Vous ne me croyez pas ? Eh bien, regardez ce qui suit ; je vais vous en administrer la preuve.

La Figure 4.5 montre une ligne de texte vue par Internet Explorer (l'absence d'accent aigu sur le "e" de "deplaise" est volontaire, nous verrons plus tard quelle en est la raison).

Figure 4.5 :
Texte ordinaire et texte en italique vus par un browser.

La Figure 4.6 montre les balises qui se cachent dans ce paragraphe.

Figure 4.6 :
Un extrait du fichier source HTML de la ligne précédente.

```
                              marqueur HTML ──┐
Que faisiez-vous aux temps chauds ? <I>Je chantais, ne vous deplaise.</I>
                                              marqueur HTML ──↑
```

Les balises HTML qui définissent la mise en italique d'un texte sont <I> et </I> entourant le texte à modifier (ici : "Je chantais, ne vous deplaise"). Le marqueur initial, <I>, indique au browser à quel endroit il faut commencer l'affichage en italique, et le marqueur terminal, </I>, à quel endroit il faut revenir au texte normal.

Alors, HTML, ce n'est pas aussi compliqué que vous le craigniez, hein ?

Si vous voulez en savoir plus sur HTML, il existe, dans la même collection et chez le même éditeur, *HTML pour les Nuls* de Ed Titel et Steve James.

Et si les textes en anglais ne vous rebutent pas, allez faire un tour à l'URL suivante :

```
http://www.yahoo.com/Computers_and_Internet/Software/Data_Formats/HTML/
Guides_and_Tutorials.
```

Chapitre 5

Manipulez votre texte

· ·

Dans ce chapitre :

Le texte.

Les styles de polices et les paragraphes.

Les titres et en-têtes.

Les listes.

Les symboles.

Une banderole qui défile.

Des filets.

· ·

S i vous avez acheté ce livre, ce n'est pas seulement pour apprendre à utiliser FrontPage car c'est juste apprendre à se servir d'un outil. Votre but ultime, c'est de créer un spectaculaire site Web. C'est pourquoi, dans ce chapitre et le suivant, je vais vous montrer comment y parvenir à l'aide de l'éditeur de FrontPage.

L'éditeur contient une foultitude d'outils et de commandes servant à contrôler les différents aspects d'une page. Le présent chapitre va être consacré à l'étude des outils affectant le principal ingrédient d'une page : le texte.

Pour bien commencer

Les mots, les lettres, les caractères : le texte. Voilà qui semble bien humble si on le compare aux images étincelantes et aux effets interactifs qu'on voit un peu partout. Cependant, c'est le texte qui est le plus important dans une page Web car c'est lui qui concrétise le *contenu*. Vous pouvez épater vos visiteurs avec des images pimpantes et des gadgets multimédias mais c'est le contenu lui-même, les informations précises, intéressantes, utiles, qu'ils y trouveront, qui incitera vos visiteurs à revenir à votre site.

(Si vous ne l'avez pas encore fait, c'est sans doute le moment de lire le Chapitre 4 dans lequel j'ai fait de mon mieux pour vous persuader de résister à la tentation de jouer avec FrontPage sans avoir une pensée préalable pour vos lecteurs.)

Le texte

Trêve de bavardage, je vous ai promis que vous alliez commencer à créer votre page. Lancez donc l'éditeur de FrontPage, que nous puissions nous mettre au travail. Créez tout d'abord une nouvelle page vierge (si vous ne vous rappelez plus comment on fait, revenez au Chapitre 3). Dans cette page tapez quelques mots que vous aimeriez voir s'afficher par un browser. Votre écran va ressembler à ce que montre la Figure 5.1. Si vous ne voyez pas les mêmes barres d'outils, cliquez sur Affichage/Barre d'outils standard et Affichage/Barre d'outils de mise en forme. (Une coche placée à gauche du nom d'une barre d'outils signifie qu'elle est visible.)

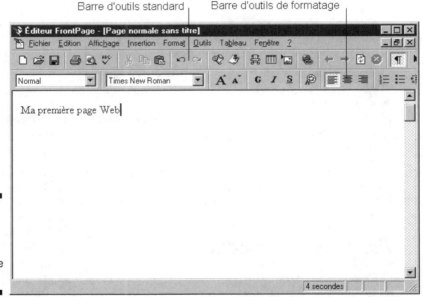

Figure 5.1 :
Toute page commence modestement comme celle-ci.

Les bons raccourcis de l'éditeur

FrontPage a été conçu pour être utilisé facilement, en particulier par ceux qui connaissent déjà certains de ses frères en édition comme Word pour Windows. Au fur et à mesure que vous allez l'utiliser, vous pourrez remarquer nombre de ressemblances entre les deux logiciels. Voici, entre autres, quelques-unes des fonctionnalités qui vous feront gagner beaucoup de temps dans son maniement :

- **Annuler.** Si vous tapez (ou si vous supprimez, ce qui est pire) quelque chose que vous ne vouliez pas taper (ou effacer), le bouton Annuler vous permet de revenir à la situation précédente avec une profondeur de 30 actions. Vous pouvez aussi sélectionner Edition/Annuler ou taper <Ctrl>+<Z>.

- **Répéter.** Vous pouvez annuler une annulation en cliquant sur ce bouton ou en sélectionnant Edition/Répéter ou encore en tapant <Ctrl>+<Y>.

- **Couper, Copier et Coller.** Vous pouvez couper, copier et coller n'importe quoi (texte, images... tout ce que vous avez sélectionné avec la souris) entre des pages ouvertes dans l'éditeur et même à partir de documents situés dans d'autres applications. Cliquez sur le bouton approprié ou sélectionnez Edition/Copier, Edition/Couper ou Edition/Coller. Vous pouvez aussi taper <Ctrl>+<C>, <Ctrl>+<X> ou <Ctrl>+<V>.

- **Glisser et Déposer.** Vous pouvez faire glisser du texte, des images ou tout autre objet et le déposer à un autre endroit de la page.

- **Recherche et remplacement.** La commande Edition/Rechercher vous amène directement à l'emplacement d'un caractère, d'un mot ou d'une phrase. Vous pouvez aussi remplacer toutes les instances de ce caractère/mot/phrase avec un autre caractère/mot/phrase au moyen de la commande Edition/Remplacer.

Il est possible de faire une recherche dans tout votre site Web. Pour cela, il faut revenir à l'explorateur et cliquer sur Outils/Rechercher. Dans la boîte de dialogue qui s'affiche, tapez le texte à rechercher dans la boîte de saisie et cochez le bouton radio Toutes les pages. Terminez en cliquant sur OK.

On peut aussi, de la même façon, utiliser l'explorateur pour faire un remplacement de texte sur tout le site. Pour cela, on cliquera sur Outils/Remplacer, on renseignera les deux boîtes de saisie et on terminera comme indiqué au paragraphe précédent.

- **Thesaurus.** Le thesaurus de FrontPage peut vous proposer des synonymes pour le mot que vous avez sélectionné. Pour l'activer, cliquez sur Outils/Synonymes ou tapez <Maj>+F7.

- **Orthographe.** Le vérificateur d'orthographe vous permet de rattraper vos fautes de frappe. Cliquez sur ce bouton ou sélectionnez Outils/Orthographe ou encore tapez F7.

  Vous pouvez aussi faire en une seule fois un contrôle d'orthographe sur l'ensemble des pages d'un site Web en revenant à l'explorateur et en cliquant sur Outils/Orthographe. Dans la boîte de dialogue qui s'affiche, cliquez sur Toutes les pages ou sur Pages sélectionnées puis sur OK.

- **Menus affichables par un clic du bouton droit.** L'éditeur contient des raccourcis pour les commandes les plus utilisées. Vous pouvez les afficher en cliquant du bouton droit de la souris après avoir placé son pointeur au-dessus de l'élément sur lequel vous voulez opérer (fragment de texte, lien hypertexte, image...). Un menu surgit alors, proposant des commandes en rapport avec l'élément sur lequel vous avez cliqué.

Les polices de caractères

On appelle "police de caractères" l'ensemble de tous les signes et lettres composant un assortiment de caractères. Ce qui fait la personnalité d'une police de caractères, ce sont des caractéristiques comme gras, italique, corps, couleur et nom de la police. L'éditeur de FrontPage possède un bon nombre d'outils de mise en forme du texte.

Contrôle des polices

Pour une fois, c'est le monde à l'envers, nous allons contrôler les polices ! Les boutons nécessaires se situent dans la barre d'outils de mise en forme et sont complétés par la boîte de dialogue qu'on peut afficher en cliquant sur Outils/Options de police. Il y a deux façons d'effectuer une mise en forme de caractères :

- Sélectionner à l'aide de la souris la lettre, le mot ou le paragraphe dont on veut modifier la mise en forme, puis activer l'outil approprié.

- Activer d'abord l'outil, taper le texte à mettre en forme, puis désactiver l'outil.

Nous allons voir, pour chaque outil, comment procéder. Notons tout de suite qu'on peut appliquer à la suite plusieurs mises en forme différentes au même fragment de texte, par exemple pour afficher un mot en gras souligné.

Pour annuler toute mise en forme, tapez <Ctrl>+<Espace>. Pour supprimer la mise en forme d'un groupe de mots, commencez par le sélectionner puis cliquez sur Format/Supprimer la mise en forme.

La boîte de dialogue Police

Pour ouvrir la boîte de dialogue Police (Figure 5.2), cliquez sur Format/Police ou cliquez du bouton droit de la souris sur un fragment de texte sélectionné ou non puis, dans le menu qui surgit, sur Propriétés de la police. Cette boîte de dialogue vous permet de modifier la police, son style, sa taille (son corps, diraient les professionnels) et sa couleur d'affichage.

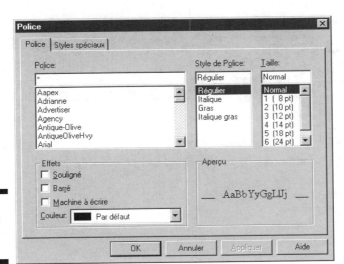

Figure 5.2 :
La boîte de
dialogue
Police.

La barre d'outils de mise en forme

La barre d'outils de mise en forme contient des boutons pour tous les outils de texte que vous utilisez le plus fréquemment. La Figure 5.3 vous détaille la signification de ces boutons. Après quelques utilisations, on s'apercevra que les icônes placées sur les boutons sont faciles à identifier.

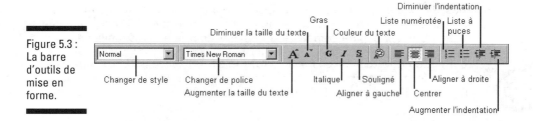

Figure 5.3 :
La barre
d'outils de
mise en
forme.

Modification d'une police

La Figure 5.4 montre un échantillon de trois polices parmi les plus couramment utilisées. C'est le bon choix d'une police qui conférera à votre document
un style particulier et rendra le texte facile à lire.

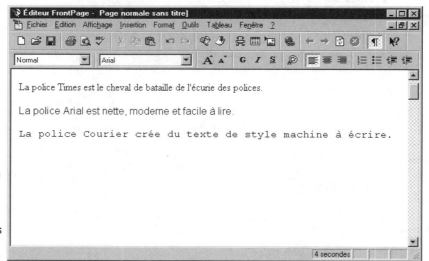

Figure 5.4 :
Exemple de
trois polices
de caractères
courantes.

Malheureusement, début 1997, il n'y a que Internet Explorer et Netscape Navigator
qui reconnaissent la balise HTML $\langle FONT \rangle$ permettant de spécifier le type de police
(Arial, Courier, Times...). Ce qui veut dire qu'il est plus prudent de ne pas trop
compter sur des effets intéressants avec des variations de polices. Ils seront
perdus pour un nombre non négligeable de vos visiteurs ! Sans compter que, pour
pouvoir afficher une police particulière, celle-ci doit avoir été préalablement
installée sous Windows et que, pour peu que vous fassiez usage d'une police...
exotique, les neuf dixièmes de vos visiteurs risquent de n'y voir aucune différence.

Si, malgré tout, vous voulez changer de police, sélectionnez une autre police dans la boîte à liste déroulante Changer la police (la seconde à partir de la gauche dans la barre d'outils de mise en forme) que l'on peut voir sur la Figure 5.5.

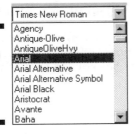

Figure 5.5 :
Boîte à liste
déroulante
de change-
ment de
police.

Gras, italique et souligné

Ces trois *enrichissements* sont heureusement reconnus par tous les browsers. Ce n'est pas une raison pour en abuser.

Outre ces trois classiques, FrontPage vous offre le texte barré (d'utilisation peu fréquente), le texte souligné et le texte dit "machine à écrire"[4] (Figure 5.6).

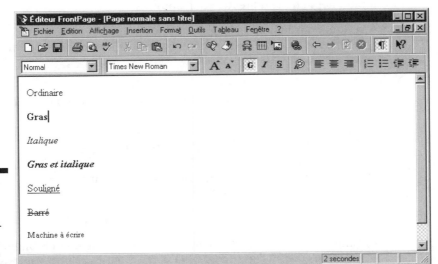

Figure 5.6 :
Les diffé-
rents
enrichisse-
ments de
FrontPage.

4. Malheureusement, FrontPage se trompe en générant le code HTML pour ce dernier type d'enrichissement. Exemple : `<font face="Times New Roman"><tt>texte </tt></font>`. La balise `<FONT>` a priorité sur `<TT>` vu son emplacement. Il en résulte un affichage en Times ! (N.d.T.).

Pour appliquer un style de police, vous avez le choix entre :

- Cliquer sur le bouton approprié dans la barre d'outils de mise en forme (ils existent pour gras, italique et souligné).

- Taper <Ctrl>+<G> pour le gras, <Ctrl>+<I> pour l'italique et <Ctrl>+<U> pour le souligné (*underlined*).

- Cliquer sur Format/Police puis sélectionner l'option appropriée dans Style de police de la boîte de dialogue Police et enfin cliquer sur OK.

Changer la taille du texte

La taille du texte (son corps) est exprimée en *points* ou en *picas*. Mais étant donné la façon dont travaillent les browsers, dans une page Web, la taille d'une police est exprimée en incréments positifs ou négatifs *relatifs*.

La taille d'un texte HTML va de 1 (le plus petit) à 7 (le plus grand). La boîte de dialogue Police affiche dans la fenêtre Taille les équivalences en nombre de points. Elles vont de 8 (pour 1) à 36 (pour 7). Mais l'affichage réel dépend des options du browser éventuellement modifiées par l'utilisateur. La taille normale (par défaut) est égale à 3. L'éditeur de FrontPage l'affiche avec une police de 12 points.

Pour modifier la taille du texte, vous pouvez :

- Cliquer sur le bouton Augmenter taille du texte ou sur le bouton Diminuer taille du texte (voir la Figure 5.3) de la barre d'outils de mise en forme.

- Cliquer sur Format/Police puis sélectionner l'option appropriée dans Style de police de la boîte de dialogue Police et enfin cliquer sur OK.

Modification de la couleur du texte

L'emploi de la couleur est tentant mais son abus peut faire ressembler votre page à un bariolage d'écolier. Ici encore, usez mais n'abusez pas.

Pour modifier la couleur d'un fragment de texte, vous pouvez :

- Cliquer sur le bouton Couleur du texte ou sur le bouton Diminuer taille du texte (voir la Figure 5.3) de la barre d'outils de mise en forme.

- Cliquer sur Format/Police puis sélectionner l'option appropriée dans la boîte à liste déroulante Couleur de la boîte de dialogue Police et enfin cliquer sur OK.

Définition de couleurs personnalisées

Vous n'êtes pas limité à la gamme des couleurs standard affichée dans la boîte à liste déroulante de la boîte de dialogue Police. Vous pouvez définir jusqu'à 16 couleurs personnalisées. Pour cela :

1. **Cliquez sur le bouton Couleur du texte de la barre d'outils de mise en forme puis sur le bouton Définir les couleurs personnalisées de la boîte de dialogue Couleur (Figure 5.7).**

   La boîte de dialogue s'agrandit sur sa droite (voir la Figure 5.8) et affiche une palette rectangulaire évoquant l'arc-en-ciel. En outre, six boîtes de saisie permettent de définir ou d'afficher les valeurs des paramètres numériques de chaque couleur.

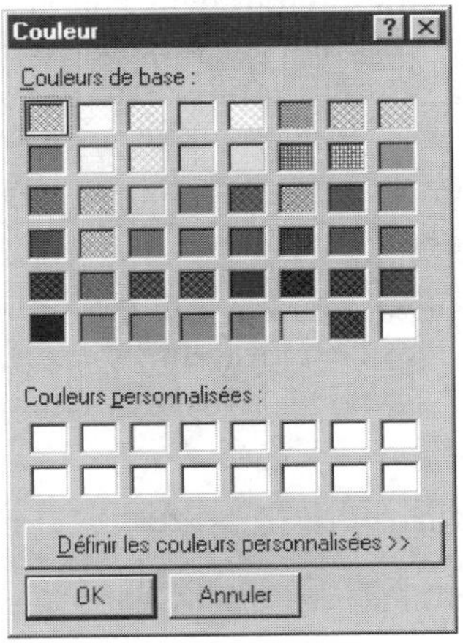

Figure 5.7 :
La boîte de
dialogue
Couleur.

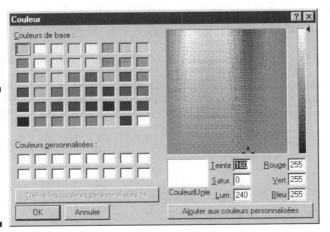

Figure 5.8 :
La boîte de
dialogue
Couleur
agrandie
pour définir
une couleur
personnali-
sée.

2. **Choisissez la couleur qui vous plaît.** La meilleure façon pour cela, c'est de faire glisser le pointeur de la souris sur le rectangle. Au fur et à mesure de ses déplacements, vous voyez s'afficher la couleur résultante dans le petit rectangle au-dessous du grand. Lorsque vous avez obtenu la couleur désirée, cliquez. Un réticule apparaît dans le grand rectangle à l'endroit où vous avez cliqué. Vous pouvez alors régler la *luminance* de cette couleur en agissant sur le curseur de la bande verticale étroite, à droite.

   Vous pouvez aussi régler votre couleur en agissant directement sur les valeurs numériques affichées mais, à moins que vous soyez un spécialiste averti des problèmes de colorimétrie, je ne vous le conseille pas.

3. **Une fois obtenue la nuance exacte désirée, cliquez sur Ajouter aux couleurs personnalisées.** La couleur apparaît dans l'un des 16 petits rectangles initialement vides, dans le panneau de gauche.

4. **Cliquez sur OK.**

La prochaine fois que vous cliquerez sur le bouton Couleur du texte, vous retrouverez vos couleurs personnalisées.

L'éditeur n'affiche pas correctement les couleurs obtenues. Pour une vérification précise, utilisez le bouton Aperçu dans l'explorateur Internet de la barre d'outils standard (le cinquième en partant de la gauche).

Définition de la couleur de texte pour toute la page

Pour définir une même couleur pour tout le texte affiché dans une page, procédez ainsi :

1. **Le pointeur de la souris étant n'importe où dans la page, cliquez sur Format/Arrière-plan.** La boîte de dialogue Propriétés de la page s'affiche, l'onglet Arrière-plan visible.

2. **Choisissez une couleur dans la boîte à liste déroulante Texte.**

3. **Cliquez sur OK.** Tout le texte de la page change de couleur à l'exception des mots que vous aviez éventuellement définis comme devant être affichés dans une autre couleur[5].

---

5. Le texte barré ne subit pas le changement de couleur alors que le texte en gras et le texte en italique le subissent. Encore un bug de FrontPage, sans doute (N.d.T.) !

Qu'y a-t-il de si spécial avec les styles spéciaux ?

La boîte de dialogue Police possède un onglet appelé Styles spéciaux (voir la Figure 5.9) qui propose un ramassis de styles en provenance des balises HTML dont certains sont périmés, d'autres sans effet et le reste rarement usité. Le seul qui ressorte un peu de cette confusion est le style dit "clignotant" qui est une extension Netscape non reconnue par Internet Explorer et qui, comme son nom l'indique, fait périodiquement apparaître et disparaître le texte concerné, un peu comme l'enseigne clignotante d'un motel au bord d'une grande route. Croyez-moi, il y a peu de cas où ce style peut réellement vous apporter quelque chose.

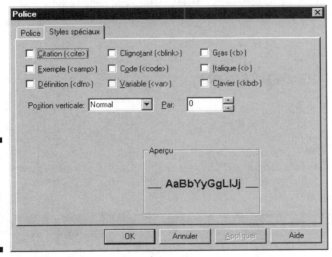

Figure 5.9 :
L'onglet
Styles
spéciaux de
la boîte de
dialogue
Police.

Pour appliquer un style spécial, voici comment procéder :

1. **Cliquez sur Format/Police.** Vous pouvez aussi cliquer du bouton droit de la souris sur le texte et cliquer ensuite sur Propriétés de la police dans le menu qui surgit. Ou encore appuyer sur <Alt>+<Entrée>. La boîte de dialogue Police s'affiche.

2. **Cliquez sur l'onglet Styles spéciaux.**

3. **Cliquez ensuite sur la case à cocher en face du (ou des) style(s) particulier(s) que vous voulez mettre en oeuvre.** La boîte Aperçu vous donne une idée de ce que vous allez obtenir.

4. **Cliquez sur OK pour refermer la boîte de dialogue.**

Styles logiques et styles physiques

HTML propose deux catégories de style : les styles *logiques* et les styles *physiques*. Les premiers concernent non pas l'apparence du texte mais sa signification alors que les styles physiques contrôlent directement l'apparence du texte dans le browser.

La notion de style logique était en vogue à l'aube du Web lorsque c'étaient surtout des scientifiques et des informaticiens qui l'utilisaient. Mais, comme pour afficher du texte, les terminaux courants n'offrent pas tellement de choix, il a bien fallu faire correspondre un style physique à ces styles logiques et il existe beaucoup moins de styles physiques qu'il y a de styles logiques définis. Ce sont ces derniers qui sont énumérés dans l'onglet Styles spéciaux.

Concrètement, vous pouvez oublier ces styles logiques et vous cantonner aux styles physiques. Là, au moins, vous savez (presque) sûrement ce que vous allez obtenir !

Indices et exposants

Un indice est constitué par un (ou plusieurs) caractère(s) affiché(s) en dessous de la ligne de base du texte normal et avec une taille plus petite. Un exposant est constitué par un (ou plusieurs) caractère(s) affiché(s) au-dessus de la ligne de base du texte normal et avec une taille plus petite, égale à celle de l'indice. Ces deux formes d'enrichissement sont surtout utilisées par les scientifiques. La Figure 5.10 en montre un exemple d'utilisation.

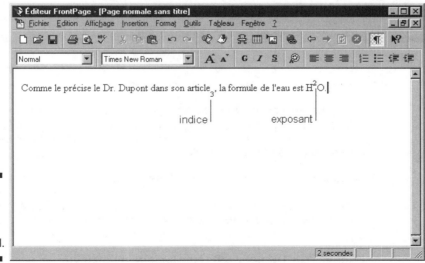

Figure 5.10 :
Indices et
exposants
dans du
texte normal.

Pour utiliser ces deux enrichissements, vous pouvez procéder ainsi :

1. **Cliquez sur Format/Police.** La boîte de dialogue Police s'affiche.

2. **Cliquez sur l'onglet Styles spéciaux.**

3. **Dans la boîte à liste Position verticale, choisissez Indice ou Exposant.** Si vous voulez modifier la distance verticale par rapport à la ligne de base du texte normal, agissez sur la valeur affichée dans la boîte Par qui gouverne le nombre de pixels de décalage vertical.

4. **Cliquez sur OK.**

Mise en forme de paragraphes

Comme vous vous en seriez probablement douté, ce type de mise en forme s'applique à des paragraphes entiers et non plus à des fragments de texte isolés comme c'était le cas dans les sections précédentes.

N'oubliez pas que, pour FrontPage, la notion de paragraphe s'applique à tout texte placé entre deux appuis sur la touche <Entrée>, même s'il n'y a qu'un mot. Nous verrons un peu plus loin comment aller à la ligne sans créer un nouveau paragraphe.

L'éditeur de FrontPage propose trois styles de paragraphe : normal, formaté et adresse. En outre, il existe d'autres styles qui s'appliquent aux titres et aux listes et que nous verrons un peu plus tard.

- **Normal :** C'est le style par défaut de tout le texte que vous tapez sans précautions spéciales. Il est généralement affiché avec une police Times.

- **Formaté :** C'est un style affiché avec une police à pas fixe (Courier) imitant les machines à écrire mécaniques. En outre, tous les espaces, tabulations et retours chariot sont pris en compte. C'est le style idéal pour les tableaux dont le colonage doit être scrupuleusement respecté. Mais c'est surtout une survivance du passé car, maintenant, on fait bien mieux avec les *tableaux* (nous les étudierons au Chapitre 9).

- **Adresse :** C'est aussi une survivance du passé et des styles logiques. Il avait été prévu pour placer les coordonnées de l'auteur de la page et s'affiche traditionnellement en italique. De nos jours, les auteurs de pages Web préfèrent formater à leur guise toutes les indications qui permettent de les identifier et de les joindre.

Pour modifier le style d'un paragraphe, voici ce que vous devez faire :

1. **Placez le pointeur de la souris n'importe où dans le paragraphe que vous voulez formater.**

2. **Dans la boîte à liste déroulante de la barre d'outils de mise en forme (Figure 5.11), choisissez le style qui vous convient.**

Figure 5.11 : La boîte à liste déroulante de la barre d'outils de mise en forme.

Vous pouvez aussi cliquer sur Format/paragraphe (ou cliquer du bouton droit de la souris dans la page et cliquer ensuite sur l'entrée Propriétés de paragraphe du menu qui surgit) pour afficher la boîte de dialogue Propriétés de paragraphe. Vous choisirez alors un style de paragraphe en cliquant dessus et vous refermerez la boîte de dialogue en cliquant sur OK.

Titres et sous-titres

Dans un livre autre qu'un roman, il est d'usage d'identifier les différentes sections et sous-sections par des titres, sous-titres et intertitres. Dans une page Web, on dispose de six niveaux de titres appelés *headings* (littéralement : en-têtes). Curieusement, c'est le niveau 1 qui est le plus important et le niveau 6 le plus faible. La Figure 5.12 vous montre comment ils se présentent sur l'écran d'un browser.

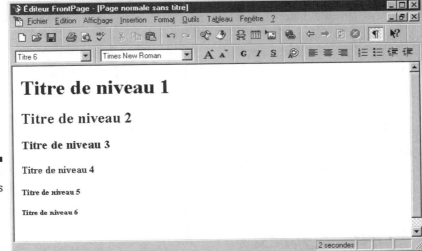

Figure 5.12 :
L'équipe des
niveaux de
titres, au
grand
complet.

Ruptures de lignes et ruptures de paragraphes

Lorsque vous appuyez sur la touche <Entrée>, FrontPage "pense" que vous voulez créer un nouveau paragraphe et insère un blanc entre deux paragraphes consécutifs (une ligne vierge). Si vous voulez simplement aller à la ligne sans intercaler cette ligne, vous devez utiliser une *rupture de ligne*. Pour cela, maintenez enfoncée la touche <Maj> en même temps que vous appuyez sur <Entrée>. Vous pouvez aussi cliquer sur Insertion/Saut. Dans ce dernier cas, une boîte de dialogue Propriété du saut va s'ouvrir avec la mention Saut de ligne normal présélectionnée. Cliquez sur OK pour accepter et refermer la boîte de dialogue. Les autres options s'appliquent au positionnement réciproque du texte et des images et nous les verrons au Chapitre 7.

Les ruptures de ligne sont indiquées par un symbole spécial. Pour les voir, activez l'option Marques de format dans le menu Affichage.

Voici deux façons d'appliquer un style de titre à du texte préalablement sélectionné :

- Cliquez sur une des entrées de la boîte à liste déroulante Changer le style située à l'extrême gauche de la barre d'outils de mise en forme.

- Cliquez sur Format/Paragraphe (ou cliquez du bouton droit de la souris et cliquez ensuite sur l'entrée Propriétés de paragraphe du menu qui surgit) pour afficher la boîte de dialogue Propriétés de paragraphe. Vous choisirez alors un style de titre en cliquant dessus et vous refermerez la boîte de dialogue en cliquant sur OK.

Des listes de listes

Liste, je t'aime, moi non plus... Je t'aime parce que ça me donne l'illusion que j'ai la situation bien en main. Je te hais parce que ça met en évidence tout le travail qu'il me reste à faire.

Dans une page Web, les listes ne font que vous faciliter la vie. Un peu comme les titres, elles vous aident à mettre un peu d'ordre et de clarté dans vos pages.

Listes à puces

Les listes à puces ne sont pas des listes dévorées de parasites mais des listes précédées de petites marques en forme de gros points ou de petits carrés.

De l'air !

De l'air entre les paragraphes contribue fortement à améliorer la présentation d'un texte et à donner de la clarté aux idées qui y sont exposées. L'oeil y est plus à son aise et la page semble ainsi plus facile à lire.

Vous pourriez penser que rien n'est plus facile que d'aérer des paragraphes et qu'il suffit de taper plusieurs fois sur <Entrée> pour ajouter du blanc. Détrompez-vous car la plupart des browsers ignorent des lignes blanches consécutives, ne retenant que la première.

Il existe heureusement d'autres moyens pour augmenter l'espace entre paragraphes consécutifs. Le plus simple est de passer en style formaté et d'appuyer plusieurs fois sur <Entrée>. Avec ce style, ces multiples lignes vierges seront prises en compte.

On peut aussi insérer une image invisible dont les dimensions déterminent avec précision l'espace entre paragraphes. Nous y viendrons au Chapitre 7.

Voici comment créer une liste à puces :

1. **Placez le pointeur de la souris à l'endroit où vous voulez que commence votre liste.**

2. **Cliquez sur le bouton de la liste à puces (voir la Figure 5.3).** Vous pouvez aussi utiliser la boîte à liste déroulante Changer de style et cliquer sur son entrée Liste à puces. Un gros point apparaît au début de la ligne.

3. **Tapez alors votre premier article de liste et appuyez sur <Entrée>.** Un gros point apparaît au début de la ligne suivante.

4. **Tapez votre deuxième article de liste, et ainsi de suite.**

5. **Lorsque vous aurez ainsi tapé tous les articles de votre liste, appuyez deux fois de suite sur <Entrée> pour terminer la liste.** Vous pouvez également taper <Ctrl>+<Fin>.

Vous pouvez convertir une série d'articles écrits sous forme de paragraphes normaux en les sélectionnant puis en cliquant sur le bouton Liste à puces.

Vous pouvez modifier la forme de la puce en cliquant sur Format/Puces et numéros, mais je ne vous le recommande pas car, à l'heure actuelle, peu de browsers reconnaissent ce gadget.

Listes numérotées

Une liste numérotée est identique à une liste à puces à un détail près : au lieu d'une puce, chaque article est précédé d'un numéro croissant d'un article au suivant. Ce type de liste est particulièrement bien adapté à une énumération d'étapes successives devant être exécutées dans un ordre précis.

Voici comment on peut créer une liste numérotée :

1. **Placez le pointeur de la souris à l'endroit où vous voulez que commence votre liste.**

2. **Cliquez sur le bouton de la liste numérotée (voir la Figure 5.3).** Vous pouvez aussi utiliser la boîte à liste déroulante Changer de style et cliquer sur son entrée Liste numérotée. Le chiffre 1 apparaît au début de la ligne.

3. **Tapez alors votre premier article de liste et appuyez sur <Entrée>.** Le chiffre 2 apparaît au début de la ligne suivante.

4. **Tapez votre deuxième article de liste, et ainsi de suite.**

5. **Lorsque vous aurez ainsi tapé tous les articles de votre liste, appuyez deux fois de suite sur <Entrée> pour terminer la liste.** Vous pouvez également taper <Ctrl>+<Fin>.

Vous pouvez convertir une série d'articles écrits sous forme de paragraphes normaux en les sélectionnant puis en cliquant sur le bouton Liste numérotée.

Pour éclater une longue liste numérotée en deux listes, placez le pointeur de la souris à la fin d'un article et appuyez deux fois sur <Entrée>. La liste se sépare en deux listes distinctes dont la seconde se renumérote automatiquement.

Changement du numéro initial d'une liste

Il est facile de commencer une liste par autre chose que le chiffre 1. Pour cela :

1. **Cliquez n'importe où dans la liste et cliquez sur Format/Puces et numéros** ou cliquez du bouton de droite de la souris dans la liste puis sur l'entrée Propriétés de la liste dans le menu qui surgit. Cela fait apparaître la boîte de dialogue Propriétés de la liste avec l'onglet Liste numérotée affiché.

2. **Dans la boîte Démarrer à 1, fixez la valeur de départ de la liste.** La boîte de dialogue se referme et la numérotation de la liste change.

Changement du style de numérotation d'une liste

Au lieu de chiffres arabes, on peut utiliser d'autres symboles pour numéroter une liste : des chiffres romains ou des lettres. Pour cela :

1. **Cliquez n'importe où dans la liste et cliquez sur Format/Puces et numéros** ou cliquez du bouton de droite de la souris dans la liste puis sur l'entrée Propriétés de la liste dans le menu qui surgit. Ceci fait apparaître la boîte de dialogue Propriétés de la liste avec l'onglet Liste numérotée affiché.

2. **Cliquez dans la boîte qui vous présente le style de numérotation que vous désirez.** Ajustez éventuellement la valeur de départ puis cliquez sur OK.

Liste de définitions

Une liste de définitions (également appelée liste de glossaire) vous présente des informations sous forme d'entrée de glossaire : un terme puis sa définition, séparée du terme par une légère indentation. Cette forme de liste n'est pas très utilisée mais, dans certains cas, elle peut s'avérer utile.

Il existe d'autres moyens, plus souples pour créer ce type de présentation (comme c'est le cas pour les autres formes de listes) mais celui-ci est certainement le plus simple :

1. **Placez le pointeur de la souris à l'endroit où vous voulez que commence votre liste.**

2. **Cliquez sur le bouton de la liste numérotée (voir la Figure 5.3).** Vous pouvez aussi utiliser la boîte à liste déroulante Changer de style et cliquer sur son entrée Liste numérotée. Le chiffre 1 apparaît au début de la ligne.

3. **Tapez alors votre premier terme et appuyez sur <Entrée>.** FrontPage crée la première entrée, légèrement indentée.

4. **Tapez la définition de ce terme et appuyez sur <Entrée>.** FrontPage l'affiche, en appui à gauche.

5. **Continuez ainsi pour tous les termes de votre liste.** Vous appuierez deux fois consécutives du <Entrée> après la dernière définition.

Liste dans une liste

Dans certains cas, une simple liste n'est pas suffisante. Vous pouvez avoir besoin d'une structure plus sophistiquée qui vous permette une subdivision plus fine. Rien n'empêche d'inclure une liste dans une autre, même si elles ne sont pas du même type, comme celles que montre la Figure 5.13. Vous commencez par créer la liste principale et ensuite, vous y insérez la liste de second niveau.

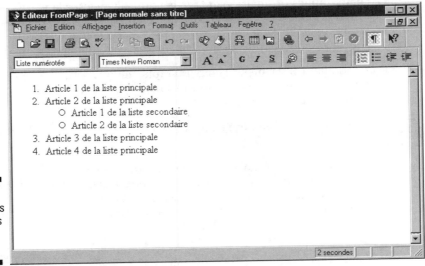

Figure 5.13 :
Liste à puces
incluse dans
une liste
numérotée.

Voici comment créer un tel type de liste :

1. **Commencez par créer la liste principale, du type que vous voulez.** Elle ne doit contenir que les articles de niveau hiérarchique le plus élevé.

2. **Cliquez à la fin de la ligne au-dessous de laquelle vous voulez créer la liste secondaire et appuyez sur <Entrée>.** Une nouvelle ligne apparaît dans la liste.

3. **Cliquez sur le bouton Augmenter l'indentation de la barre d'outils de mise en forme (voir Figure 5.3).** La puce ou le numéro disparaît et le pointeur se déplace un peu sur la droite.

4. **Cliquez sur le bouton représentant le type de liste que vous voulez adopter pour la liste à insérer.** (Ou choisissez ce type dans la boîte à liste déroulante Changer de style.) L'en-tête de la ligne fait apparaître le repère correspondant au type de la liste.

5. **Tapez votre liste en appuyant sur <Entrée> à la fin de chaque article.**

6. **Une fois terminée cette liste secondaire, cliquez en dehors de la liste.**

Il ne faut pas appuyer deux fois sur <Entrée> pour terminer la liste secondaire, cela ne ferait qu'insérer une ligne vierge.

Alignement de paragraphes

Les paragraphes ordinaires sont, en général, alignés sur la marge de gauche (les professionnels de l'édition parlent de *fer à gauche*). On peut les centrer où les appuyer sur la marge de droite mais, actuellement, HTML ne permet pas de les *justifier* (appui sur les deux marges simultanément).

Pour modifier l'alignement d'un paragraphe, cliquez à l'intérieur de ce paragraphe ou sélectionnez l'ensemble des paragraphes dont vous voulez modifier l'appui et faites l'une des deux choses suivantes :

- Cliquez sur le bouton d'alignement de la barre d'outils de mise en forme.

- Cliquez sur Format/Paragraphe puis, dans la boîte de dialogue, choisissez l'alignement que vous voulez imposer dans la boîte à liste déroulante Alignement du paragraphe. Vous pouvez aussi cliquer du bouton droit de la souris et choisir l'entrée Propriété du paragraphe dans le menu contextuel qui surgit.

Indentation de paragraphes

Vous pouvez indenter un (ou plusieurs) paragraphe(s) par rapport à la marge de gauche. C'est tout particulièrement indiqué dans le cas de longue citation.

Pour indenter un paragraphe, cliquez sur le bouton Augmenter l'indentation dans la barre d'outils de mise en forme autant de fois que vous le voulez.

Pour revenir à une indentation inverse, faites de même avec le bouton Diminuer l'indentation.

Ces modifications de retrait (d'indentation) ne peuvent être utilisées qu'avec les paragraphes *alignés sur la gauche* ou pour imbriquer des listes comme nous l'avons vu plus haut. Pour les autres types d'alignement, même si l'éditeur semble en tenir compte, la plupart des browsers seront incapables de rendre cet effet.

Insertion de symboles

Les symboles, ce sont ces petits graphismes qui parsèment à l'occasion certains document : marque de copyright ou symboles à usage scientifique, par exemple. Voici comment vous pouvez en placer dans votre texte :

1. **Placez le pointeur de la souris à l'endroit où vous voulez insérer le symbole.**

2. **Cliquez sur Insertion/symbole.** La boîte de dialogue Symbole apparaît (Figure 5.14).

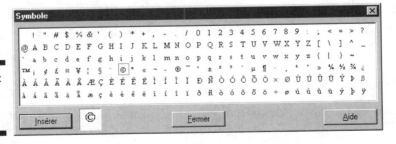

Figure 5.14 : La boîte de dialogue Symbole.

3. **Cliquez sur le symbole que vous voulez insérer.** Il apparaît, agrandi dans une petite fenêtre, en bas et à gauche de la boîte de dialogue.

4. **Si ce n'est pas celui que vous vouliez, cliquez (une fois) sur un autre symbole.** Lorsque c'est le bon, cliquez sur Insérer.

5. **Cliquez sur Fermer.**

Le caractère à insérer est placé tel quel dans le texte au lieu d'utiliser sa représentation HTML sous forme d'*entité de caractère*. Il n'est pas du tout certain, dans ces conditions, qu'il puisse être affiché correctement si l'utilisateur travaille sur une autre plate-forme que Windows (N.d.T.).

Insertion de commentaires

Un commentaire sert à mémoriser un détail ou un autre d'une présentation Web sans que ce texte soit affiché sur l'écran par les browsers. Les commentaires ne sont visibles que dans le document HTML source, avec un éditeur.

Pour insérer un commentaire, placez le pointeur de la souris à l'endroit où vous voulez qu'il figure et cliquez sur Insertion/Commentaire. Une grande boîte de saisie s'affiche, dans laquelle vous tapez votre commentaire. Cliquez ensuite sur OK pour la refermer. Votre commentaire sera affiché en violet dans l'éditeur de FrontPage.

Pour supprimer un commentaire, placez le pointeur de la souris dans le commentaire puis tapez <Esp Arr> ou <Supp>.

Voir et éditer les balises HTML

"Mais - allez-vous me dire - si j'ai acheté FrontPage, c'est précisément pour ne pas avoir à fourrer mon nez dans toute cette cuisine !" Vous avez raison, et avec l'aide du seul FrontPage, vous pouvez créer des présentations Web tout à fait remarquables sans jamais avoir touché à la moindre balise.

Cependant, connaître quelques rudiments de HTML - si peu que ce soit - vous permet de rectifier quelques petites anomalies de présentation auxquelles vous ne comprenez rien ou exploiter des fonctionnalités nouvelles que FrontPage ne reconnaît pas encore.

Pour voir le contenu d'un document HTML, cliquez sur Affichage/HTML.

Une grande fenêtre apparaît, portant le titre "Affichage ou édition HTML", dans laquelle on voit s'afficher le code interne de votre document HTML avec les balises affichées de différentes couleurs, ce qui vous permet de les repérer immédiatement par rapport au texte, affiché en noir.

Pour éditer ce code, cliquez n'importe où dans la fenêtre et faites directement vos modifications. Lorsque vous aurez terminé, cliquez sur OK pour revenir à l'éditeur.

Si vous insérez des balises HTML non reconnues par l'éditeur, une icône jaune de balise non reconnue sera affichée. De deux choses l'une :

- Ou c'est une nouvelle balise non encore reconnue par FrontPage. Ne faites rien.

- Ou vous avez fait une faute de frappe. Corrigez-la en revenant à l'édition directe. Même après correction, elle restera affichée dans la fenêtre de l'éditeur tant que celle-ci n'aura pas été régénérée.

Vous pouvez aussi travailler directement sur le code HTML sans quitter le nid douillet de l'éditeur. Pour cela, placez le pointeur de la souris là où vous voulez faire votre insertion et cliquez sur Insertion/Balise HTML. Une grande boîte de saisie marquée Balise HTML s'affiche dans laquelle vous tapez votre code HTML. Cliquez ensuite sur OK. Comme la validité de ce que vous venez ainsi d'insérer n'est pas contrôlée, l'icône de balise inconnue sera affichée même si votre insertion est correcte et normalement reconnue par FrontPage.

Création d'une banderole qui défile

Cette banderole qui défile correspond à la balise HTML `<MARQUEE>` qui est une extension propre à Internet Explorer, non reconnue par les autres browsers. A utiliser, donc, avec parcimonie. Il existe d'autres moyens de faire apparaître ce genre de bannière : avec un applet Java, un script JavaScript ou un contrôle ActiveX (nous y viendrons au Chapitre 13). Notons, toutefois, que cette solution n'est pas parfaite car ces adjuvants ne sont pas encore reconnus par tous les browsers.

L'insertion d'une balise (*marquee*) n'est pas chose facile en raison du grand nombre de paramètres qui contrôlent son apparence.

Voici comment vous devez procéder :

1. **Placez le pointeur de la souris là où vous voulez qu'apparaisse la bannière.**

2. **Cliquez sur Insertion/Bannière.** La boîte de dialogue Paramètres de bannière s'affiche (Figure 5.15).

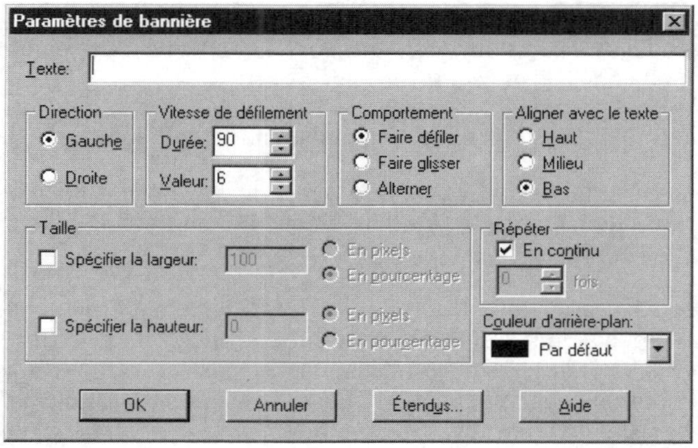

Figure 5.15 :
La boîte de
dialogue
Paramètres
de bannière.

3. **Dans la boîte de saisie Texte, tapez le texte de votre bannière.**

4. **Dans la zone Direction, choisissez le sens du défilement en cliquant sur le bouton radio correspondant.** L'option Gauche crée un texte qui commence à défiler depuis la droite vers la gauche. C'est généralement le meilleur choix. L'option Droite le fait défiler dans le sens opposé.

5. **Dans la zone Vitesse de défilement, choisissez les valeurs à donner aux paramètres Durée et Valeur.** Le premier spécifie, en millisecondes, le délai au terme duquel le texte de la bannière commence à se déplacer. Valeur indique la distance du déplacement du texte en pixels.

6. **Dans la zone Comportement, cliquez sur le bouton radio spécifiant la façon dont se passera le défilement.** "Faire défiler" correspond à un panneau d'affichage boursier : le texte défile de façon continue dans la direction spécifiée. "Faire glisser" fait glisser dans la direction choisie d'un bord de la fenêtre au bord opposé. Lorsque le texte atteint la fin de la zone de la bannière, le défilement s'arrête et il reste affiché. Enfin, "Alterner" fera osciller la position du texte de la bannière entre le bord de départ et le bord opposé, le texte restant toujours affiché.

7. **Dans la zone Aligner avec le texte, cliquez sur le bouton radio spécifiant la façon dont le texte de la bannière sera aligné par rapport au texte normal du document HTML.** "Haut" implique l'alignement du texte de la bannière sur le haut du texte normal. "Milieu" implique l'alignement du texte de la bannière sur le milieu du texte normal. Enfin, "Bas" implique l'alignement du texte de la bannière sur le bas du texte normal.

8. **Vous pouvez également spécifier les dimensions de la bannière en cochant les deux paramètres Largeur et Hauteur de la zone Taille.** Ces valeurs peuvent être spécifiées en valeur absolue (en pixels) ou en valeur relative (en pourcentage des dimensions de la fenêtre du browser).

9. **La zone Répéter vous permet de spécifier le nombre de répétitions du défilement de la bannière.** En cochant la case En continu, le mouvement continuera indéfiniment.

10. **Enfin, Couleur d'arrière-plan vous permet de modifier la couleur du fond sur lequel défilera votre texte. Par défaut, c'est la même que celle du reste du document.**

11. **Cliquez sur OK.**

Vous pouvez voir le résultat pratique en effectuant une prévisualisation de votre page comme je l'ai indiqué au Chapitre 3. Pour éditer la bannière, cliquez deux fois sur son texte dans l'éditeur puis travaillez avec la boîte de dialogue que je viens de décrire. Vous pouvez également cliquer du bouton droit de la souris puis sur Propriété de la bannière ou taper <Alt>+<Entrée>.

Vous pouvez redimensionner la bannière à l'aide des poignées qui apparaissent dans l'éditeur autour de la boîte en traits interrompus qui l'encadrent.

Les filets

Bien que FrontPage vous permette toutes les acrobaties sans filet, vous pouvez vouloir insérer ce type d'objet qui signifie, en termes d'imprimerie, un simple trait horizontal de séparation. Un filet est un moyen supplémentaire d'aérer vos paragraphes, de façon plus marquée qu'avec de simples lignes vierges.

HTML vous permet de modifier l'apparence de ce filet comme vous pouvez le voir sur la Figure 5.16.

Je ne vous répéterai jamais assez de ne pas abuser de ces ornements qui, si séduisants qu'ils puissent paraître, finissent par lasser le visiteur et, au lieu d'aérer le document, le faire paraître embrouillé.

Pour insérer un filet, placez le pointeur à l'endroit où il doit apparaître et cliquez sur Insertion/Ligne horizontale.

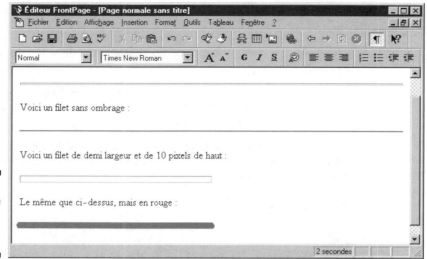

Figure 5.16 :
Exemples de
filets
d'apparen-
ces variées.

Voici comment vous pouvez modifier l'apparence d'un filet :

1. **Double-cliquez sur le filet (ou cliquez du bouton de droite de la souris sur le filet puis sur Propriété de la ligne horizontale ou encore tapez <Alt>+<Entrée>).** La boîte de dialogue Propriétés de la ligne horizontale s'affiche.

2. **Dans la zone Largeur, choisissez la valeur à lui donner.** Cette valeur peut être spécifiée en valeur absolue (en pixels) ou en valeur relative (en pourcentage des dimensions de la fenêtre du browser).

3. **Dans la zone Hauteur, indiquez l'épaisseur du filet en pixels (2, par défaut).**

4. **Dans la zone Alignement, choisissez l'appui à donner au filet.**

5. **Dans la zone Couleur, choisissez sa couleur dans la boîte à liste déroulante.** Cette option n'est prise en compte que par Internet Explorer.

6. **Enfin, vous pouvez supprimer l'effet de relief du filet en cliquant dans la case à cocher Ligne pleine (pas d'ombrage).**

7. **Cliquez sur OK.**

Chapitre 6
Les liens hypertexte

L es liens hypertexte (*hyperlinks, hotlinks* ou tout simplement *links* dans la littérature technique anglaise) sont les ingrédients grâce auxquels le Web est aussi facilement navigable. Cliquez sur un lien et vous voilà transporté n'importe où : sur une autre page de votre propre Web ou sur une page située au Sri Lanka ou à Tahiti. Et ne croyez pas qu'il soit difficile de créer ces liens. Au contraire, et nous allons découvrir combien il est facile de naviguer sur la totalité de l'Internet.

L'hypertexte en deux étapes

Les appels de liens hypertexte sont constitués par du texte ou par une image qui vous transporte vers une autre page. La création d'un lien hypertexte s'effectue en deux étapes :

1. **Choisissez l'objet que vous voulez transformer en lien.** J'appelle cet "objet" un *appel de lien*. Il peut être constitué d'un caractère, d'un mot, d'une phrase ou d'une image.

2. **Reliez l'appel de lien à l'adresse de la page Web que vous voulez atteindre.** Cette adresse peut être située dans la même page, dans une autre page du site Web ou quelque part sur l'Internet. A partir de maintenant, j'appellerai cette adresse la *destination du lien*. Si elle se trouve

dans la même page que l'appel de lien, elle sera identifiée sous le nom de *signet*. Si l'appel de lien vous emmène vers une destination extérieure, quelque part sur l'Internet, cette adresse sera matérialisée par une URL.

Ne confondez pas le *signet* constitué par une étiquette à l'intérieur d'une page Web et le *signet*, traduction de *bookmark*, qui est constitué par l'URL d'un document quelconque mémorisé par votre browser. Dans sa documentation, Microsoft appelle ces adresses des *favoris*, ce qui n'a vraiment rien à voir avec le mot *bookmark*. (N.d.T.).

Lien vers une page déjà ouverte

Si plusieurs des pages de votre site Web sont déjà ouvertes dans l'éditeur, il vous est facile d'établir des liens entre elles.

N'appliquez les directives que je vais vous donner dans cette section que s'il s'agit de créer des liens entre des pages ouvertes à l'intérieur d'un même site Web. Bien que FrontPage vous permette de créer des liens entre des pages ouvertes à partir de fichiers situés *à l'extérieur* de votre site Web (même s'ils sont physiquement sur le même disque dur), je vous déconseille d'utiliser les procédures qui suivent dans ce but. Si vous créez un lien vers un fichier extérieur à votre site Web, FrontPage utilisera le chemin d'accès à l'intérieur de votre disque dur comme destination. Si, ensuite, vous publiez votre site Web sur un serveur externe, le lien ne sera plus valide puisque son adresse se réfère à votre machine et non pas à celle du serveur.

Voici comment créer des liens hypertexte entre des pages ouvertes dans l'éditeur :

1. **Dans une page ouverte dans l'éditeur, choisissez l'élément qui va vous servir d'appel de lien.** Sélectionnez le texte comme vous le feriez dans votre traitement de texte ou cliquez sur l'image.

2. **Cliquez sur le bouton Créer ou éditer un lien dans la barre d'outils standard.** Vous pouvez aussi cliquer sur Edition/Lien ou taper <Ctrl>+<K>. La boîte de dialogue Créer un lien s'affiche. Cliquez sur l'onglet Pages ouvertes (Figure 6.1). Les titres des pages ouvertes s'affichent.

3. **Cliquez sur le titre de la page vers laquelle vous voulez créer un lien à partir de l'appel défini à l'étape 1.** C'est la destination. Son nom de fichier apparaît dans le bas de la boîte de dialogue, en face de Créer un lien vers.

4. **Cliquez sur OK. La boîte de dialogue se referme.** Un nouveau lien est né !

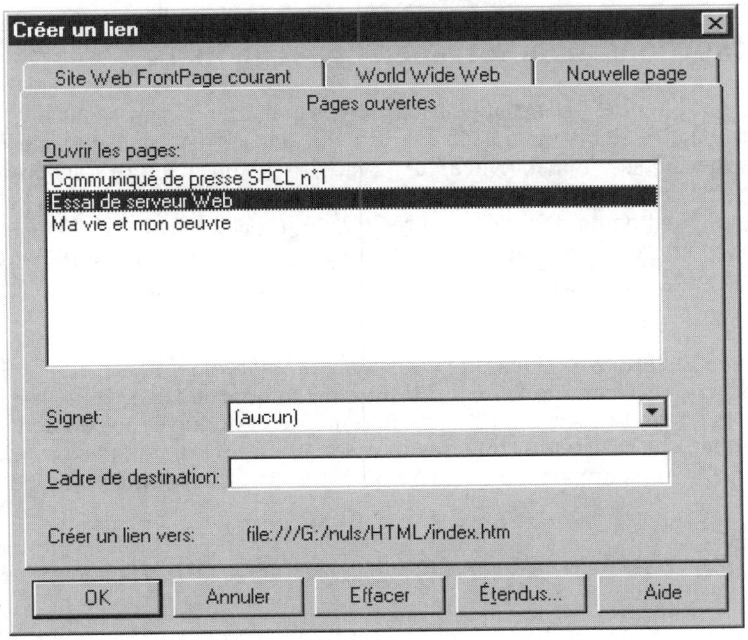

Figure 6.1 :
La boîte de
dialogue
Créer un lien.

Si l'appel de lien est constitué par du texte, celui-ci est maintenant souligné et affiché en bleu. Mais rien ne vous empêche de le formater à votre convenance comme du texte ordinaire.

Si l'appel de lien est une image, elle ne subit aucune modification apparente. Mais elle est bien devenue un lien et si vous voulez en avoir la preuve, vous n'avez qu'à passer le pointeur de votre souris dessus (sans cliquer) et vous le verrez se changer en une flèche. En même temps, l'URL de la destination s'affiche dans la barre d'état de l'éditeur. Pour différencier un appel de lien d'une image ordinaire, mieux vaut l'entourer d'une bordure, comme nous l'apprendrons au Chapitre 7.

Notons que si l'image utilisée comme appel de lien n'affiche pas d'elle-même une bordure bleue, c'est par suite d'un excès de zèle de FrontPage qui, lorsqu'il crée un conteneur d'image banale, y insère l'attribut `border=0` qui supprime explicitement toute bordure. Lorsque, ensuite, cette image est transformée par l'auteur Web en appel de lien, FrontPage ne supprime pas cet attribut. Cette anomalie n'existe pas dans la plupart des autres éditeurs HTML (N.d.T.).

Du bon choix des mots servant d'appel de lien

La façon dont un appel de lien est affiché est conçue pour attirer immédiatement l'attention sur lui. Il faut, pour retenir l'attention de vos visiteurs, que les mots de l'appel de lien soient bien choisis : peu nombreux mais évocateurs. Evitez la tentation d'écrire "Cliquez `ici`" (`ici` étant le mot qui sert d'appel de lien). Préférez un mot bien en rapport avec le sujet de votre page. Si celle-ci est écrite à la gloire de Médor, votre chien fidèle, vous pouvez écrire : "Regardez la photo de `Médor`" au lieu de "Cliquez `ici` pour voir la photo de Médor".

Liens instantanés. Sans que vous ayez préalablement sélectionné la moindre parcelle de texte ou d'image, cliquez sur le bouton Créer ou éditer un lien. Dans l'onglet Pages ouvertes de la boîte de dialogue Créer un lien, double-cliquez sur le titre de l'une des pages. La boîte de dialogue se referme. Un appel de lien apparaît à l'endroit où est le titre sur lequel on a double-cliqué.

Lien vers une autre page du même site Web

Il n'est pas nécessaire qu'une page soit déjà ouverte dans l'éditeur pour qu'elle devienne la destination d'un lien. Vous pouvez en effet créer un appel de lien à destination d'une autre page de votre site Web (à condition qu'il soit préalablement ouvert dans l'explorateur). Voici les étapes à suivre :

1. **Dans une page ouverte par l'éditeur, sélectionnez l'objet qui constituera l'appel de lien.**

2. **Cliquez sur le bouton Créer ou éditer un lien pour ouvrir la boîte de dialogue Créer un lien.**

3. **Cliquez sur l'onglet Site Web FrontPage courant pour l'afficher (Figure 6.2).**

4. **Dans la boîte de saisie Page, tapez le nom de fichier de la page à laquelle vous voulez aboutir.** Si vous ne vous souvenez plus de son nom, utilisez le bouton Parcourir. La boîte de dialogue Site Web courant s'ouvre, affichant une liste des pages et dossiers de votre site Web. Double-cliquez sur la page à laquelle vous voulez aboutir. Si elle est située dans un dossier, double-cliquez sur ce dossier pour l'ouvrir puis double-cliquez sur la page. Le nom du fichier s'affiche alors dans la boîte de saisie.

5. **Cliquez sur OK.** Un autre lien est né.

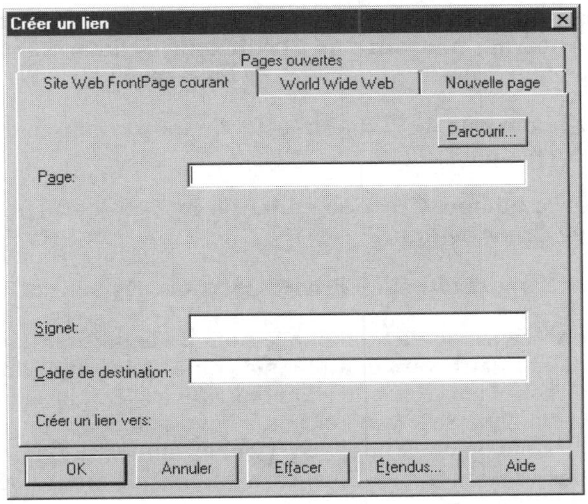

Créer un lien   ⊠

Pages ouvertes

| Site Web FrontPage courant | World Wide Web | Nouvelle page |

Parcourir...

Page :

Signet :

Cadre de destination :

Créer un lien vers :

| OK | Annuler | Effacer | Étendus... | Aide |

Figure 6.2 :
L'onglet Site
Web
FrontPage
courant.

Lien vers une page située dans un autre site Web

Si vous avez créé un site Web à grande échelle et que vous l'avez réparti entre un Web racine et des Web fils auxiliaires, l'établissement de liens entre ces deux moitiés va nécessiter quelques menus travaux avec l'explorateur et l'éditeur de FrontPage.

La définition d'un Web racine a été donnée au Chapitre 1 et les instructions pour transformer un site Web ordinaire en site racine, au Chapitre 2.

Curieusement, la boîte de dialogue Créer un lien ne contient aucun onglet destiné à aider à la création de liens entre deux sites Web. Pour créer un lien à partir d'une page située à l'intérieur d'un site Web FrontPage (par exemple, le site racine) vers une page située à l'intérieur d'un autre site Web (par exemple, un site fils), vous allez devoir vous lancer dans d'audacieuses manoeuvres dont voici les étapes successives :

1. **Dans l'éditeur, ouvrez la page du site Web dans laquelle vous voulez placer l'appel de lien.**

2. **Cliquez sur le bouton Afficher l'explorateur FrontPage dans la barre d'outils standard de l'éditeur.** Ou cliquez sur Outils/Afficher l'explorateur FrontPage. Celui-ci affiche sa fenêtre.

3. **Dans l'explorateur, ouvrez le site Web contenant la page destinataire de l'appel de lien que vous voulez créer.** Le site Web courant se ferme et le nouveau site s'affiche dans l'explorateur.

4. **Dans la barre d'outils de l'explorateur, cliquez sur le bouton Afficher l'éditeur FrontPage pour revenir à l'éditeur.** Ou cliquez sur Outils/ Afficher l'éditeur FrontPage. Celui-ci affiche sa fenêtre[6].

5. **Dans la page ouverte de l'éditeur, sélectionnez la source du lien, c'est-à-dire son appel.**

6. **Cliquez sur le bouton Créer ou éditer un lien pour afficher la boîte de dialogue Créer un lien.**

7. **Cliquez sur l'onglet Site Web FrontPage courant pour l'afficher.**

8. **Dans la boîte de saisie Page, tapez le nom de la page située dans le site Web destinataire vers lequel vous voulez faire aboutir le lien.** Si vous ne vous souvenez plus de son nom, utilisez le bouton Parcourir. La boîte de dialogue Site Web courant s'ouvre, affichant une liste des pages et dossiers de votre site Web. Double-cliquez sur la page à laquelle vous voulez aboutir. Si elle est située dans un dossier, double-cliquez sur ce dossier pour l'ouvrir puis double-cliquez sur la page. Le nom du fichier s'affiche alors dans la boîte de saisie.

9. **Cliquez sur OK.** Un autre lien est né.

Lorsque vous êtes prêt à sauvegarder la page contenant l'appel de lien, vous devez revenir à l'explorateur pour ouvrir de nouveau le site Web original (dans lequel est situé l'appel de lien). Sinon, l'éditeur sauverait la page dans le site qui est actuellement ouvert dans l'explorateur. De toute façon, l'éditeur affichera un avertissement lorsque vous voudrez sauvegarder une page ailleurs que dans son lieu d'origine.

Liens réalisés par glisser/déposer

Si vous êtes un fan du glisser/déposer, vous pouvez créer des liens en faisant glisser les icônes de l'explorateur dans une page ouverte de l'éditeur. Mais ce procédé est finalement plus lourd que celui que nous venons de voir. A tout hasard, voici comment faire :

1. Dans l'éditeur, ouvrez la page qui contiendra le lien.

2. Si l'explorateur n'est pas encore ouvert, ouvrez-le en cliquant sur le bouton Afficher l'explorateur FrontPage dans la barre d'outils standard.

3. Modifiez les dimensions des fenêtres de l'éditeur et de l'explorateur pour qu'elles coexistent sur votre écran. L'essentiel est que vous ayez simultanément sous vos yeux le lieu de départ et celui d'origine.

4. Faites glisser l'icône de la page destinataire à partir de l'explorateur jusqu'à l'appel de lien de la page située dans l'éditeur.

---

6. Plus simplement, cliquez sur son icône dans la barre des tâches de Windows 95 (N.d.T.).

Lien vers une page quelconque du World Wide Web

Ici, pas de difficulté particulière. Voici ce que vous allez faire :

1. **Dans une page ouverte de l'éditeur, sélectionnez ce qui va constituer l'appel de lien.**

2. **Cliquez sur le bouton de la barre d'outils standard Créer ou éditer un lien pour ouvrir la boîte de dialogue Créer un lien.**

3. **Cliquez sur l'onglet World Wide Web pour le rendre visible.**

4. **Dans la boîte de saisie URL, tapez l'URL de destination de votre lien.** Si vous ne vous en souvenez pas, cliquez sur le bouton Parcourir, ce qui aura pour effet de lancer votre browser. Celui-ci affiche alors ce que montre la Figure 6.3. Suivez ce conseil et, lorsque vous aurez trouvé votre destination, revenez à l'éditeur au moyen de la barre des tâches de Windows 95.

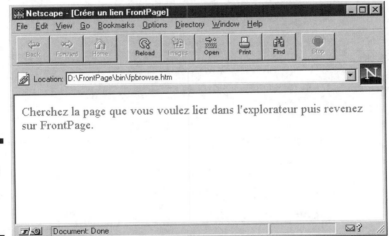

Figure 6.3 :
L'éditeur de
FrontPage
vous donne
de bons
conseils !

Si vous savez que votre URL de destination se trouve dans vos signets (ceux que Internet Explorer appelle les *favoris*), affichez-en la liste et le contenu puis, par un couper-coller, une fois revenu dans l'éditeur de FrontPage, déposez votre trouvaille dans la boîte de saisie URL. Si votre URL ne s'y trouve pas, mais que vous connaissez au moins le nom du serveur Web sur lequel se trouve votre page, lancez une connexion Internet et faites une recherche.

5. **Cliquez sur OK.**

Si vous vous trompez en tapant votre URL, FrontPage n'a aucun moyen de s'en apercevoir et le lien qui va être créé sera erroné. Vous pouvez contrôler de près les liens que vous créez au moyen d'un clic sur le bouton Outils/ Vérifier les liens de la barre d'outils standard de l'explorateur. Vous pouvez aussi tester un par un les liens en cliquant sur le bouton Outils/Suivre le lien de l'éditeur (auparavant, vous devrez avoir placé le pointeur de la souris sur l'appel de lien à vérifier). Nous reverrons ces deux procédures dans la section "Réparation des liens hypertexte rompus" plus loin, dans ce même chapitre.

Si, lorsque vous ajoutez du texte dans votre page Web, vous tapez une URL (comme `http://www.urec.fr`, par exemple), l'éditeur va en faire immédiatement un appel de lien, souligné et affiché en bleu.

Soyez un pro du protocole

Toute URL commence par un *protocole* qui indique le type de serveur ou de service demandé. Voici la liste des protocoles utilisés sur l'Internet :

Protocole	Concerne	Exemple
`http://`	Web	`http://www.urec.fr`
`ftp://`	FTP	`ftp://ftp.ibp.fr/`
`file:///`	Fichier local	`file:///g:\nuls\html\polices.htm`
`gopher://`	Serveur Gopher	`gopher://server.microsoft.com`
`https://`	Web sécurisé	`https://www.fbi.org`
`mailto:`	*e-mail*	`mailto:jules.dupont@monserveur.fr`
`news:`	Usenet	`news:news.teaser.fr`
`telnet://`	Serveur Telnet	`telnet://server.microsoft.com`
`wais://`	Serveur WAIS	`wais://serfer.microsoft.com`

Pour plus de détails, consultez, dans la même collection et chez le même éditeur *L'Internet pour les Nuls* par John R. Levine, Carol Baroudi et Margaret Levine Young.

Lien vers une nouvelle page

Si vous êtes en train de construire votre site Web et que, soudain, l'inspiration vous visite, vous pouvez créer un appel de lien vers la page que vous allez créer de la façon suivante :

1. **Dans une page ouverte de l'éditeur, sélectionnez ce qui va constituer l'appel de lien.**

2. **Cliquez sur le bouton de la barre d'outils standard Créer ou éditer un lien pour ouvrir la boîte de dialogue Créer un lien.**

3. **Cliquez sur l'onglet Nouvelle page pour le rendre visible.**

4. **Dans la boîte de saisie Titre de la page, tapez le titre de votre nouvelle page.** L'éditeur générera un nom de fichier d'après votre titre. Alors, choisissez-le bien !

Attention au titre que vous choisissez. Un titre comme "Les concertos de Mozart" (qui est un titre tout à fait acceptable) va vous donner un fichier appelé `les.htm`. Que voulez-vous, FrontPage ignore les subtilités de la grammaire française. Ce titre, en anglais, s'écrirait "Mozart's Concertos", ce qui donnerait `mozarts.htm`. C'est mieux mais ce n'est pas encore ça !

5. **Si le nom du fichier ne vous plaît pas, changez-le en éditant le contenu de la boîte de saisie URL de la page.**

6. **Choisissez maintenant entre éditer immédiatement la page ou la sauvegarder vide pour la reprendre plus tard.** Dans le premier cas, cliquez sur le bouton Editer la nouvelle page immédiatement. Si vous voulez le faire plus tard, cliquez sur le bouton Ajouter la nouvelle page à la liste des tâches. Dans les deux cas, cliquez ensuite sur OK.

Si vous avez décidé de créer votre page immédiatement, la boîte de dialogue Nouveau site Web FrontPage va s'afficher et vous pourrez choisir un modèle ou un assistant. Vous êtes ramené à la création d'une nouvelle page Web que nous avons étudiée au Chapitre 2.

Les signets

Je vous rappelle qu'il ne s'agit pas ici des signets mémorisés par votre browser mais des étiquettes placées dans une page Web pour vous permettre de commencer son affichage ailleurs qu'à son début. Dans ce sens, un signet est une destination d'appel de lien.

Pour atteindre un signet, vous vous doutez bien qu'il faut commencer par le créer. Ensuite, vous pourrez créer l'appel de lien qui va s'y référer.

Création d'un signet

Un signet peut être constitué par n'importe quel morceau de texte : caractère, mot, phrase. Son affichage n'en sera pas modifié. Une fois créé, il apparaît dans l'éditeur comme souligné par un pointillé de couleur bleue. Avec un browser, il restera invisible. Voici comment vous y prendre pour créer un signet :

1. **Dans une page ouverte dans l'éditeur, sélectionnez le morceau de texte (le début d'un paragraphe, généralement) qui va constituer le signet.**

2. **Cliquez sur Edition/Signet.** La boîte de dialogue Signet s'affiche, le texte sélectionné dans la page étant reporté dans la boîte de saisie Nom du signet. Si ce nom ne vous convient pas, rien ne vous empêche de le modifier.

3. **Cliquez sur OK.**

Création d'un appel de lien vers un signet

Les signets n'aiment pas faire tapisserie : il leur faut un(e) partenaire. Vous pouvez créer un appel de lien référençant un signet depuis la même page, une autre page de votre site Web ou une autre page du World Wide Web.

Appel de lien dans un signet placé dans la même page

Des liens à l'intérieur d'une même page aident les visiteurs à trouver leur chemin lorsque la page est longue, en leur évitant d'avoir à la faire défiler. Vous pouvez créer des appels de liens en haut de la page pointant vers des signets repérant différentes sections de la page. Vous pouvez encore placer un appel de lien au bas de la page qui renvoie aux appels situés en haut de la page.

Plusieurs modèles de FrontPage se servent de signets pour naviguer dans une longue page. Même si vous ne vous en servez pas comme base pour vos propres pages, il peut être intéressant d'y jeter un coup d'oeil pour voir l'association des appels de liens avec les signets.

Voici comment créer un appel de lien vers un signet dans la même page :

1. **Dans une page ouverte dans l'éditeur, sélectionnez l'appel de lien.**
   Cette étape est identique à celle de la création d'un lien ordinaire : sélectionnez le texte sur lequel cliquera l'utilisateur.

2. **Cliquez sur le bouton Créer ou éditer un lien pour ouvrir la boîte de dialogue Créer un lien.**

3. **Cliquez sur l'onglet Pages ouvertes pour l'afficher.**

4. **Dans la boîte à liste déroulante Signet, choisissez celui qui vous intéresse dans les signets existants et cliquez dessus.**

5. **Cliquez sur OK.**

Le symbole dièse (#) signifie "signet". Si vous voyez une URL ressemblant à `http://toto.fr/mapage.htm#monchien`, vous saurez que le document HTML `mapage.htm` sera affiché par le browser à la hauteur du signet `monchien`.

Appel de lien vers un signet placé dans une page ouverte

Ce type de lien vous permet d'afficher l'autre page à la hauteur du signet et non pas à son début (sauf, bien sûr si le signet se trouve au début). Il est très facile de créer des liens vers des pages déjà ouvertes dans l'éditeur. Il suffit de suivre les étapes énumérées ci-après :

1. **Dans une page ouverte par l'éditeur, sélectionnez l'appel de lien.** Cette étape est identique à celle de la création d'un lien ordinaire : sélectionnez le texte sur lequel cliquera l'utilisateur.

2. **Cliquez sur le bouton Créer ou éditer un lien pour ouvrir la boîte de dialogue Créer un lien.**

3. **Cliquez sur l'onglet Pages ouvertes pour l'afficher.**

4. **Dans la fenêtre Ouvrir les pages, choisissez celle où doit aboutir votre appel de lien en cliquant dessus.**

5. **Dans la boîte à liste déroulante, sélectionnez le signet que vous voulez atteindre.**

6. **Cliquez sur OK.**

Appel de lien vers un signet placé dans une autre page de votre site Web

Tous les signets contenus dans les pages de votre site Web sont des candidats possibles pour servir de destination à un appel de lien. Voici les étapes à suivre :

1. **Dans une page ouverte par l'éditeur, sélectionnez l'appel de lien.** Cette étape est identique à celle de la création d'un lien ordinaire : sélectionnez le texte sur lequel cliquera l'utilisateur.

2. **Cliquez sur le bouton Créer ou éditer un lien pour ouvrir la boîte de dialogue Créer un lien.**

3. **Cliquez sur l'onglet Site Web FrontPage courant pour l'afficher.**

4. **Dans la fenêtre Ouvrir les pages, choisissez celle où doit aboutir votre appel de lien en cliquant dessus.**

5. **Dans la boîte de saisie Page, tapez le nom de fichier de la page où se trouve le signet que vous cherchez à atteindre.** Aidez-vous au besoin du bouton Parcourir.

6. **Dans la boîte de saisie Signet, tapez le nom du signet à atteindre.** Malheureusement, ici il n'y a pas de boîte à liste déroulante pour vous présenter la liste des signets existants et vous devez donc connaître à l'avance le nom de votre signet.

7. **Cliquez sur OK.**

Pour créer un appel de lien vers une page située dans un autre site Web FrontPage, procédez comme je l'ai indiqué dans la section "Lien vers une page située dans un autre site Web", plus haut, dans ce même chapitre et, à l'étape 8, en plus d'indiquer la page à laquelle vous souhaitez aboutir, tapez le nom du signet dans la boîte de saisie Signet. Cliquez ensuite sur OK pour créer le lien.

Appel de lien vers un signet placé dans une page située sur un autre serveur Web de l'Internet

L'attirance mutuelle qu'éprouvent appels de liens et signets est suffisamment forte pour transcender les barrières géographiques. Mais une question se pose : les signets étant invisibles dans les pages Web affichées par un browser, comment allez-vous connaître le nom du signet placé à l'endroit où vous voulez aboutir ?

La réponse est simple : il n'existe qu'un seul moyen : voir le contenu du document HTML source destinataire de votre appel de lien. Vous allez donc commencer par vous connecter à l'Internet puis charger dans votre browser la page où vous voulez aller. Ensuite, de deux choses l'une : ou vous allez afficher le contenu de cette page, ou vous allez le sauvegarder sur votre disque dur. La seconde solution vous permet de faire des économies d'unités France Télécom.

Quoi qu'il en soit, vous allez finir par avoir sur votre écran le code source du document HTML qui vous intéresse. Son apparence risque d'être déroutante (je vous avais bien dit qu'il n'était pas mauvais de connaître quelques rudiments de HTML !) mais rassurez-vous, il n'est pas indispensable de tout comprendre. Simplement, recherchez quelque chose qui ressemble à :

```
<A NAME=un nom quelconque>
```

car c'est ainsi que sont codés les signets dans un document HTML. A chaque fois que vous trouverez ce type de balise, regardez dans son voisinage si vous voyez quelque chose qui ressemble à la section de la page que vous voulez atteindre. Lorsque vous aurez trouvé, le "nom quelconque" qui précède cet endroit est celui du signet que vous cherchez. Il ne vous reste plus qu'à le reporter dans l'éditeur de FrontPage. Pour cela :

1. **Dans une page ouverte par l'éditeur, sélectionnez l'appel de lien.** Cette étape est identique à celle de la création d'un lien ordinaire : sélectionnez le texte sur lequel cliquera l'utilisateur.

2. **Cliquez sur le bouton Créer ou éditer un lien pour ouvrir la boîte de dialogue Créer un lien.**

3. **Cliquez sur l'onglet World Wide Web pour l'afficher.**

4. **Dans la fenêtre URL, tapez l'URL du document HTML à atteindre suivie par un dièse (#) et par le nom du signet.** N'insérez aucun espace.

5. **Cliquez sur OK.**

En visite chez les signets

Une fois que vous aurez créer vos signets, vous allez vous y attacher et vous aurez sans doute envie de leur rendre visite. Pour les trouver sans avoir besoin de faire défiler votre page dans l'écran, faites comme ceci :

1. **Dans l'éditeur de FrontPage, cliquez sur Edition/Signets.**

2. **Regardez dans la boîte de dialogue Signet qui s'est ouverte : vous trouverez tous vos petits dans la fenêtre Autres signets dans cette page.**

3. **Cliquez sur celui que vous voulez visiter puis sur le bouton Atteindre.** La boîte de dialogue se referme et FrontPage vous transporte immédiatement sur l'endroit de la page où se trouve le signet, lequel s'affiche en vidéo inverse.

Démantèlement d'un signet

Vous pouvez démanteler un signet, c'est-à-dire lui retirer sa propriété de repère, sans toucher à son contexte. Le processus est indolore pour vous comme pour le signet :

1. **Cliquez n'importe où dans le malheureux signet à démanteler.**

2. **Cliquez sur Edition/Supprimer le lien.** Le signet retrouve sa virginité.

Editions de liens hypertexte

De la même façon que vous modifiez l'apparence de votre texte, vous pouvez changer celle de vos liens : le texte qui sert d'appel, sa couleur et même sa destination.

Modification du texte d'appel

Supposons que vous ayez créé un appel de lien avec le texte "Revenir à ma Page d'accueil" et que vous décidiez de le raccourcir en "Page d'accueil" sans rien changer au texte lui-même. Pour cela :

1. **Sélectionnez dans l'appel de lien les mots que vous voulez supprimer de l'appel.**

2. **Cliquez sur Edition/Supprimer le lien.** Le signet est instantanément modifié comme vous pouvez en juger par les changements intervenant dans la couleur d'affichage.

Modification de la couleur d'un appel de lien

Par défaut, un appel de lien est affiché en bleu et souligné. Mais si votre page a un fond bleu, mieux vaudrait que vos appels de liens soient d'une autre couleur : en jaune, par exemple.

D'une façon générale, les appels de liens ont trois propriétés de couleur :

- **La couleur par défaut.** C'est celle des liens qui n'ont jamais été sollicités.

- **La couleur des liens activés.** C'est celle que prend un appel de lien sur lequel vous avez cliqué.

- **La couleur des liens visités.** C'est celle que prend un appel de lien quand vous revenez à votre page après avoir visité celle où menait l'appel de lien.

Vous pouvez choisir des couleurs spécifiques pour tous les appels de liens d'une même page ou adopter la même couleur pour tous les appels de liens de votre site Web, ce qui conduit à une homogénéité que vos visiteurs apprécieront.

Les couleurs que vous choisissez pour vos appels de liens doivent être en rapport avec celles de la page où ils se trouvent. Certains concepteurs font usage de couleurs "chaudes" (vives) pour les liens non visités et "froides" (éteintes) pour ceux qui ont été explorés. D'autres emploient la même couleur pour les liens vierges et les liens visités afin d'avoir un aspect uniforme pour leur page. Quelle que soit la solution que vous adopterez, vérifiez que vos liens restent visibles partout sur votre page, qu'ils aient ou non été visités.

Choix d'une couleur unique pour vos appels de lien

Voici comment adopter des couleurs uniques pour une page :

1. **Dans l'éditeur, cliquez sur Format/Arrière-plan.** La boîte de dialogue Propriétés de la page s'affiche, avec l'onglet Arrière-plan visible. Les couleurs courantes apparaissent dans cinq boîtes à liste déroulantes dont les trois de droite concernent les liens (Figure 6.4).

2. **Choisissez la couleur qui vous plaît dans chacune des trois boîtes à liste déroulantes de droite.** Si vous choisissez Personnalisé, vous affichez la boîte de dialogue Couleur dont nous avons déjà vu l'utilisation au chapitre précédent.

3. **Cliquez sur OK.**

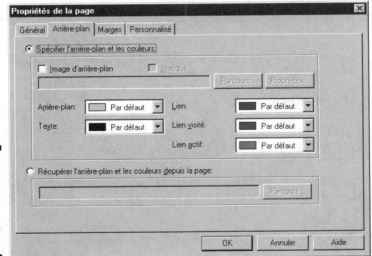

Figure 6.4 :
Onglet
Arrière-plan
de la boîte
de dialogue
Propriété de
la page.

Choix de couleurs utilisées dans une autre page

Vous pouvez uniformiser l'apparence de vos pages en vous contentant des couleurs par défaut pour le texte, l'arrière-plan et les appels de liens. Mais si vous voulez harmoniser des couleurs personnalisées, voici comment procéder :

1. **Dans l'éditeur, cliquez sur Format/Arrière-plan.** La boîte de dialogue Propriétés de la page s'affiche avec l'onglet Arrière-plan visible.

2. **Cliquez sur le bouton radio Récupérer l'arrière-plan et les couleurs depuis la page.** Probablement par suite d'un bug, le fond de la boîte de saisie qui était gris ne devient pas blanc mais vous pouvez néanmoins y taper un nom de fichier ou utiliser le bouton Parcourir pour rechercher le document HTML dont les couleurs vous intéressent.

3. **Cliquez sur OK.** Vous voyez que les couleurs de la page affichée dans l'éditeur se modifient sous vos yeux.

Modification de la destination d'un appel de lien

Vous pouvez facilement modifier la destination d'un appel de lien. Pour cela :

1. **Cliquez n'importe où dans l'appel de lien que vous voulez modifier.**

2. **Cliquez sur le bouton Créer ou éditer un lien.** La boîte de dialogue Editer le lien s'affiche. L'onglet visible dépend de la destination actuelle de l'appel de lien. S'il mène à un autre site Web, ce sera l'onglet World Wide Web.

3. **Faites les changements nécessaires.** Par exemple, tapez une nouvelle URL ou modifiez le nom du signet.

4. **Cliquez sur OK.**

Kit de réparation des liens

Les liens rompus sont comme les fourmis à un pique-nique : individuellement elles ne sont pas trop gênantes mais lorsqu'il y en a beaucoup, ça gâte vraiment le plaisir.

Un lien peut être rompu si la page de destination sur laquelle il pointe a été déplacée ou est devenue indisponible. Une des raisons justifiant cette absence peut être une panne du serveur sur laquelle elle se trouve. Au lieu de voir la page attendue se charger dans son browser, l'utilisateur ne voit arriver qu'un message d'erreur lui disant que la page n'est pas accessible.

La cause la plus fréquente de rupture d'un lien est le changement de nom d'un fichier sur votre site Web. Elle ne risque pas de vous arriver car l'explorateur de FrontPage met automatiquement à jour les liens lorsque vous changez le nom d'une page ainsi que je l'ai expliqué au Chapitre 2.

Il existe néanmoins un certain nombre de situations qui échappent au contrôle de FrontPage et qui peuvent causer la rupture d'un lien. Par exemple :

- Suppression d'un fichier vers lequel pointait un lien.

- Importation incomplète d'un fichier depuis un serveur externe.

- Erreur de frappe dans une URL pointant sur une page située sur l'Internet.

- Création d'un lien vers un site de l'Internet qui a changé d'adresse ou qui, pour une raison ou une autre, est devenu inaccessible.

L'explorateur de FrontPage possède une commande (Outils/Vérifier les liens) qui peut vous aider à trouver et à réparer les liens hypertexte rompus de votre site Web. Si vous voulez simplement tester quelques liens dans une page Web, vous pouvez le faire avec la commande Outils/Suivre le lien de l'éditeur.

Vérification et réparation de liens hypertexte avec l'explorateur

La commande de l'explorateur Outils/Vérifier les liens effectue les miracles suivants :

- Elle trouve tous les liens rompus de votre site Web est présente une liste de ces liens dans la boîte de dialogue Vérifier les liens (Figure 6.5).

- Elle vous permet de réparer les liens rompus en éditant le lien lui-même, en éditant la page qui contient le lien ou en ajoutant une tâche à la liste A faire pour vous rappeler de faire la réparation plus tard. Nous étudierons l'usage de cette liste au Chapitre 16.

- Elle met à jour les liens dans les pages sélectionnées ou parmi la totalité de votre site Web.

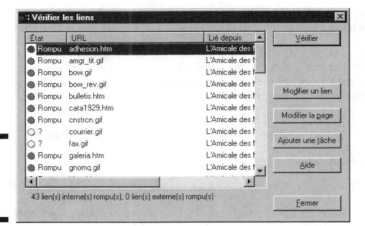

Figure 6.5 :
La boîte de
dialogue
Vérifier les
liens.

Vérification des liens hypertexte

Avant de vouloir réparer les liens, il faut trouver ceux qui sont rompus. Pour cela, l'explorateur peut vous apporter une aide certaine. Pour cela :

1. **Dans l'explorateur, cliquez sur Outils/Vérifier les liens.** La boîte de dialogue Vérifier les liens s'affiche en montrant une liste de liens internes rompus (ce sont les liens entre les pages et les fichiers de votre site Web) et de *tous* les liens hypertexte externes (ceux qui pointent vers d'autres serveurs). Les liens rompus sont précédés d'un gros point rouge et du mot "Rompu". Ceux qui ne sont pas vérifiés sont précédés d'un gros point jaune et d'un point d'interrogation.

   L'explorateur attend votre signal pour vérifier les liens externes car cette tâche peut demander beaucoup de temps. Vous pouvez décider de le faire sur-le-champ ou plus tard, vous contentant de réparer immédiatement les liens rompus internes. Si vous décidez de sauter la vérification des liens externes, sautez le reste de cette section et allez directement à la section suivante : "Réparation des liens hypertexte rompus".

   N'oubliez pas que, pour vérifier les liens externes, votre connexion avec l'Internet doit être active.

2. **Pour vérifier les liens externes de votre site Web, cliquez sur le bouton Vérifier.** L'explorateur vérifie chaque lien externe en contactant le site destinataire et en vérifiant que la page peut être atteinte. Au cours de cette vérification, une barre apparaît au bas de la boîte de dialogue pour permettre de suivre la progression de la vérification. Elle

indique le pourcentage des sites vérifiés. Au fur et à mesure du test des liens, la pastille jaune qui précédait leur nom passe en vert suivie de OK si le lien est bon ou au rouge suivie de Rompu s'il est inaccessible.

Vous pouvez mettre fin à la vérification en cliquant sur le bouton Arrêter. (C'est le bouton qui portait le mot Vérifier.) Pour reprendre ensuite la vérification, cliquez sur le bouton Reprendre (C'est le bouton qui portait le mot Arrêter.) Une fois la vérification terminée, le bouton affiche de nouveau Vérifier.

Lorsque tous les liens ont été vérifiés, on peut entreprendre la réparation des liens rompus comme je vais vous le montrer dans la section suivante.

Réparation des liens hypertexte rompus

Une fois que l'explorateur vous a signalé tous les liens rompus, vous devez procéder à leur réparation. Pour cela :

1. **Si ce n'est pas déjà fait, effectuer les étapes décrites dans la section précédente.**

2. **A partir de la liste de vérification, cliquez sur le lien que vous voulez réparer.**

3. **Choisissez entre éditer le lien hypertexte lui-même, éditer la page qui le contient ou ajouter une entrée à la liste A faire pour entreprendre la réparation plus tard.** Pour éditer le lien, cliquez sur le bouton Modifier le lien. La boîte de dialogue Modifier un lien s'affiche. La destination originale est visible dans la boîte de saisie Remplacer (Figure 6.6). Dans l'autre boîte de saisie, Par, tapez l'URL de la nouvelle destination. Pour modifier le lien dans les pages sélectionnées (et non pas dans la totalité du site Web) cliquez sur le bouton radio Sélectionner toutes les pages à changer puis cliquez sur les noms des pages que vous voulez mettre à jour dans la boîte à liste située au-dessous. Cliquez sur OK pour effectuer la réparation. Une fois cette opération effectuée, une nouvelle vérification affichera OK et un gros point vert en face du nom du lien.

Pour éditer la page qui contient le lien, cliquez sur le bouton Modifier la page. La page s'ouvre dans l'éditeur FrontPage et le lien défectueux est affiché en vidéo inverse. Corrigez-le puis, ceci fait, cliquez sur le bouton Afficher l'explorateur dans la barre d'outils standard de l'éditeur pour y retourner. Dans la boîte de dialogue Vérifier les liens, le statut du lien a été modifié. De "Rompu", il est passé à "Modifié".

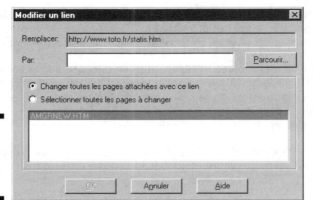

Figure 6.6 :
La boîte de
dialogue
Modifier un
lien.

Pour ajouter une tâche à la liste des tâches, cliquez sur le bouton Ajouter une tâche. Nous verrons au Chapitre 16 comment utiliser la liste des tâches. Le statut du lien se modifie. De "Rompu", il est passé à "Liste des tâches" (qui peut être affiché en partie seulement selon la largeur attribuée à la colonne Etat).

4. **Continuez à faire les réparations des liens rompus en répétant les étapes 1 à 3.**

5. **Une fois que vous aurez terminé, cliquez sur OK.**

Je vous recommande de vérifier l'état de vos liens au moins tous les quinze jours, surtout si vous référencez des sites externes. Les pages Web bougent tout le temps, ce qui risque de causer des ruptures de liens.

Test de liens isolés dans l'éditeur

Si vous voulez simplement tester quelques liens isolés, vous pouvez le faire en cliquant sur Outils/Suivre le lien dans l'éditeur. Inutile d'engager un détective privé pour cela ! Contentez-vous de cliquer sur l'appel de lien et FrontPage fera le reste. Avec, toutefois, quelques problèmes d'affichage car l'éditeur n'a pas les capacités interprétatives d'un véritable browser.

Lorsque vous suivez un lien vers un signet placé dans la même page, FrontPage fait défiler celle-ci jusqu'à atteindre le signet. Si l'appel de lien conduit à une autre page, FrontPage l'ouvrira. Il est capable de suivre ainsi les liens jusque sur le World Wide Web.

Votre connexion à l'Internet doit être active pour que FrontPage puisse atteindre un site de l'Internet.

Vous pouvez continuer à suivre des liens tant que vous voulez. Pour revenir en arrière, servez-vous des boutons de navigation analogues à ceux qu'on trouve dans tous les browsers.

Attention, cette astuce n'est valable que pour les liens situés dans des pages de votre site Web. FrontPage est incapable de suivre des liens vers d'autres protocoles tels que `ftp://`.

Démantèlement de liens

Si la puissance associative de FrontPage vous confère une ivresse de puissance telle que votre page Web finit par contenir davantage d'appels de liens que de texte, il est peut-être temps d'y mettre le holà et même de renverser la vapeur en coupant quelques liens. En supprimant ceux qui ne sont pas strictement nécessaires, ça donnera un ballon d'oxygène à votre page. Alors voici comment opérer pour éclaircir leurs rangs :

1. **Cliquez n'importe où dans l'appel de lien que vous voulez supprimer.**

2. **Cliquez sur Edition/Supprimer le lien.**

Votre lien retourne à sa qualité primitive de texte ; votre image, à celle d'image.

Chapitre 7
La belle image

*L*e texte est réellement quelque chose d'important car c'est l'essence même de votre site Web. Mais si le Web est devenu ce qu'il est, ce n'est pas seulement parce qu'il permet de véhiculer des idées au moyen de textes. C'est le mariage du texte et de l'*image* qui a transformé le Web en une aventure richement colorée.

Les images, lorsqu'elles sont utilisées à bon escient, créent une certaine ambiance et aident les visiteurs à naviguer sur le site. Mais, comme c'est le cas pour d'autres adjuvants des pages Web, l'excès d'image peut compromettre l'équilibre d'une page. Des images mal choisies distrairont l'attention du véritable contenu et ralentiront le chargement d'une page sans profit pour personne.

Dans ce chapitre, je vais vous dévoiler les secrets des images sur le Web et vous présenter les deux formats d'images (GIF et JPEG) qui y sont utilisés. Vous saurez comment choisir des images qui se chargent rapidement et, bien entendu, je vous apprendrai à utiliser toutes les ficelles de FrontPage dans le maniement des images.

Le Web et les images

L'incorporation d'images dans une page Web désoriente quelquefois le néophyte. Pourtant, c'est très simple et, tant que vous suivrez les quelques règles que je vais énoncer dans ce chapitre, vous n'aurez pas d'inquiétude à vous faire.

GIF et JPEG

Il existe suffisamment de types d'images pour qu'on s'y perde : BMP, PCX, TIF, PCT, EPS, PSD, JPG... tous ces sigles semblent n'avoir été inventés que pour noyer celui qui veut s'attaquer à l'imagerie. Par bonheur, le Web n'en reconnaît actuellement que deux : GIF et JPEG (souvent abrégé en JPG à cause de la limitation à trois caractères de l'extension d'un nom de fichier héritée de MS-DOS). Le premier est le plus ancien et probablement le plus utilisé sur le Web. Le format JPEG, d'apparition plus récente, possède quelques avantages non négligeables sur le format GIF en ce qui concerne l'encombrement des fichiers et la richesse des couleurs représentables.

Quel format choisir ? La réponse est une réponse de Normand : ça dépend... Le format GIF permet d'utiliser 256 couleurs et convient très bien aux images comportant de grands aplats tels que des dessins ou des logos. Le format JPEG peut afficher des milliers de couleurs ; ce sera donc celui qu'il faudra préférer lorsqu'il s'agira de reproduire des photographies.

Si vous voulez en apprendre davantage, pointez votre browser sur l'URL suivante : `http://www.adobe.com/studio/tipstechniques/GIFJPGchart/main.html`.

L'Editeur de FrontPage vous permet d'insérer n'importe quel type d'image dans une page Web. Il convertit les images importées ayant 256 couleurs ou moins en images GIF et les autres en format JPEG. Si vous voulez exercer un contrôle plus serré sur le processus de conversion, rien ne vous empêche d'ouvrir votre fichier d'image dans un éditeur d'images tel que Image Composer (qui fait partie du package de FrontPage) ou Paint Shop Pro (qui se trouve sur le CD-ROM qui accompagne ce livre) et effectuer vous-même les conversions qui vous conviennent.

Le format GIF possède deux atouts supplémentaires : la transparence et l'entrelacement. Je vous en parlerai plus loin dans ce chapitre. Il permet même de réaliser à peu de frais de simples animations.

Les palettes

Au Chapitre 4, je vous ai raconté un douloureux incident survenu dans ma carrière d'éditeur de publications Web et que je vais rappeler ici. J'avais choisi comme couleur de fond de page une couleur que je croyais être un jaune citron plutôt lénifiant mais lorsqu'un de mes amis a voulu regarder ma page sur son ordinateur, cette couleur s'est affichée comme un vert blafard. J'avais commis l'erreur d'ignorer une importante règle : *se limiter à une palette de couleurs reconnue par tous les browsers.* Je vais vous en expliquer les raisons.

Comme je viens de le dire, les images GIF peuvent afficher une *palette* de 256 couleurs. Mais, ce qu'il faut savoir, c'est que ces couleurs ne sont pas fixées une fois pour toutes mais dépendent du système d'exploitation utilisé. Autrement dit, elles apparaîtront légèrement différentes selon qu'elles seront vues avec un PC sur lequel tourne Windows ou avec un Mac. Les couleurs vives sont généralement inchangées mais les couleurs pastel peuvent présenter des différences inattendues et même choquantes. Si votre image contient une couleur absente de la palette utilisée sur la machine de votre visiteur, son browser fera ce qu'il peut pour pallier cette lacune en mélangeant d'autres couleurs par effet d'estompage (*dithering*). Certes, c'est mieux que rien mais le résultat obtenu n'est pas toujours heureux.

Les images GIF animées

On sait que le cinéma reconstitue le mouvement par la succession rapide d'images décomposant un mouvement. La persistance rétinienne est là pour donner l'illusion d'un mouvement continu. Le format GIF permet d'inclure dans un même fichier plusieurs images résultant de la décomposition d'une action. Les browsers courants (Netscape Navigator et Internet Explorer, en particulier) savent comment exploiter ce gadget pour reconstituer une animation.

FrontPage contient une collection d'images animées que vous pouvez ajouter à vos pages. Nous verrons comment procéder dans la section "Comment ajouter une image à une page Web", plus loin, dans ce même chapitre. Si vous voulez créer vous-même des animations, il existe pour cela plusieurs outils logiciels.

Pour en savoir plus sur les images GIF animées, pointez votre browser sur l'URL `http://members.aol.com/royalef/gifanim.htm`.

Vous pouvez éliminer l'effet d'estompage en vous servant d'une palette particulière qui vous offre 216 couleurs pouvant être représentées correctement avec un Mac ou un PC, ce qui vous donne tous apaisements quant aux couleurs que pourront voir vos visiteurs. (Sauf, peut-être s'ils utilisent une station de travail sous UNIX ou un Amiga !)

L'image NETCOLPC.GIF qui se trouve sur le CD-ROM d'accompagnement contient cette palette de 216 couleurs. Voyez la documentation de votre éditeur sur la façon d'utiliser cette palette pour vos propres images.

Tout ce qui est petit est gentil

La vérité première numéro 3 du Web énonce que "tous les visiteurs se connectent à l'Internet à des vitesses différentes" (rappelez-vous que j'ai présenté cette notion de "vérités premières" au Chapitre 4). Si un visiteur doit attendre plusieurs secondes pour qu'une image de taille raisonnable se charge, votre site risque fort de passer aux oubliettes. Vous pouvez éviter cette impopularité si vous faites en sorte que vos images se chargent, sinon à la vitesse de l'éclair, tout au moins sans permettre à votre visiteur d'étouffer un bâillement.

Les images sont réputées pour allonger le temps de chargement d'une page. Voici quelques trucs pour éviter cet inconvénient :

- **Lorsque c'est possible, n'utilisez que des dimensions "raisonnables".**

- **Limitez le nombre de couleurs utilisées dans vos images.** Vous pouvez gagner de précieuses secondes sur le temps de chargement tout en conservant une bonne qualité d'image au moyen d'un éditeur d'image capable de réduire le nombre de couleurs d'une image.

- **Sauvegardez vos images en une résolution aussi proche que possible de 72 dpi (soit environ 28 points par centimètre).** Cette résolution correspond à un format d'écran de 800 x 600 sur un moniteur de 15 pouces, ce qu'on peut considérer comme le standard le plus utilisé actuellement.

- **Autant que faire se peut, utilisez les mêmes images dans vos présentations Web.** Les browsers utilisent un système de cache, conservant en mémoire les images affichées afin de ne pas avoir besoin de faire appel au serveur lorsqu'ils doivent les réafficher au cours d'une même session ou d'une session ultérieure.

L'Editeur de FrontPage affiche le temps estimé pour le chargement d'une image (exprimé en secondes) dans une boîte à droite de la barre d'état. Ne perdez pas cette boîte de vue lorsque vous ajoutez des images à votre page.

Usez mais n'abusez pas

Il est tentant d'agrémenter une page Web avec plusieurs images, sans trop se préoccuper de s'assurer qu'elles sont toutes en situation. Je vous conjure de ne pas tomber dans cet excès et de pratiquer là une autocensure rigoureuse.

N'oubliez pas que chaque image induit un temps de chargement supplémentaire. "En vaut-elle réellement la peine ?" devez-vous vous demander à chaque fois. N'insérez une image que si elle contribue réellement à la pertinence de votre propos ou à l'agrément global de la page.

Pendant que vous y êtes, demandez-vous si votre page reste compréhensible sans images. Certains surfeurs du Web désactivent le chargement des images afin de gagner sur le temps de chargement des pages.

Comment ajouter une image à une page Web

Pour ajouter une image à votre page Web, l'Editeur crée un lien entre la page et le fichier qui contient cette image à l'endroit que vous avez choisi pour afficher l'image. C'est ce qu'on appelle en anglais une *inline image*, ce qui signifie "image dans le document même".

Le mécanisme est le même que pour ajouter un lien entre deux pages car ça revient à créer un lien entre deux fichiers. Ici, il s'agit de celui de la page Web et de celui de l'image. Rien n'empêche donc (théoriquement, du moins) l'image que vous voulez insérer de se trouver ailleurs sur le même serveur ou sur un autre.

Je vous recommande de lire le Chapitre 6 - si ce n'est déjà fait - pour vous familiariser avec la façon dont fonctionne un lien entre des images.

L'Editeur convertit les images BMP, TIFF, MAC, MSP, PCD, RAS, WPG, EPS, PCX et WMF en images GIF ou JPEG, ce qui vous évite d'avoir à le faire vous-même explicitement.

Rappelez-vous que FrontPage convertit automatiquement les images ayant moins de 256 couleurs en format GIF et les autres en JPEG. Si, plus tard, vous voulez changer de format (ne serait-ce que pour bénéficier des propriétés de transparence et d'entrelacement du format GIF), FrontPage pourra vous y aider. Je vous montrerai de quelle façon dans la section "Conversion d'images GIF et JPEG ", plus loin, dans ce même chapitre.

A partir du site Web courant

Vous pouvez utiliser une image qui se trouve dans votre site Web et qui a déjà été ouverte par l'Explorateur :

1. **Dans l'Editeur, placez le pointeur de la souris là où vous voulez qu'apparaisse votre image.**

2. **Cliquez sur le bouton Insérer une image (ou cliquez sur l'entrée Image du menu Insertion).** La boîte de dialogue Image s'affiche comme le montre la Figure 7.1.

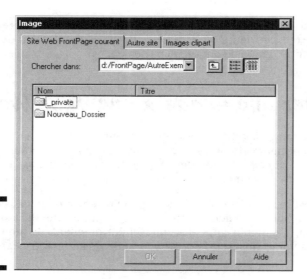

Figure 7.1 :
La boîte de
dialogue
Image.

Si vous ne voyez aucune image, double-cliquez sur le dossier IMAGES car c'est là que l'Explorateur conserve les images importées (et c'est aussi là que je vous recommande de ranger toutes vos images afin qu'elles soient toutes regroupées au même endroit).

3. **Double-cliquez sur l'image que vous voulez insérer.** La boîte de dialogue disparaît et l'image apparaît dans le document.

Lorsque viendra le moment de sauvegarder votre page, FrontPage fera montre d'astuce. Si la page sur laquelle vous travaillez a été ouverte à partir d'un fichier situé en dehors de votre site Web, l'Editeur vous demandera si vous voulez exporter l'image sous forme de fichier (car, à ce moment, cette image existe encore dans le site Web). Pour éviter de rompre le lien entre le document HTML et l'image, vous devez conserver celle-ci au même endroit (dans le même répertoire) que le fichier texte. Si vous cliquez sur Oui, FrontPage exportera une copie de l'image dans le même répertoire que le document HTML.

A partir d'un fichier

Vous pouvez aussi insérer une image située n'importe où sur votre machine.

L'insertion d'une image à partir d'un fichier ne peut se faire que si la page Web sur laquelle vous travaillez a été ouverte initialement depuis le site Web. Si cette page a été ouverte à partir d'un fichier quelconque, FrontPage utilisera l'adresse de votre fichier d'image sur votre disque dur pour créer le lien entre l'image et la page Web. Si, ensuite, vous publiez votre site Web sur un site Web dédié, le lien sera rompu puisque l'image n'existera que sur *votre* machine et non pas sur le site Web lui-même. Relisez ce que j'ai dit au Chapitre 6 sur les liens, pour être sûr de bien comprendre ce qui se passe.

Pour insérer une image provenant d'un fichier, faites ce qui suit :

1. **Dans l'Editeur, placez le pointeur de votre souris là où vous voulez qu'apparaisse l'image.**

2. **Cliquez sur le bouton Insérer une image (ou cliquez sur l'entrée Image du menu Insertion).** La boîte de dialogue Image s'affiche.

3. **Cliquez sur l'onglet Autre site pour le rendre visible.**

4. **Cliquez sur le bouton radio A partir du fichier.**

5. **Tapez l'adresse de l'image dans la boîte de saisie A partir du fichier puis cliquez sur OK.** Vous pouvez aussi cliquer sur le bouton Parcourir pour afficher la boîte de dialogue d'ouverture de fichier comme vous le faites dans presque toutes les applications Windows. La boîte de dialogue s'efface et l'image apparaît dans le document.

FrontPage va vous demander si vous voulez importer cette image dans votre site Web. Si vous cliquez sur Oui, il va éventuellement convertir l'image en format GIF ou JPEG et en placer une copie dans votre site Web.

Vous pouvez aussi recopier une image depuis une autre application et la coller directement dans votre page à partir du presse-papiers. FrontPage la convertira éventuellement dans le format approprié. Elle sera sauvegardée en même temps que la page.

A partir du World Wide Web

Vous pouvez insérer dans votre page des images cueillies sur un site Web situé à l'autre bout du monde.

Si le site Web qui contient le fichier d'image tombe en panne ou que son adresse vienne à changer, le lien avec votre texte se trouve rompu. Mieux vaut donc copier l'image depuis son site d'origine jusqu'à votre site Web et, de là, procéder comme nous venons de le voir. Avec la permission du possesseur légal de l'image, bien entendu.

Pour insérer une image à partir du Web, voilà ce que vous devez faire :

1. **Dans l'Editeur, placer le pointeur de votre souris là où doit apparaître l'image.**

2. **Cliquez sur le bouton Insérer une image (ou cliquez sur l'entrée Image du menu Insertion).** La boîte de dialogue Image s'affiche.

3. **Cliquez sur l'onglet Autre site pour le rendre visible.**

4. **Cliquez sur le bouton radio A partir de l'adresse.** Le texte placé en dessous passe de gris à blanc, indiquant ainsi que vous pouvez y taper quelque chose.

5. **Tapez l'URL complète de l'image dans la boîte de saisie A partir de l'adresse puis cliquez sur OK.** Il sera de la forme suivante : `http://www.dnai.comp/~asha/title.gif`.

6. **Cliquez sur OK.** La boîte de dialogue s'efface.

Si le lien entre le texte et l'image vient à se rompre, l'icône de l'image brisée apparaît. Si c'est elle qui s'affiche après que vous ayez exécuté l'étape 6 de la liste ci-dessus, cela signifie que l'URL que vous avez indiquée à l'étape 5 n'est pas correcte ou que le serveur correspondant est indisponible. Dans le premier cas, pour rectifier l'URL, double-cliquez sur l'icône afin d'afficher la boîte de dialogue des propriétés de l'image, tapez la bonne URL dans la boîte de saisie Propriétés de l'image dans l'onglet Général puis cliquez sur OK. L'image devrait alors apparaître correctement. Si elle n'est toujours pas visible, c'est que son serveur est indisponible.

Des images toutes prêtes

Où pouvez-vous trouver des images toutes prêtes à venir émailler votre présentation ? Outre celles de la Clip Art Collection fournie avec FrontPage, il existe un grand nombre de "galeries" sur le Web qui vous encouragent à venir vous approvisionner chez elles. Je citerai :

- `http://www.barrysclipart.com` où vous trouverez des images GIF normales et animées

- `http://www.pixelsight.com`

- `http://yahoo.com/Computers_and_Internet/Internet/World_Wide_Web/Page_Design_and_Layout/Icons`.

A partir de la collection de FrontPage

Lorsque vous avez installé FrontPage, vous avez en même temps recopié une brassée d'images sur votre disque dur. L'Editeur vous permet d'accéder à une foule de boutons, balles, bannières, arrière-plans et autres dont vous pouvez vous servir pour décorer vos pages Web.

Vous ne pouvez insérer des images provenant de cette collection que si la page Web sur laquelle vous travaillez a été ouverte initialement à l'intérieur de votre site Web. Lisez l'avertissement en tête de cette section ("Comment ajouter une image à une page Web").

Pour insérer une image provenant de la collection de FrontPage :

1. **Dans l'Editeur, placez le pointeur de votre souris là où vous voulez qu'apparaisse l'image.**

2. **Cliquez sur le bouton Insérer une image (ou cliquez sur l'entrée Image du menu Insertion).** La boîte de dialogue Image s'affiche.

3. **Cliquez sur l'onglet Images clipart pour le rendre visible.** Au bout de quelques instants nécessaires pour lire les images, FrontPage les affiche dans la fenêtre Sommaire.

4. **Sélectionnez une entrée dans la liste déroulante Catégorie qui vous montrera les différents groupes selon lesquels sont classées les images.** (animations, arrière-plans, boutons, icônes, lignes, logos et puces). Lorsque vous aurez fait votre choix, ce groupe sera affiché dans la boîte Sommaire.

5. **Double-cliquez sur l'image qui vous convient.** La boîte de dialogue Image s'efface et l'image apparaît peu après dans votre page.

Lors de la sauvegarde de la page, FrontPage vous offrira d'importer le fichier de l'image que vous avez choisie dans votre site Web. Cliquez sur Oui pour accepter.

Personnalisation des images GIF

Je vous ai déjà signalé que le format GIF vous offrait deux fonctionnalités absentes du JPEG : la transparence et l'entrelacement. Ce sont là deux effets universellement utilisés. Avant FrontPage, il était nécessaire de recourir à un éditeur d'image particulier pour obtenir ces deux effets.

Création d'une image GIF transparente

Le concept de transparence est plus facile à montrer qu'à expliquer. Aussi vais-je commencer par vous montrer la différence entre une image GIF normale et une image GIF transparente. Sur la Figure 7.2, regardez les deux images. Celle de gauche est normale et on voit que son arrière-plan se détache sur l'arrière-plan de la fenêtre. Celle de droite est "transparente" et son arrière-plan se confond avec celui de la fenêtre comme s'il était transparent. Cette seconde image s'harmonise mieux avec le reste de la page.

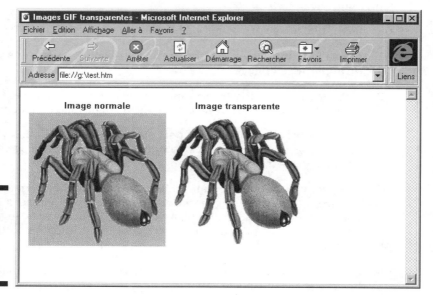

Figure 7.2 :
Image GIF normale et image GIF transparente.

Dans une image transparente, une de ses couleurs a été effacée (la plupart du temps celle du fond), si bien qu'on peut voir à travers. L'Editeur de FrontPage comporte un "effaceur magique" vous permettant de transformer une image ordinaire en image transparente. Il se trouve dans la barre d'outils flottante Image (Figure 7.3). Pour voir celle-ci, sélectionnez Affichage/Barre d'outils images.

Figure 7.3 :
La barre d'outils flottante Image.

Il ne peut y avoir qu'une seule couleur transparente dans une image GIF. Quelle que soit celle que vous choisirez, elle disparaîtra de la palette. A moins que cette couleur ne soit unique, votre image risque de prendre l'aspect d'un morceau de gruyère en faisant apparaître des trous. Pour éviter cet inconvénient, vérifiez que la couleur que vous allez rendre transparente n'est pas utilisée à un endroit quelconque dans l'avant-plan de l'image.

Pour transformer une image GIF ordinaire en image transparente :

1. **Insérez l'image GIF que vous avez choisie dans votre page.** Pour plus de détails, voir la section "Comment ajouter une image à une page Web", au début de ce chapitre.

2. **Cliquez sur l'image.**

3. **Dans la barre d'outils Image, cliquez sur le bouton Rendre transparent.** Dès que le pointeur de la souris se trouve sur l'image, il se change en une petite gomme pourvue d'une flèche.

4. **Placez le pointeur de la souris sur la couleur que vous voulez rendre transparente et cliquez.** La couleur disparaît.

   Si vous voulez modifier la couleur choisie pour qu'elle devienne transparente, cliquez sur le bouton Rendre transparent puis sur une autre couleur. La couleur originale reparaît et la couleur que vous venez de choisir disparaît. Pour transformer une image GIF transparente en image GIF ordinaire, cliquez sur le bouton Rendre transparent puis sur la zone transparente. L'ancienne couleur reparaît.

Si vous essayez cette astuce sur une image JPEG, FrontPage va vous inviter à la convertir au format GIF. (Seules, actuellement, les images GIF peuvent être transparentes.) Réfléchissez-y à deux fois car vous ne pouvez pas avoir autant de couleurs dans une image GIF que dans une image JPEG.

Création d'une image GIF entrelacée

Les surfeurs du Web sont des fanatiques de vitesse, ce qui fait que les auteurs de présentations Web cherchent par tous les moyens à accélérer l'affichage de leurs pages. Les images GIF entrelacées sont un de ces moyens. Vue par un browser, une telle image apparaît graduellement sur l'écran, un peu à la manière d'un store vénitien qu'on fermerait progressivement. Le visiteur a alors l'impression que la page se charge plus vite car il peut déjà deviner ce que sera l'image définitive alors même qu'elle est encore en train de se charger. Ce n'est qu'un artifice psychologique car ce type d'image met exactement le même temps à se charger qu'une image ordinaire.

Pour transformer une image GIF ordinaire en image entrelacée :

1. **Cliquez du bouton droit sur l'image et choisissez Propriétés de l'image dans le menu qui surgit.** Vous pouvez aussi cliquer sur l'image puis sélectionner Edition/Propriétés de l'image ou taper <Alt>+<Entrée>.

2. **Dans la zone Type de l'onglet Général, cliquez dans la case à cocher Entrelacé.**

3. **Cliquez sur OK pour refermer la boîte de dialogue.**

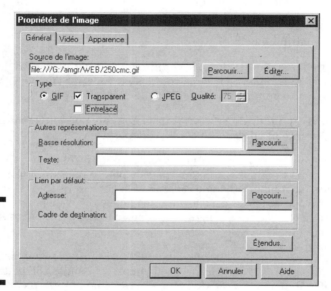

Figure 7.4 :
La boîte de
dialogue
Propriétés
de l'image.

L'image ne semble pas avoir été modifiée mais, cependant, c'est devenu une image GIF entrelacée. Pour voir cet effet en action, effectuez une prévisualisation en cliquant sur le bouton Aperçu dans l'explorateur Internet (pour plus de détails sur cette fonction, voir le Chapitre 3).

Conversion d'images GIF et JPEG

Il peut arriver qu'on veuille passer outre les conversions par défaut de FrontPage et convertir en GIF une image au format JPEG ou vice versa, ne serait-ce que pour bénéficier des propriétés de transparence ou d'entrelacement des images GIF.

Comme on est limité à 256 couleurs avec le format GIF alors que JPEG permet d'en représenter beaucoup plus, une conversion de JPEG en GIF risque d'altérer les coloris d'une image. La conversion peut aussi modifier la taille du fichier d'image.

Pour convertir une image du format JPEG au format GIF :

1. **Cliquez du bouton droit de la souris sur l'image à transformer puis sur l'entrée Propriétés de l'image dans le menu qui surgit.** Ou appuyez tout simplement sur <Alt>+<Entrée>. La boîte de dialogue Propriétés de l'image s'affiche. L'onglet Général est visible. Dans la zone Type le bouton radio JPEG est sélectionné.

2. **Cliquez sur le bouton radio GIF.**

3. **Cliquez sur OK.**

Lorsque vous allez sauvegarder votre page, FrontPage vous demandera si vous voulez aussi sauvegarder la ou les images importées au moyen de la boîte de dialogue Enregistrer l'image dans le site Web FrontPage. Vous pouvez faire du coup par coup en cliquant sur Oui ou accepter en une seule fois pour toutes les images en cliquant sur Oui pour tous (Figure 7.5).

Figure 7.5 : Boîte de dialogue d'enregistrement des images importées et/ou modifiées.

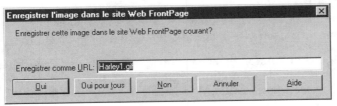

Pour convertir une image du format GIF au format JPEG :

1. **Cliquez du bouton droit de la souris sur l'image à transformer puis sur l'entrée Propriétés de l'image dans le menu qui surgit.** Ou appuyez tout simplement sur <Alt>+<Entrée>. La boîte de dialogue Propriétés de l'image s'affiche. L'onglet Général est visible. Dans la zone Type, le bouton radio GIF est sélectionné.

2. **Cliquez sur le bouton radio JPEG.** Ici, la procédure est un peu différente car le format JPEG effectue une compression avec perte de qualité. La fenêtre Qualité affiche par défaut 75 dans une échelle de qualité allant de 1 (très mauvaise) à 100 (la meilleure). Plus la qualité est faible et plus l'encombrement de l'image est petit. A vous de choisir car on ne peut pas avoir le beurre et l'argent du beurre. La valeur par défaut convient généralement, à moins que vous ne vouliez réduire le plus possible la taille du fichier image au détriment de la qualité de celle-ci.

3. **Modifiez éventuellement la valeur de la qualité.**

4. **Cliquez sur OK.**

Lorsque vous allez sauvegarder votre page, FrontPage vous demandera si vous voulez aussi sauvegarder la ou les images importées au moyen de la boîte de dialogue Enregistrer l'image dans le site Web FrontPage. Vous pouvez faire du coup par coup en cliquant sur Oui ou accepter en une seule fois pour toutes les images en cliquant sur Oui pour tous.

Si votre image GIF était transparente, vous allez lui faire perdre cette qualité.

Modification de l'apparence d'une image

Une fois votre image confortablement installée dans votre page, vous pouvez contrôler son alignement avec le texte et l'espace vierge qui l'entourent ainsi que ses dimensions. Vous pouvez aussi la garnir d'une bordure ou lancer votre éditeur d'images favori pour l'éditer.

Alignement d'une image avec le texte qui l'entoure

Voici comment aligner une image avec le texte qui l'environne :

1. **Cliquez du bouton droit sur l'image et choisissez Propriétés de l'image dans le menu qui surgit.** Vous pouvez aussi cliquer sur l'image puis sélectionner Edition/Propriétés de l'image ou taper <Alt>+<Entrée>.

2. **Cliquez sur l'onglet Apparence pour le rendre visible.**

3. **Dans la zone Disposition, choisissez une option d'alignement dans la boîte à liste déroulante Alignement.** Voici les choix qui vous sont proposés :

   Bas : le bas de l'image sera aligné avec le texte.

   Milieu : le milieu de l'image (dans le sens vertical) sera aligné avec le texte.

   Haut : le haut de l'image sera aligné avec le texte.

   Bas absolu : l'image sera alignée avec le bas de la ligne en cours.

   Milieu absolu : l'image sera alignée avec le milieu de la ligne en cours.

En haut du texte : le haut de l'image sera aligné avec le haut du plus grand texte de la ligne.

Ligne de base : l'image sera alignée avec la ligne de base de la ligne en cours.

Gauche : l'image sera appuyée sur la marge de gauche et le texte qui suit l'image sera ajusté sous le côté droit de l'image.

Droite : l'image sera appuyée sur la marge de droite et le texte qui précède l'image sera ajusté sous le côté gauche de l'image.

4. **Cliquez sur OK.**

Beaucoup de concepteurs de pages Web préfèrent contrôler avec précision l'emplacement d'une image au moyen d'une structure de tableau invisible. Nous en parlerons au Chapitre 9.

Contrôle de l'habillement des images par du texte

Si vous employez l'une des options Droite ou Gauche d'alignement d'image que nous venons de voir, le texte placé à côté vient *l'habiller* (Figure 7.6).

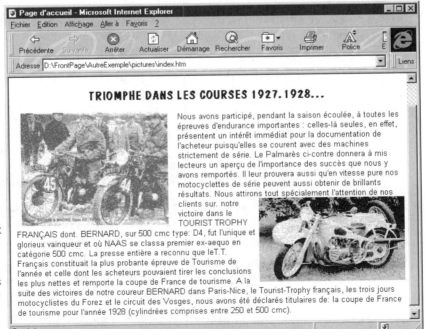

Figure 7.6 :
Les options d'alignement Droite et Gauche permettent d'habiller les images avec le texte voisin.

Il est possible de contrôler la quantité de texte qui habille l'image en insérant un saut de ligne à l'endroit où on veut arrêter l'habillage par le texte. Cette rupture de ligne crée une ligne vierge et déplace tout le texte qui suit au-dessous de l'image, au contraire de ce qu'on obtiendrait avec un nouveau paragraphe (obtenu par un appui sur la touche <Entrée>).

Voici comment on insère un saut de ligne :

1. **Placez le pointeur de la souris à l'endroit où vous voulez insérer la rupture de ligne.**

2. **Cliquez sur Insertion/Saut.** La boîte de dialogue Propriétés du saut s'affiche.

3. **Cliquez sur le bouton radio placé devant le type de saut que vous voulez insérer.** Le type de saut que vous choisissez dépend de la façon dont l'image est alignée :

   Saut de ligne normal : si une image se trouve sur la marge gauche ou droite, celle-ci n'est pas effacée.

   Effacer la marge gauche : si une image se trouve sur la marge gauche, la ligne suivante est déplacée vers le bas jusqu'à ce que la marge gauche soit effacée.

   Effacer la marge droite : si une image se trouve sur la marge droite, la ligne suivante est déplacée vers le bas jusqu'à ce que la marge droite soit effacée.

   Effacer les marges : si une image se trouve sur l'une des marges ou sur les deux marges, la ligne suivante est déplacée vers le bas jusqu'à ce que les deux marges soient effacées.

4. **Cliquez sur OK.**

Contrôle de l'espace entourant l'image

Vous pouvez contrôler l'aération de l'image par rapport au texte en jouant sur l'espace vierge qui l'entoure. Pour cela, le pointeur de la souris se trouvant sur l'image :

1. **Cliquez du bouton droit de la souris puis sur l'entrée Propriétés de l'image dans le menu qui surgit ou, plus simplement, tapez <Alt>+<Entrée>.** La boîte de dialogue propriétés de l'image s'affiche.

2. **Cliquez sur l'onglet Apparence pour le rendre visible.**

3. **Dans la zone Disposition, vous voyez deux boîtes : Espacement horizontal et Espacement vertical.** Modifiez les valeurs qui s'y trouvent.

4. **Cliquez sur OK.**

Bordures de l'image

Entourer une image par une bordure n'est réellement utile que si l'image doit servir d'appel de lien. Vous pouvez placer une bordure noire autour de n'importe quelle image, mais, à moins que vous ne vouliez annoncer un triste événement, ça risque de ne pas être tellement apprécié par vos visiteurs.

La bordure d'un appel de lien est de la même couleur que le texte d'appel de lien de la même page, ce qui aide à la navigation dans la page. Il ne faut cependant pas que cette couleur interfère avec l'arrière-plan de l'image.

Voici comment vous pouvez entourer une image avec une bordure :

1. **Cliquez du bouton droit de la souris puis sur l'entrée Propriétés de l'image dans le menu qui surgit ou, plus simplement, tapez <Alt>+<Entrée>.** La boîte de dialogue Propriétés de l'image s'affiche.

2. **Cliquez sur l'onglet Apparence pour le rendre visible.**

3. **Dans la zone Disposition, vous voyez une boîte marquée Epaisseur de la bordure.** Initialement, cette boîte contient 0 mais vous pouvez l'ajuster à la valeur qui vous convient. 1 ou 2 pixels semblent en général suffisants.

4. **Cliquez sur OK.**

La meilleure façon d'appliquer une bordure à une image normale (non utilisée comme appel de lien) est de le faire directement sur l'image elle-même à l'aide d'un éditeur d'images. Voir la section "Edition directe d'une image", plus loin dans ce même chapitre.

Modification des dimensions d'une image

Vous pouvez changer les dimensions de l'image affichée en l'agrandissant ou en la rapetissant. L'image qui se trouve sur le disque dur n'en est pas affectée. C'est seulement la façon dont le browser va l'afficher qui est concernée. Il n'en résultera donc aucune modification du temps de chargement.

Il y a deux précautions à observer lorsqu'on modifie les dimensions d'une image :

- Ne pas trop l'agrandir, sous peine de faire apparaître un effet d'escalier.

- Modifier les deux dimensions dans la même proportion si on veut éviter une déformation de l'image par effet d'anamorphose.

La Figure 7.7 montre ce qu'on risque d'obtenir lorsqu'on n'observe pas ces deux recommandations.

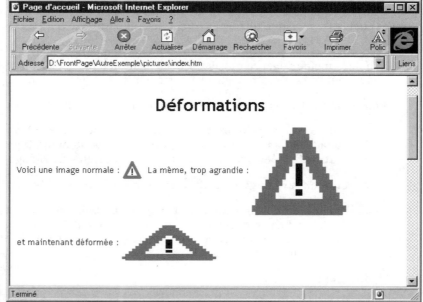

Figure 7.7 : Il faut procéder avec soin lorsqu'on modifie les dimensions d'une image.

Pour modifier les dimensions d'une image, procédez ainsi :

1. **Cliquez du bouton droit de la souris puis sur l'entrée Propriétés de l'image dans le menu qui surgit ou, plus simplement, tapez <Alt>+<Entrée>.** La boîte de dialogue propriétés de l'image s'affiche.

2. **Cliquez sur l'onglet Apparence pour le rendre visible.**

3. **Dans la zone Taille, cliquez dans la case à cocher Spécifier la taille et ajustez les dimensions à votre convenance**. Vous pouvez indiquer un nombre de pixels ou un pourcentage de la taille de la fenêtre du browser (et non pas, comme le croient trop d'auteurs Web mal informés, de la dimension de l'image originale).

4. **Cliquez sur OK.**

Pour modifier rapidement les dimensions d'une image, cliquez dessus et agissez directement avec le pointeur de la souris sur les poignées qui s'affichent aux quatre coins. De cette façon, vous êtes sûr de conserver les proportions originales de l'image.

L'écarteur GIF invisible

C'est certainement l'astuce la plus populaire de tout le Web. Lorsque vous voulez contrôler avec précision la position d'un objet dans une page Web, intercalez une image invisible au bon endroit.

Partez d'une image de petite taille (un seul pixel, éventuellement), de teinte uniforme, et rendez sa teinte transparente. En agissant ensuite avec l'un des outils de contrôle que nous venons de voir, donnez à cette image les dimensions qui vous conviennent selon la direction (horizontale ou verticale) dans laquelle vous voulez créer de l'espace. Il ne vous reste plus qu'à insérer l'image au bon endroit.

Edition directe d'une image

Si vous voulez apporter quelques retouches à une image, vous pouvez lancer directement l'éditeur d'images Image Composer de Microsoft depuis l'explorateur de FrontPage. Pour cela, cliquez sur le bouton Afficher l'éditeur d'images, troisième de la barre d'outils **en partant de la droite**. Vous pouvez aussi cliquer sur Outils/Afficher l'éditeur d'images.

Contrairement à l'explorateur et à l'éditeur (normal), Image Composer n'a pas été francisé. Vous vous trouverez donc devant des menus, des noms de boîtes de dialogue et une aide en ligne entièrement en anglais. Bon courage !

Si vous êtes déjà habitué à un éditeur d'images et que vous ne souhaitiez pas apprendre à vous servir d'un autre, modifiez les associations entre les extensions de noms de fichiers et les éditeurs de la façon que j'ai indiquée au Chapitre 2 (section "Ouverture des fichiers").

Donnez plusieurs noms à vos images

Sur les autoroutes de l'information, les images occupent la meilleure place et ce sont elles qui agrémentent le parcours du surfeur. Le concepteur de pages Web consciencieux et organisé doit réaliser un juste équilibre entre le nombre d'images, leurs dimensions, le choix de leurs couleurs et leur encombrement (donc leur temps de chargement). Comme je sais que vous êtes consciencieux, je suis sûre que vous vous êtes déjà préoccupé de ces problèmes. Néanmoins, je ne crois pas inutile de vous prodiguer quelques conseils que j'estime utiles.

Utilisation d'une version d'image à basse résolution

Il arrive que vous ne puissiez pas éviter d'utiliser une image de grandes dimensions dans votre page (si vous affichez une carte météo, par exemple). Pour diminuer la frustration du visiteur attendant que l'image se charge, vous pouvez charger tout d'abord une image identique mais à plus faible résolution qui sera chargée beaucoup plus vite. De cette façon, le visiteur aura quelque chose à regarder, même si ça n'est pas très beau et la véritable image aura le temps de se charger en arrière-plan, venant remplacer graduellement l'image de secours. A la différence des images GIF entrelacées, les images à basse résolution donnent un avant-goût de l'image.

Tous vos visiteurs ne pourront malheureusement pas profiter de cette astuce car il existe des browsers incapables d'afficher une image en basse résolution.

Une image à basse résolution est généralement constituée d'une version en noir et blanc de la véritable image. Pour cela, ouvrez votre image en couleur dans un éditeur d'images et convertissez-la en une image en gamme de gris (*grayscale*) que vous sauvegarderez sous un nom approprié, différent de l'image originale[7].

Voici comment spécifier une image à basse résolution :

1. **Commencez par créer une image à basse résolution avec un éditeur d'images et importez le résultat dans votre site Web.**

2. **Ouvrez la page contenant l'image principale dans l'éditeur de FrontPage.**

3. **Cliquez du bouton droit de la souris sur l'image puis sur l'entrée Propriétés de l'image dans le menu qui surgit ou, plus simplement, tapez <Alt>+<Entrée>.** La boîte de dialogue propriétés de l'image s'affiche.

4. **Dans la zone Autres représentations de l'onglet Général, indiquez le nom et le chemin d'accès de votre image à basse résolution dans la boîte de saisie Basse résolution.** Vous pouvez utiliser le bouton Parcourir pour vous faciliter la tâche.

5. **Cliquez sur OK.**

---

7. Expérience faite avec une image JPEG de 554x356 pixels qui, en 256 couleurs, occupait 63 534 octets. On a obtenu une image JPEG en gamme de gris occupant 58 069 octets, soit 91 % de la taille originale. Comme il faudra charger deux images successivement, on aura presque doublé le temps de chargement de l'image originale. Le jeu en vaut-il réellement la chandelle (N.d.T.) ?

Bien qu'aucune modification ne soit visible sur votre écran, FrontPage a ajouté un attribut HTML dans votre document. Pour voir son action, faites une prévisualisation de votre image en cliquant sur le bouton Aperçu dans l'explorateur Internet (le cinquième de la barre d'outils à partir de la gauche).

Utilisation d'un texte de remplacement

Un certain nombre de surfeurs, anxieux de gagner la moindre seconde, désactivent l'affichage des images sur leur browser. Au lieu d'un menu graphique explicite et d'une présentation bien équilibrée comme celle que montre la Figure 7.8, ils vont obtenir un écran dépourvu de signification comme celui qu'on voit sur la Figure 7.9.

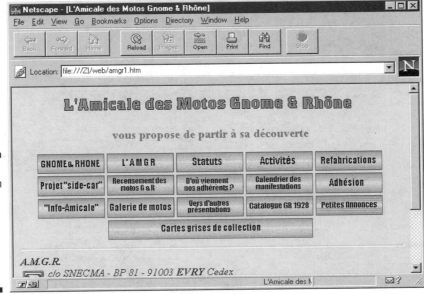

Figure 7.8 : Présentation normale d'une page d'accueil avec des appels de lien par images.

Pour éviter ce spectacle de désolation, vous pouvez prévoir un texte de remplacement (*alternate text*) qui sera affiché par le browser lorsqu'il ne reconnaît pas les images (cas de Lynx, browser en mode texte) ou que son utilisateur a désactivé le chargement des images. La Figure 7.10 montre ce qu'on peut réaliser. Le texte doit être choisi pour résumer l'image ; lui donner un titre (un sens) puisque le visiteur ne peut pas la voir.

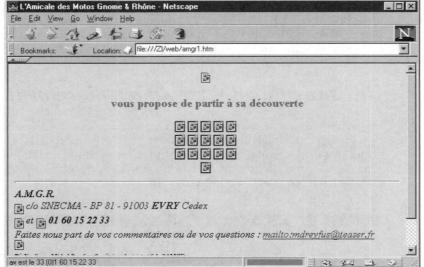

Figure 7.9 : La même présentation lorsque l'affichage des images est désactivé.

Figure 7.10 : La même présentation avec des textes de remplacement.

Cependant j'ai vu des textes de remplacement plus... créatifs qui encouragent les visiteurs (avec divers degrés dans la subtilité) à charger les images du site. J'ai visité une fois un site Web (après avoir désactivé le chargement des images dans mon browser) dans lequel chaque image exhibait le même texte de remplacement : "Si vous ne voyez pas les images de ce site, vous ne pouvez éprouver qu'un demi-enthousiasme." Le stratagème était astucieux mais je ne me suis pas laissée avoir.

Si vous décidez d'employer le même truc pour votre propre site, assurez-vous que vos images méritent le détour, sinon vos utilisateurs se sentiraient dupés, ce qui n'est pas bon signe.

Voici ce qu'il faut faire pour assortir une image d'un texte de remplacement :

1. **Cliquez du bouton droit de la souris puis, normalement, sur l'entrée Propriétés de l'image dans le menu qui surgit ou, plus simplement, tapez <Alt>+<Entrée>.** La boîte de dialogue propriétés de l'image s'affiche.

2. **L'onglet Général doit être visible.** Tapez votre texte de remplacement dans la boîte de saisie Texte dans la zone Autres représentations.

3. **Cliquez sur OK.**

Création d'un papier peint

A l'instar de Windows, vous pouvez créer un décor en toile de fond de votre écran ; un *papier peint* (expression plus "décorative" que arrière-plan !). La façon dont l'image sera traitée par votre browser dépend de ses dimensions. En général on utilise de petites images pour des raisons évidentes de temps de chargement et le browser les répète par effet de mosaïque pour en couvrir tout l'écran.

Pour Internet Explorer, Microsoft a proposé une variante de ce papier peint appelée *watermark* (filigrane) qui est identique au papier peint à un détail près : au lieu d'accompagner le texte lorsque l'utilisateur agit sur les barres de défilement, ce fond reste fixe.

La collection des clip-arts contient un certain nombre de motifs de papiers peints prêts à être utilisés tels quels dans vos pages Web. Vous pouvez en télécharger d'autres à partir du World Wide Web. En outre, rien ne vous empêche de créer vos propres motifs à l'aide d'un éditeur d'images.

Voici une adresse où vous pourrez trouver une multitude de motifs de papier peint : `http://www.yahoo.com/Computers_and_Internet/Internet/World_Wide_Web/Page_Design_and_Layout/Backgrounds/`.

Si vous décidez d'utiliser un papier peint, choisissez pour motif quelque chose qui s'harmonise avec les images et le texte de la page. Si le motif est trop chargé, le texte risque d'être peu lisible. Comme le chargement du motif augmente le temps de chargement de la page, vous avez toujours intérêt à le choisir de petites dimensions.

Voici comment faire pour créer un motif de papier peint dans votre page :

1. **Une page Web étant ouverte dans l'éditeur, cliquez sur Format/ Arrière-plan.** La boîte de dialogue des Propriétés de l'image s'affiche avec l'onglet Arrière-plan au premier plan.

2. **Dans la boîte de saisie sans titre, placée immédiatement au-dessous de la coche Image d'arrière-plan, tapez le nom du fichier contenant le motif à utiliser.** Plus commodément, vous pouvez utiliser le bouton Parcourir.

   Si vous voulez utiliser un des motifs de la collection de clip-arts de FrontPage, cliquez ensuite sur l'onglet Autre site de la nouvelle boîte de dialogue qui s'affiche puis sur le bouton Parcourir. Dans le répertoire FrontPage, double-cliquez sur `clipart` puis sur `Arrière-plans` et faites votre choix parmi les 18 fichiers GIF proposés.

3. **Si vous voulez un filigrane au lieu d'un papier peint, cliquez sur la case à cocher en face de Statique.**

4. **Cliquez sur OK.**

Vous pouvez aussi choisir un fond de couleur unie qui n'implique pas le chargement d'une image. Ce type d'arrière-plan est plus facile à marier avec le texte. Pour cela, après avoir cliqué sur Format/Arrière-plan pour afficher l'onglet de la boîte de dialogue Propriétés de l'arrière-plan, choisissez la couleur qui vous convient dans la boîte à liste déroulante Arrière-plan.

Suppression d'une image

Pour effacer une image, il suffit de la sélectionner en cliquant dessus puis d'appuyer sur <Supp> ou <Esp Arr>.

Décalages entre browsers

Il est vain d'espérer obtenir la même présentation d'une page Web sophistiquée avec tous les browsers, même avec les deux ténors Internet Explorer et Netscape Navigator. En effet, chacun introduit de petits décalages entre les bordures de sa fenêtre et la zone où il affiche la page Web.

Présentement, Internet Explorer est le seul browser vous permettant de jouer sur ces petits intervalles puisque Microsoft a créé des extensions HTML pour les prendre en charge. Mais, comme il est le seul, ça ne change pas grand-chose au problème.

Chapitre 8
Création d'une image réactive

Les images réactives (*image maps*) sont le rêve des concepteurs de présentations Web. Elles ressemblent à des images ordinaires mais lorsque le visiteur clique sur telle ou telle zone de l'image, il se trouve transporté vers une autre page Web qui dépend de l'endroit de l'image où il a cliqué. Dans ce chapitre, je vais vous montrer combien il est simple de transformer une image ordinaire en image réactive.

Dans l'aide en ligne de FrontPage et la maigre notice qui l'accompagne, Microsoft a choisi de traduire *image map* par *carte graphique*, terme déjà largement utilisé pour désigner les contrôleurs vidéo qui pilotent les moniteurs de visualisation. Pour éviter la confusion qui pourrait en résulter, nous resterons fidèle à *image réactive*, terme largement employé en France depuis un certain temps (N.d.T.).

Qu'est-ce qu'une image réactive ?

Une image réactive est une image ordinaire qui a été découpée de façon invisible mais significative en plusieurs zones qui constituent autant d'appels de lien hypertexte. La Figure 8.1 donne un exemple d'image réactive.

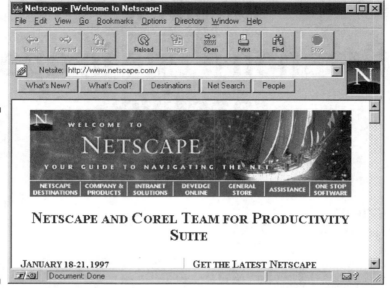

Figure 8.1 :
La page
d'accueil de
Netscape
contient une
image
réactive (les
sept
rectangles
au-dessous
de l'image
principale).

Les zones ainsi découpées sont appelées des *hot spots* (littéralement : points chauds, mais nous préférons l'expression *zones sensibles* qui rend mieux l'idée de surface) et elles agissent exactement comme un appel de lien réalisé par un conteneur `<A HREF="...">`.

Dans l'Editeur de FrontPage, vous trouverez un bon outil d'édition qui vous facilite grandement la réalisation de vos images réactives au moyen d'outils de dessin simples que nous étudierons plus loin dans ce chapitre, à la section " Dessin des zones sensibles".

Si vous utilisez une image réactive dans votre site Web, songez à la doubler avec une liste d'appels de lien classique par pitié pour les surfeurs qui utilisent d'antiques browsers incapables de traduire des images réactives ou qui ont désactivé le chargement des images.

Choix d'un style d'image réactive

Avant de commencer à découper votre image en zones sensibles, vous devez indiquer à FrontPage quelle sorte d'images réactives vous allez créer. Il en existe en effet plusieurs, qui dépendent du serveur utilisé par la machine qui héberge votre présentation Web. Chacune d'elles contient un mini-programme (un *map program*) qui a la responsabilité d'activer ces images réactives. Chaque fois qu'un visiteur clique sur une image, le programme se réveille, examine les coordonnées du clic transmises par le browser, va chercher le fichier d'image correspondant à l'image réactive, stocké sur son disque dur, établit la correspondance nécessaire et en déduit le document à charger, ce qu'il fait. Ouf !

Si votre présentation Web est hébergée sur un serveur sur lequel sont installées les extensions FrontPage, vous avez de la chance (voir le Chapitre 18 pour ce qui concerne les questions de serveur). FrontPage est alors en terrain connu et sait quel style d'images réactives il doit utiliser.

Si ce n'est pas votre cas, vous devez commencer par prendre langue avec l'assistance technique du serveur hébergeant votre présentation Web pour savoir quel type de programme y est utilisé : CERN, NCSA ou Netscape.

Vous devrez aussi demander le *chemin d'accès* au gestionnaire d'images réactives dans le système de fichiers interne du serveur afin que le programme nécessaire puisse être correctement appelé lorsque l'utilisateur cliquera sur l'image réactive.

Vous avez également la possibilité de créer des images réactives dites *client-side*, c'est-à-dire ne faisant pas appel aux bons offices du serveur, le browser prenant en charge l'ensemble du traitement nécessaire. Toute cette cuisine n'intéresse absolument pas vos visiteurs et la dernière technique que nous venons d'évoquer a l'avantage de diminuer la charge du serveur.

Mais… (hélas, quand quelque chose s'annonce bien, il y a toujours un "mais..." !).

Mais les images réactives côté client sont une nouveauté dans le royaume du Web et les plus vieux parmi les browsers ne sont pas capables de les interpréter. Par bonheur, FrontPage vous offre le meilleur des deux mondes. Vous pouvez construire une image réactive qui offrira en même temps les deux possibilités, si bien qu'aucun visiteur ne devrait se sentir lésé.

Voici la marche à suivre pour définir un style d'image réactive :

1. **Ouvrez votre site Web dans l'explorateur FrontPage.**

2. **Cliquez sur Outils/Paramètres du site Web.** La boîte de dialogue Paramètres du site Web FrontPage s'affiche.

3. **Cliquez sur l'onglet Options avancées pour le rendre visible.**

4. **Dans la boîte à liste déroulante Style, choisissez le style d'images réactives propre à votre serveur Web.** Vous avez le choix entre FrontPage, CERN, NCSA et Netscape. Le premier exige que soient installées les extensions serveur de FrontPage. CERN et NCSA s'appliquent principalement aux serveurs UNIX. Quant au dernier (Netscape), il concerne les images réactives dites "côté client" et qui ne demandent pas d'intervention du serveur.

   Si j'étais vous, je ne choisirais pas cette option car, ce faisant, vous risquez de vous couper des visiteurs utilisant d'anciens browsers

5. **Si le style que vous avez choisi N'EST PAS FrontPage, indiquez le chemin d'accès du programme d'interprétation de votre serveur Web externe dans la boîte de saisie Préfixe.** FrontPage remplira automatiquement la partie commune pour chaque type de style d'image. Vérifiez soigneusement le chemin d'accès avec l'administrateur de votre serveur Web car chaque type de serveur a ses propres paramètres.

6. **Cliquez sur la case à cocher placée à côté de Générer les cartes graphiques client si vous voulez que FrontPage génère aussi les descriptifs de zone (fichiers de coordonnées) côté client.** Pourquoi pas ? même si cela ne sert à rien pour certains visiteurs, d'autres l'apprécieront peut-être.

7. **Cliquez sur OK pour refermer la boîte de dialogue.** Une fois refermée, un message apparaît vous signalant que FrontPage doit recalculer certains paramètres du serveur Web pour que ces modifications prennent effet (Figure 8.2).

8. **Cliquez sur Oui pour accepter.**

Figure 8.2 :
Message
d'avertisse-
ment de
FrontPage
lorsque vous
modifiez les
paramètres
du serveur
Web.

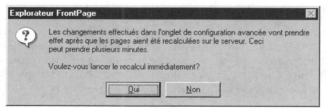

Si vous créez une image réactive côté serveur sans faire appel à FrontPage, celui-ci va créer un fichier séparé - le fichier de cartographie (*map file*) - et le placer dans un dossier de votre site Web appelé _VTI_MAP. On appelle ainsi un fichier texte qui contient la liste des coordonnées des zones sensibles accompagnées des URL associées. Lorsque vous installerez votre présentation sur le serveur, vous devrez aussi recopier ce fichier. Pour tous détails, reportez-vous au Chapitre 18.

FrontPage renferme un bug de première grandeur qui se manifeste lorsque vous utilisez le programme qui sert à créer des fichiers de cartographie "non FrontPage". Si votre gestionnaire d'images réactives côté serveur est de style NCSA, CERN ou Netscape et que votre fournisseur d'accès héberge plusieurs présentations Web pour différents clients (ce qui est le cas le plus général), FrontPage n'est pas capable de définir correctement le fichier de cartographie.

Vous devrez alors faire quelques ajustements fastidieux à la main. La base de connaissances de Microsoft (*Microsoft Knowledge Base*) explique en détail ce qu'il convient de faire. Pour cela, pointez votre browser sur l'URL `http://www.microsoft.com/kb` et recherchez l'article portant le numéro Q154598. Lisez-le et suivez ses directives.

Comment choisir une *bonne image réactive*

Toutes les images ne conviennent pas aussi bien pour servir de base à la réalisation d'une image réactive. Comme les zones sensibles sont invisibles, l'image que vous allez choisir ne doit pas laisser place au doute quant à l'emplacement où le visiteur doit cliquer. Ou alors, vous serez obligé de la consteller de boutons pourvus d'un texte du genre "Cliquez ici pour ...".

Une fois que vous aurez trouvé une image qui vous convient, placez-vous dans l'Editeur, ouvrez la page dans laquelle vous voulez qu'apparaisse l'image réactive, puis insérez-la. (Revoyez, si nécessaire, le Chapitre 7 pour savoir comment insérer une image.)

Création de zones sensibles

Nous voici maintenant à ce qu'il y a de plus amusant, la création des zones sensibles.

Dessin des zones sensibles

Pour dessiner les zones sensibles, vous allez utiliser les outils de dessin qui se trouvent dans la barre d'outils Image de l'Editeur de FrontPage. Ils vous permettront de tracer des rectangles, des cercles et des polygones délimitant les zones de l'image que vous voulez rendre sensibles. Ces zones ne seront visibles que si vous avez sélectionné le fichier de cartographie dans l'Editeur. Avec un browser, vous ne les verrez pas.

Voici la marche à suivre pour dessiner les zones sensibles :

1. **Insérez l'image à traiter dans la page comme vous l'avez appris au Chapitre 7.**

2. **Cliquez sur l'image.** La barre d'outils Image s'affiche.

3. **Sélectionnez le type d'outil correspondant à la forme de zone sensible que vous voulez dessiner.** Si vous n'êtes pas sûr du choix à faire, prenez celui qui vous semble le mieux adapté à la forme de la zone d'image. Vous pourrez toujours y apporter des modifications ultérieures, supprimer la zone et recommencer.

4. **Déplacez le pointeur sur l'image.** Son aspect se transforme en un petit crayon.

5. **Cliquez sur la zone sensible et faites glisser le pointeur jusqu'à entourer totalement la zone.** Si vous avez choisi un rectangle, cliquez sur un des coins et faites glisser le pointeur vers la diagonale opposée jusqu'à couvrir toute la zone. Si vous avez choisi un cercle, cliquez au centre et éloignez le pointeur vers la périphérie, le cercle ira en s'agrandissant. Si vous avez choisi le polygone, vous allez faire comme si vous étiriez un élastique entre des points fixes : cliquez sur le premier point, relâchez le bouton de la souris, faites glisser le pointeur, tirez la ligne ainsi tracée vers le second point et ainsi de suite : cliquez, tirez, cliquez, tirez... jusqu'à être revenu à votre point de départ, c'est-à-dire avoir enfermé votre zone dans le polygone. Lorsque vous en serez là, double-cliquez et FrontPage fermera la zone sensible pour vous.

   Les zones sensibles peuvent se recouvrir. Dans ce cas, c'est la plus récente qui aura la priorité quand l'utilisateur cliquera sur la zone double.

   Lorsque vous aurez dessiné la zone sensible, sa bordure sera affichée et la boîte de dialogue de création de lien hypertexte apparaîtra. C'est le moment de définir le lien attaché à cette zone.

6. **Créez alors le lien comme vous avez appris à le faire au Chapitre 6.**

7. **Continuez à définir toutes les zones sensibles utiles dans votre image.** Les zones d'image qui ne sont pas couvertes par une zone sensible restent inactives sauf si vous avez prévu un lien "par défaut" (nous allons y venir dans la section "Définition du lien hypertexte par défaut").

8. **Lorsque tout est fini, cliquez n'importe où en dehors de l'image pour cacher les bordures des zones sensibles.**

Si plus tard vous voulez modifier les liens, vous cliquerez dans l'image pour rendre à nouveau visibles les zones sensibles et double-cliquerez sur la zone choisie pour ouvrir la boîte de dialogue Modifier un lien. Vous pourrez alors effectuer tous les changements que vous désirez.

Déplacement d'une zone sensible

Si vous vous apercevez qu'une zone sensible n'est pas correctement placée, déplacez-la de la façon suivante :

1. **Cliquez sur l'image de façon à voir les zones sensibles.**

2. **Cliquez sur la zone sensible que vous voulez déplacer.** Vous voyez alors s'afficher des poignées sous la forme de petits carrés sur la bordure.

3. **Faites glisser la zone sensible vers sa nouvelle position.**

Modification des dimensions d'une zone sensible

Les zones sensibles sont aussi malléables que de la pâte à modeler. Pour les déformer, voici comment vous devez opérer :

1. **Cliquez sur l'image de façon à voir les zones sensibles.**

2. **Cliquez sur la zone sensible dont vous voulez modifier les dimensions.** Vous voyez alors s'afficher des poignées sous la forme de petits carrés sur la bordure.

3. **En agrippant telle ou telle poignée, déformez la zone sensible jusqu'à ce qu'elle ait l'aspect voulu.**

Ces poignées agissent différemment selon la forme de la zone sensible. Leur utilisation ne relève pas d'une science exacte. Cliquez, tirez, faites glisser, jusqu'à ce que le résultat final vous satisfasse. Si vous ne parvenez pas à donner à votre zone sensible la forme que vous souhaitez, supprimez-la et recréez-la.

Suppression d'une zone sensible

Parfois, mieux vaut prendre le taureau par les cornes et, plutôt que de s'escrimer à modeler une zone aux contours compliqués, la supprimer et la redessiner. Pour supprimer une zone sensible, il faut :

1. **Cliquer sur l'image de façon à voir les zones sensibles.**

2. **Cliquer sur la zone sensible que vous voulez supprimer.**

3. **Taper sur la touche <Esp. Arr.> ou sur la touche <Supp.>.**

Définition du lien hypertexte par défaut

Il est prudent de prévoir un lien hypertexte par défaut au cas où vos visiteurs cliqueraient en dehors d'une véritable zone sensible. Vous pourriez alors, par exemple, afficher un message d'erreur.

Pour créer un lien hypertexte par défaut, voici la marche à suivre :

1. **Cliquez du bouton droit sur l'image et choisissez Propriétés de l'image dans le menu qui surgit.** Vous pouvez aussi cliquer sur l'image puis sélectionner Edition/Propriétés de l'image ou taper <Alt>+<Entrée>.

2. **Dans la boîte de saisie Adresse de la zone Lien par défaut de l'onglet Général, tapez l'URL du lien par défaut.** Vous pouvez éventuellement vous aider du bouton Parcourir.

3. **Cliquez sur OK pour refermer la boîte de dialogue.**

Pour tester le résultat de votre création, cliquez sur une des zones sensibles et ensuite sur Outil/Suivre le lien. La page de destination va s'ouvrir dans l'Editeur.

Chapitre 9

Pas besoin de peintre pour faire un tableau

L aissez tomber les pinceaux ! Car une fois que vous aurez fini ce chapitre, vous serez capable de faire un tableau. J'ai bien dit "de faire" ; pas "de peindre". En effet, dans ce chapitre, ce n'est pas à la peinture que je vais vous initier mais à la réalisation d'un tableau au sens informatique du terme.

A quoi peut bien servir un tableau ?

Quel que soit leur sens de l'organisation, ceux qui publient sur le Web *adorent* les tableaux !

Les informaticiens méticuleux, soigneux et bien organisés construisent des tableaux semblables à des feuilles de calcul, où les valeurs sont bien rangées en lignes et en colonnes comme celui que montre la Figure 9.1.

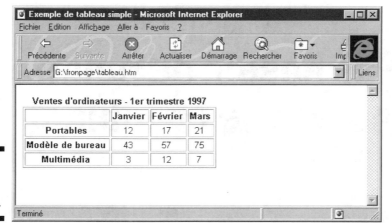

Figure 9.1 :
Un triste
tableau
traditionnel.

Ceux dont l'imagination a pris le pouvoir se servent de tableaux pour la mise en page de leurs pages Web. De tableaux sans bordures qui créent un invisible partage de la surface de la page, ménageant ainsi des emplacements dans lesquels ils peuvent mettre ce qu'ils veulent, le plus souvent du texte et des images. Et ça donne ce que montre la Figure 9.2, qui est tout à fait comparable à ce qu'on obtiendrait avec un véritable programme de PAO. On peut ainsi disposer les éléments d'une page avec précision là où on veut.

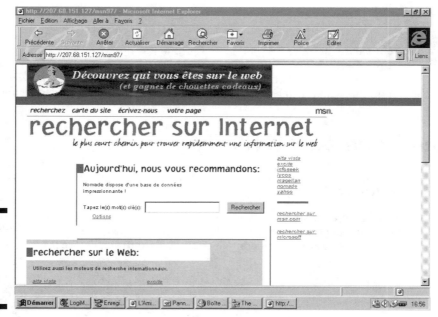

Figure 9.2 :
Le site de
recherche
de MSN
adapté à la
France.

La syntaxe HTML des tableaux est assez lourde, ce qui ne manque pas de paniquer les nouveaux venus au Web et de les faire fuir. Par bonheur, FrontPage supprime toute cause de frayeur tant il facilite leur création. Le seul outil qui reste nécessaire est la souris.

Tous les browsers ne sont pas capables d'afficher des tableaux et il en résulte un méli-mélo de paragraphes illisibles. Il ne faut cependant pas dramatiser. Plus des trois quarts des surfeurs utilisent Netscape Navigator et une bonne moitié du reste se sert de Internet Explorer, deux browsers maîtrisant parfaitement l'affichage des tableaux. Reste une petite minorité pour laquelle vous pouvez toujours recourir - si vos tableaux sont du style de celui de la Figure 9.1 - au conteneur `<PRE>`. Et si vous ne voulez pas descendre jusque-là, mettez donc un avertissement en tête de votre page signalant que pour bien en profiter les visiteurs doivent utiliser un browser capable d'afficher les tableaux.

Création d'un tableau vide

Comme la plupart des tâches qu'on peut réaliser avec l'Editeur de FrontPage, la création d'un tableau se fait d'un simple clic sur un bouton. A partir de cette origine humble et modeste, vous pouvez progressivement enrichir votre tableau et l'éditer à votre convenance.

Pour créer un tableau, il faut exécuter les étapes suivantes :

1. **Ouvrir une page avec l'Editeur de FrontPage.**

2. **Placer le pointeur de la souris là où doit apparaître le tableau.**

3. **Cliquez sur le bouton Insérer tableau.** Une grille de boîtes vides qui représentent les cellules apparaît sous le bouton (Figure 9.3).

    Si vous le préférez, vous pouvez aussi définir le tableau en détail en précisant son alignement, la taille des bordures... au moment de la création. Pour cela, cliquez sur Tableau/Insérer tableau. Vous verrez alors s'afficher la boîte de dialogue Insérer tableau, reproduite sur la Figure 9.4.

Figure 9.3 :
Création
graphique
d'un tableau.

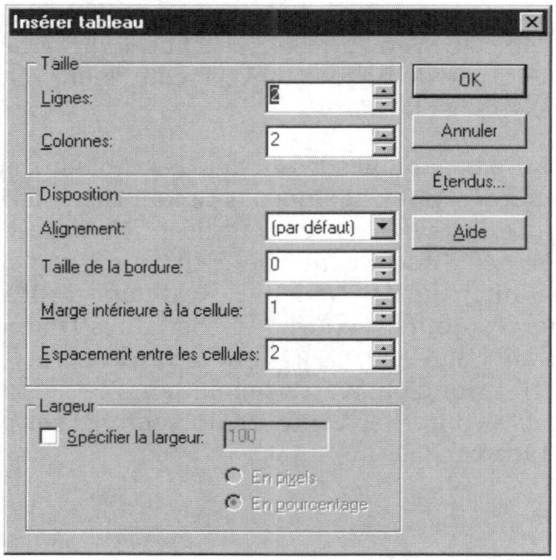

Insérer tableau

Taille
Lignes: 2
Colonnes: 2

Disposition
Alignement: (par défaut)
Taille de la bordure: 0
Marge intérieure à la cellule: 1
Espacement entre les cellules: 2

Largeur
☐ Spécifier la largeur: 100
○ En pixels
● En pourcentage

OK
Annuler
Étendus...
Aide

Figure 9.4 :
Création d'un
tableau à
partir de la
boîte de
dialogue
Insérer
tableau.

Pour ma part, je préfère créer d'abord un tableau brut, y placer mes valeurs et, seulement après, en fignoler la présentation. Nous verrons comment ajuster la mise en page d'un tableau dans la section "Manipulations d'un tableau" plus loin, dans ce même chapitre.

4. **Cliquez et faites glisser le pointeur de la souris sur la grille jusqu'à ce que le nombre de cases corresponde au nombre de lignes et de colonnes que vous souhaitez obtenir comme le montre la Figure 9.3.** Les cases passent progressivement en vidéo inverse et les dimensions du tableau s'affichent au bas de la grille. Si vous faites glisser le pointeur en deçà de la dernière case d'une colonne ou d'une rangée, la grille s'agrandit. Si vous ne savez pas exactement quelles sont les dimensions de votre tableau, essayez néanmoins de vous en approcher au plus près. Vous pourrez toujours procéder plus tard aux ajustements nécessaires.

5. **Relâchez le bouton de la souris.** Un nouveau tableau, vide, s'affiche dans la page.

Les lignes pointillées qui entourent chaque cellule vous indiquent que vous travaillez avec un tableau sans bordure (si vous ne les voyez pas, cliquez sur le bouton Afficher/Cacher (l'avant-dernier de la barre d'outils, celui qui a la forme du symbole Paragraphe) Si maintenant, vous regardez ce tableau avec un browser, vous ne verrez rien du tout puisqu'il ne contient rien et n'a pas de bordure. Nous verrons tout à l'heure comment lui ajouter une bordure.

FrontPage est capable de convertir des tableaux de Word et des feuilles de calcul d'Excel en tableaux HTML. Il suffit de les amener dans FrontPage par un couper/coller à partir de leur logiciel d'origine. (Nous avons vu comment ouvrir des documents qui ne soient pas des pages Web au Chapitre 3.)

Garnissage d'un tableau

Vous pouvez mettre ce que vous voulez dans les cellules d'un tableau : tout ce qui peut trouver place dans une page ordinaire : du texte, des images, des formulaires, des WebBots et même d'autres tableaux. La hauteur et la largeur des cellules se modifient pour s'ajuster à ce qu'elles contiennent.

Le texte placé dans une cellule se replie, continuant depuis la fin d'une ligne vers le début de la suivante. En appuyant sur <Entrée>, vous créez de nouveaux paragraphes dans la cellule. Pour y placer une simple rupture de ligne, maintenez la touche <Maj> enfoncée pendant que vous appuyez sur <Entrée>. Pour passer d'une cellule à une autre, appuyez sur la touche <Tab> jusqu'à ce que vous atteigniez celle que vous visez.

Manipulations d'un tableau

Après avoir placé les informations nécessaires dans les cellules d'un tableau, vous pouvez manipuler leur agencement jusqu'à ce que vous obteniez l'aspect que vous recherchez.

Alignement d'un système dans la page

Vous pouvez aligner un tableau à gauche, au centre ou à droite de la page. Pour cela :

1. **Cliquez du bouton droit de la souris dans le tableau puis dans l'entrée Propriétés du tableau du menu qui surgit.** Vous pouvez aussi cliquer sur Tableau/Propriétés du tableau dans la barre de menus de l'éditeur. La boîte de dialogue Propriétés du tableau s'affiche (Figure 9.5).

2. **Dans la boîte à liste déroulante Alignement, choisissez une option.** Vous avez le choix entre *Gauche* (par défaut), *Centré* et *Droite*. La première correspond à l'option d'alignement par défaut du browser du visiteur.

3. **Cliquez sur le bouton Appliquer et regardez dans la fenêtre de l'éditeur les modifications qui résultent de votre choix.** Si cela vous convient, cliquez sur OK. Si vous n'êtes pas satisfait, choisissez une autre option et recommencez. Vous pouvez aussi cliquer sur Annuler pour revenir à l'éditeur sans rien avoir changé à votre tableau.

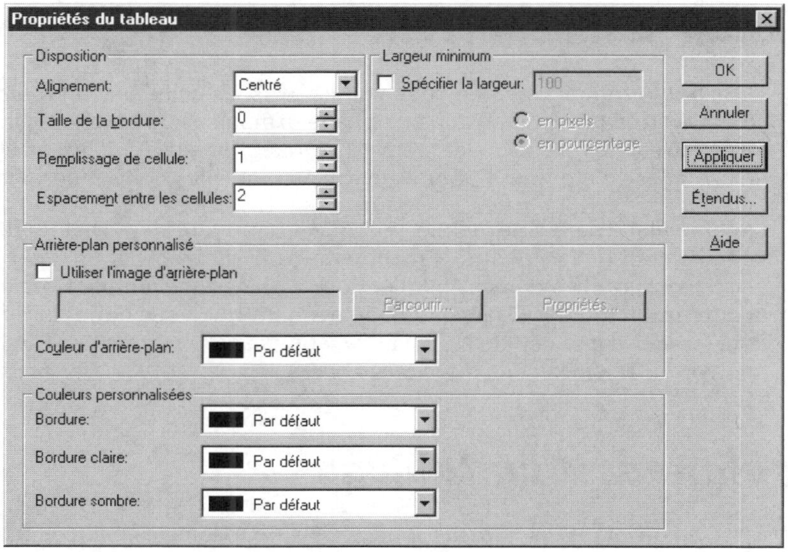

Figure 9.5 :
Boîte de
dialogue des
propriétés
d'un tableau.

Épaisseur de la bordure

Les tableaux naissent sans bordure. Si vous voulez que la séparation des cellules soit visible, vous pouvez augmenter l'épaisseur des bordures (donc les rendre visibles). Votre tableau ressemblera davantage à une feuille de calcul (ou à un jeu de morpions).

Il existe deux types de bordures : celles qui entourent les cellules individuelles et celles qui entourent le tableau lui-même. Les bordures entre cellules auront toujours un pixel de large mais la bordure extérieure (celle du tableau) peut avoir l'épaisseur que vous voulez.

Voici comment ajouter des bordures à votre tableau :

1. **Cliquez du bouton droit de la souris dans le tableau puis, normalement, dans l'entrée Propriétés du tableau du menu qui surgit.** Vous pouvez aussi cliquer sur Tableau/Propriétés du tableau dans la barre de menus de l'éditeur. La boîte de dialogue Propriétés du tableau s'affiche.

2. **Dans la boîte de saisie Taille de la bordure, affichez la valeur de l'épaisseur que vous souhaitez obtenir.**

3. **Cliquez sur OK.**

Quelle que soit la valeur d'épaisseur de bordure que vous choisirez, celle des cellules restera égale à 1.

Les bordures sont affichées de façon différente selon le browser utilisé. Certains les affichent sous forme de lignes continues, d'autres sous forme de lignes en relief, comme ce qu'on voit dans l'éditeur de FrontPage. La Figure 9.6 montre le même tableau affiché par Internet Explorer 3.02 et Netscape Navigator 4.0 bêta. Outre les différences qu'on peut apercevoir sur les bordures, la couleur du fond n'est pas la même : vieux rose avec Internet Explorer, jaune pâle avec Netscape Navigator.

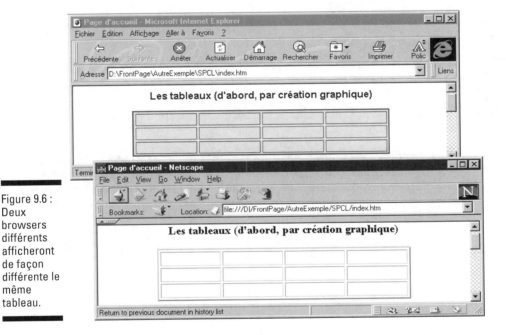

Figure 9.6 : Deux browsers différents afficheront de façon différente le même tableau.

De l'air dans les cellules

Un tableau dans lequel le contenu d'une cellule touche ses bordures n'est pas facile à lire. FrontPage vous permet d'aérer cette présentation en spécifiant la valeur de l'espace que vous voulez placer entre le contenu d'une cellule et ses bordures (affichées ou non). La Figure 9.7 montre que la présentation y gagne en clarté.

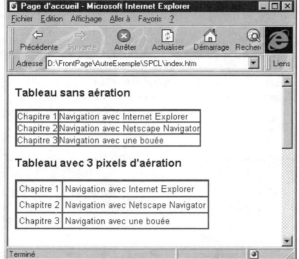

Figure 9.7 :
Un tableau
sans
aération
comparé au
même avec 3
pixels de
blanc entre
contenu des
cellules et
bordure.

1. **Cliquez du bouton droit de la souris dans le tableau puis, normalement, dans l'entrée Propriétés du tableau du menu qui surgit.** Vous pouvez aussi cliquer sur Tableau/Propriétés du tableau dans la barre de menus de l'éditeur. La boîte de dialogue Propriétés du tableau s'affiche.

2. **Dans la boîte de saisie Remplissage de cellule, tapez la largeur de l'espace que vous entendez ménager entre le contenu de la cellule et ses bordures.**

3. **Cliquez sur OK.**

De l'air entre les cellules

De la même façon que nous venons de permettre au contenu des cellules de respirer, nous pouvons éviter de leur donner l'impression d'être serrées comme harengs en caque dans un tableau étriqué. Pour cela, nous allons rajouter du vide entre les bordures (visibles ou non) des cellules :

1. **Cliquez du bouton droit de la souris dans le tableau puis, normalement, dans l'entrée Propriétés du tableau du menu qui surgit.** Vous pouvez aussi cliquer sur Tableau/Propriétés du tableau dans la barre de menus de l'éditeur. La boîte de dialogue Propriétés du tableau s'affiche.

2. **Dans la boîte de saisie Espacement entre les cellules, tapez la largeur de l'espace que vous entendez ménager entre le contenu de la cellule et ses bordures.**

3. **Cliquez sur OK.**

La Figure 9.8 montre un tableau sans espace entre les cellules et le même après qu'on ait rajouté 5 pixels de vide entre les bordures des cellules adjacentes.

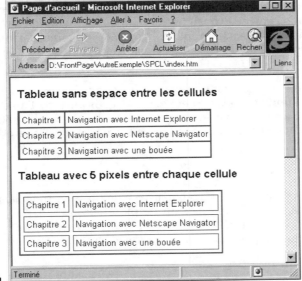

Figure 9.8 :
Un tableau
étriqué
comparé au
même où les
cellules ne
sont plus
serrées les
unes contre
les autres.

Définition de la largeur du tableau

Il est possible de fixer la largeur d'un tableau de deux façons :

- De façon absolue, en l'indiquant en nombre de pixels.

- De façon relative, en l'indiquant en pourcentage de la largeur de la fenêtre du browser.

La première option paraît séduisante à première vue mais si votre visiteur utilise un moniteur dont la résolution est de 640x480 alors que la largeur de votre tableau est de 700 pixels, il va avoir des difficultés à voir la totalité du tableau et sera obligé d'agir sur les barres de défilement, ce qui ne lui plaira sans doute que modérément.

En adoptant une valeur relative, le tableau s'ajustera automatiquement aux dimensions de la fenêtre du browser.

Votre choix dépend de l'usage que vous faites de votre tableau et de l'importance qu'a la structure d'ensemble par rapport au positionnement précis du contenu de chaque cellule. Si vous privilégiez la structure, adoptez une valeur exprimée en pourcentage.

Voici comment définir la largeur d'un tableau :

1. **Cliquez du bouton droit de la souris dans le tableau puis, normalement, dans l'entrée Propriétés du tableau du menu qui surgit.** Vous pouvez aussi cliquer sur Tableau/Propriétés du tableau dans la barre de menus de l'éditeur. La boîte de dialogue Propriétés du tableau s'affiche.

2. **Dans la zone Largeur minimum, cliquez dans la case à cocher placée devant la boîte de saisie Spécifier la largeur puis sur l'un des deux boutons radio placés au-dessous.** Ensuite, renseignez la boîte de saisie selon le choix que vous avez effectué entre valeur relative et valeur absolue.

3. **Cliquez sur OK.**

Pour voir ce que donnerait votre tableau avec un browser travaillant en petit format, cliquez sur Fichier/Aperçu dans l'explorateur Internet puis, dans la boîte de dialogue qui s'ouvre, choisissez un browser dans la liste qui vous est présentée. Ensuite, cliquez sur le bouton radio 640x480 puis sur le bouton Aperçu.

Jonglons avec les cellules, les lignes et les colonnes

On peut faire bien d'autres choses pour modifier la présentation d'un tableau. Nous allons voir que les possibilités de HTML (et, donc, de FrontPage) dans ce domaine sont très étendues.

Sélection de parties de tableau

Nous allons voir comment sélectionner des groupes de cellules pour les mettre en forme collectivement en une seule opération. Lorsque, dans la suite de ce chapitre, je vous dirai de *sélectionner* des cellules, lignes ou colonnes, voici comment vous devrez procéder :

- **Cellules :** Pour sélectionner une cellule, le plus simple est d'amener le pointeur de votre souris depuis l'extérieur d'une cellule jusqu'à ce qu'il touche la bordure de cette cellule. Il se change alors en une flèche. Double-cliquez. Si vous voulez sélectionner plusieurs cellules contiguës, appuyez sur <Maj> et déplacez le pointeur en maintenant le bouton de la souris enfoncé.

Pour sélectionner une seule cellule, vous pouvez également cliquer sur Tableau/Sélectionner cellule après avoir placé le pointeur de votre souris à l'intérieur de la cellule.

- **Lignes :** Pour sélectionner une ligne de tableau, vous pouvez amener le pointeur de la souris à gauche de la première cellule de la ligne. Il se change en une petite flèche horizontale épaisse. Cliquez : la ligne est sélectionnée.

Vous pouvez aussi cliquer sur Tableau/Sélectionner ligne après avoir cliqué sur une cellule quelconque de la ligne.

- **Colonnes :** Pour sélectionner une colonne de tableau, vous pouvez amener le pointeur de la souris au-dessus de la première cellule de la ligne. Il se change en une petite flèche verticale épaisse. Cliquez : la colonne est sélectionnée.

Vous pouvez aussi cliquer sur Tableau/Sélectionner colonne après avoir cliqué sur une cellule quelconque de la colonne.

Ajout de nouvelles lignes

C'est bien moins compliqué que vous pouviez le craindre. Voici comment vous devez procéder :

1. **Cliquez à l'intérieur de la ligne voisine de celle que vous voulez faire apparaître.**

2. **Cliquez sur Tableau/Insérer lignes ou colonnes.** La boîte de dialogue Insérer lignes ou colonnes s'affiche.

3. **Cliquez sur le bouton radio Lignes.**

4. **Dans la boîte de saisie Nombre de lignes, indiquez le nombre de lignes que vous voulez insérer.**

5. **Cliquez sur un des deux boutons radio Au-dessus de la sélection ou En dessous de la sélection.**

6. **Cliquez sur OK.**

Ajout de nouvelles colonnes

C'est aussi simple que d'ajouter des lignes. Voici comment vous devez procéder :

1. **Cliquez à l'intérieur de la colonne voisine de celle que vous voulez faire apparaître.**

2. **Cliquez sur Tableau/Insérer lignes ou colonnes.** La boîte de dialogue Insérer lignes ou colonnes s'affiche.

3. **Cliquez sur le bouton radio Colonnes.**

4. **Dans la boîte de saisie Nombre de colonnes, indiquez le nombre de colonnes que vous voulez insérer.**

5. **Cliquez sur un des deux boutons radio A gauche de la sélection ou A droite de la sélection.**

6. **Cliquez sur OK.**

Suppression de lignes ou de colonnes

Pour éliminer une ligne ou une colonne, pas de problème. Faites simplement ceci :

1. **Sélectionnez la ou les ligne(s) ou colonne(s) que vous voulez supprimer.**

2. **Appuyez sur <Supp> ou sur <Esp Arr>.**

Ajout de nouvelles cellules

Pour ajouter une seule cellule :

1. **Cliquez dans la cellule voisine de l'endroit où vous voulez en ajouter une.** Si cette cellule est vide, le nouvelle cellule apparaîtra à droite. Si elle contient déjà quelque chose, cliquer du côté gauche créera la nouvelle cellule à gauche. Et inversement si vous cliquez à gauche du contenu.

2. **Cliquez sur Tableau/Insérer cellule.**

3. **Cliquez sur OK.**

Suppression de cellules

Pour supprimer une ou plusieurs cellules :

1. **Sélectionnez la ou les cellule(s) que vous voulez supprimer.**

2. **Appuyez sur <Supp> ou sur <Esp Arr>.**

Alignement du contenu des cellules

Vous pouvez contrôler le positionnement horizontal (vers la droite ou vers la gauche) du contenu de une ou de plusieurs cellule(s), selon ce que vous aurez préalablement sélectionné.

Voici la marche à suivre pour aligner le contenu de cellules :

1. **Sélectionnez la cellule ou le groupe de cellules à modifier.**

2. **Cliquez du bouton droit de la souris sur la sélection puis, normalement, sur Propriétés de la cellule dans le menu qui surgit** (vous pouvez aussi cliquer sur Tableau/Propriétés de la cellule. La boîte de dialogue Propriétés de la cellule s'affiche (Figure 9.9).)

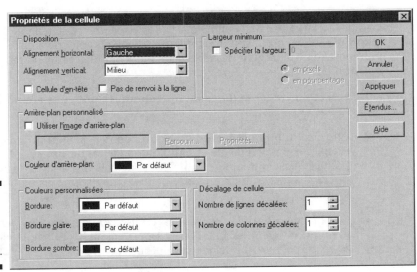

Figure 9.9 :
La boîte de
dialogue
Propriétés
de la cellule.

3. **Dans la boîte à liste déroulante Alignement horizontal de la zone Disposition, choisissez l'option que vous désirez appliquer.** Vous avez le choix entre *Gauche, Centré* ou *Droite*.

4. **Dans la boîte à liste déroulante Alignement vertical de la zone Disposition, choisissez l'option que vous désirez appliquer.** Vous avez le choix entre *Haut, Milieu* ou *Bas*.

5. **Cliquez sur OK.**

Il existe en outre deux autres options d'ajustement :

- **Cellule d'en-tête :** Le contenu de la première cellule de la sélection sera affiché en gras si elle contient du texte.

- **Pas de renvoi à la ligne :** Si la case est cochée, la ligne de texte ne sera pas repliée dans la cellule (bien que le code HTML semble correctement généré, cette option ne semble pas être correctement interprétée par Internet Explorer ou Netscape Navigator - N.d.T.).

Modification de la largeur d'une cellule ou d'une colonne

La largeur d'une cellule ou d'une colonne peut, elle aussi, s'exprimer en valeur absolue. La largeur d'une cellule ou d'un groupe de cellules peut, elle aussi, s'exprimer en valeur absolue (en nombre de pixels) ou en valeur relative (en pourcentage de la largeur du tableau). Voici comment vous pouvez définir la largeur d'une cellule ou d'une colonne :

1. **Sélectionnez les cellules ou les colonnes dont vous voulez modifier la largeur.**

2. **Cliquez du bouton droit de la souris dans la sélection puis, normalement, sur Propriétés de la cellule dans le menu qui surgit.** Vous pouvez aussi cliquer sur Tableau/Propriétés du tableau dans la barre de menus de l'éditeur. La boîte de dialogue Propriétés du tableau s'affiche.

3. **Dans la zone Largeur minimum, cliquez dans la case à cocher devant la mention Spécifier la largeur.** Tapez ensuite la nouvelle valeur après avoir cliqué sur l'un des deux boutons radio.

4. **Cliquez sur OK.**

Partage et fusion de cellules

En fusionnant deux ou plusieurs cellules adjacentes, vous supprimez les bordures qui existent entre elles, que ce soit horizontalement ou verticalement. Pour cela :

1. **Sélectionnez les cellules que vous voulez fusionner.**

2. **Cliquez dans Tableau/Fusionner cellules.**

Pour partager une cellule :

1. **Sélectionnez les cellules que vous voulez scinder.**

2. **Cliquez dans Tableau/Scinder cellules.** La boîte de dialogue Scinder cellules s'affiche (Figure 9.10).

Figure 9.10 : La boîte de dialogue Scinder cellules.

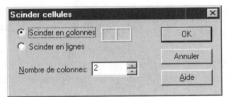

3. **Cliquez sur l'un des deux boutons radio Scinder en colonnes ou Scinder en lignes.**

4. **Dans la boîte de saisie Nombre de colonnes (ou Nombre de lignes), indiquez la valeur adéquate.**

5. **Cliquez sur OK.**

Pour annuler cette transformation, vous pouvez refusionner les cellules issues du partage.

Ajout d'un titre ou d'une légende

Vous pouvez ajouter un titre au-dessus ou en dessous du tableau, de façon à expliquer brièvement ce qu'il contient. Pour cela :

1. **Cliquez n'importe où dans le tableau.**

2. **Cliquez sur Tableau/Insérer légende.** Le pointeur de la souris se place au-dessus du tableau.

3. **Tapez le titre que vous voulez donner sans taper sur <Entrée> à la fin de la saisie.**

Vous pouvez déplacer le titre en dessous du tableau (il devient alors une *légende*). Pour cela :

1. **Cliquez du bouton droit de la souris sur le titre puis sur Propriétés de la légende.**

2. **Cliquez devant l'un des deux boutons radio En haut du tableau ou En bas du tableau.**

De la couleur dans le tableau

Vous pouvez modifier globalement ou isolément la couleur de tous les éléments du tableau.

Modification de l'arrière-plan

Vous pouvez appliquer une couleur plate ou une image d'arrière-plan à un tableau ou à une cellule, comme vous le feriez avec une page entière.

Seuls les deux ténors du Web, Internet Explorer et Netscape Navigator, reconnaissent la couleur dans un tableau.

Une couleur d'arrière-plan

Voici comment vous pouvez colorier l'arrière-plan d'un tableau ou d'un groupe de cellules :

1. **Pour modifier la couleur d'arrière-plan de la totalité d'un tableau, cliquez du bouton droit de la souris dans le tableau puis, normalement, dans Propriétés du tableau.** Ou cliquez dans l'entrée de menu Propriétés du tableau du menu Tableau.

2. **Pour modifier la couleur d'arrière-plan d'une partie d'un tableau, commencez par sélectionner les parties du tableau à modifier puis cliquez du bouton droit de la souris dans la sélection et enfin dans l'entrée Propriétés de la cellule.** Ou cliquez dans l'entrée de menu Propriétés de la cellule du menu Tableau.

3. **Dans la boîte de dialogue qui s'affiche, choisissez une couleur dans la boîte à liste déroulante couleur d'arrière-plan de la zone Arrière-plan personnalisé.**

4. **Cliquez sur OK.**

Une image d'arrière-plan

Voici comment vous pouvez définir une image comme arrière-plan d'un tableau ou d'un groupe de cellules :

1. **Pour modifier la couleur d'arrière-plan de la totalité d'un tableau, cliquez du bouton droit de la souris dans le tableau puis, normalement, dans Propriétés du tableau.** Ou cliquez dans l'entrée de menu Propriétés du tableau du menu Tableau.

2. **Pour modifier la couleur d'arrière-plan d'une partie d'un tableau, commencez par sélectionner les parties du tableau à modifier puis cliquez du bouton droit de la souris dans la sélection et, enfin, normalement, dans l'entrée Propriétés de la cellule.** Ou cliquez dans l'entrée de menu Propriétés de la cellule du menu Tableau.

3. **Dans la boîte de dialogue qui s'affiche, cliquez sur la case à cocher Utiliser l'image d'arrière-plan et, dans la boîte de saisie au-dessous, indiquez le nom de l'image à utiliser.** Vous pouvez vous aider du bouton Parcourir pour rechercher cette image sur votre disque dur.

4. **Cliquez sur OK.**

Seul Internet Explorer version 3.0 ou ultérieures sait actuellement afficher une image en arrière-plan d'un tableau.

Pendant que vous y êtes, vous pouvez définir également une couleur d'arrière-plan pour que vos visiteurs n'utilisant pas Internet Explorer ne soient pas complètement frustrés.

Modification de la couleur d'une bordure

Seul Internet Explorer version 3.0 ou ultérieures est actuellement capable de modifier la couleur des bordures d'un tableau. Toutefois, avec Netscape Navigator, tout n'est pas perdu car l'ombrage est rendu avec du gris clair et du gris foncé.

La couleur permet de créer deux effets visuels qui sont illustrés sur la Figure 9.11.

- Un tableau à plat, pourvu de bordures continues.

- Un tableau ayant l'apparence du relief, où les bordures peuvent prendre deux couleurs pour mieux simuler l'ombrage.

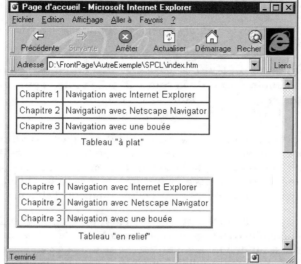

Figure 9.11 :
En coloriant
les bordures
d'un tableau,
on peut
obtenir deux
effets.

Changement de la couleur de la bordure du tableau entier

Voici comment modifier la couleur des bordures du tableau :

1. **Cliquez du bouton droit de la souris dans le tableau puis, normalement, dans Propriétés du tableau.** Ou cliquez dans l'entrée de menu Propriétés du tableau du menu Tableau.

2. **Choisissez une couleur de bordure dans la zone Couleurs personnalisées.**

   Si vous voulez un tableau à plat, utilisez la boîte à liste déroulante Bordure.

   Si vous voulez un tableau en relief, utilisez les deux boîtes à liste déroulante Bordure claire et Bordure foncée.

3. **Cliquez sur OK.**

Changement de la couleur de la bordure d'une ou plusieurs cellules

Voici comment procéder pour modifier la couleur des bordures d'une cellule ou d'un groupe de cellules :

1. **Sélectionnez la cellule ou le groupe de cellules qui vous intéresse.**

2. **Cliquez du bouton droit de la souris dans la sélection puis, normalement, sur Propriétés de la cellule à l'intérieur du menu qui surgit.** La boîte de dialogue propriétés de la cellule s'affiche.

3. **Choisissez une couleur de bordure dans la zone Couleurs personnalisées.**

   Si vous voulez une seule couleur, utilisez la boîte à liste déroulante Bordure.

   Vous ne pouvez pas avoir l'impression d'une cellule en relief puisque la bordure d'une cellule a toujours une épaisseur d'un seul pixel. Mais vous pouvez afficher les côtés supérieur et gauche d'une certaine couleur et les deux autres, d'une autre couleur. Utilisez alors la boîte à liste déroulante Bordure claire pour les deux premiers et la boîte à liste déroulante Bordure foncée pour les deux autres.

3. **Cliquez sur OK.**

Suppression d'un tableau

Supprimer un tableau est d'une simplicité enfantine :

1. **Sélectionnez-le en cliquant n'importe où dedans.**

2. **Appuyez sur <Supp> ou sur <Esp Arr>.**

Et voici un tableau parti en fumée !

Chapitre 10
Les formulaires ne servent pas qu'à formuler des réclamations

S ur le Web, le mot *formulaire* n'a pas la connotation désagréablement bureaucratique dont il est empreint dans notre existence quotidienne. C'est simplement le moyen par lequel l'utilisateur du Web (le client) peut dialoguer avec le serveur.

Voici quelques-unes des utilisations des formulaires :

- Interroger vos visiteurs et leur demander leur avis sur certains sujets.

- Pouvoir enregistrer en ligne les gens qui viennent assister à une conférence.

- Donner un moyen à vos visiteurs de faire une recherche dans votre site à l'aide de mots clés.

- Gérer un forum de discussions dans lequel les participants placent leurs propos dans une page Web sans fin.

- Promouvoir un esprit communautaire en créant un livre d'or que signeront les visiteurs.

Et ce n'est pas la peine d'avoir un comptable pour gérer ce formulaire !

Les formulaires, comment ça marche ?

Sur le Web, les formulaires jouent le même rôle que dans la vie courante : collecter des informations de différents types. Pour cela, vos visiteurs doivent renseigner des *champs*, soit en y saisissant des informations, soit en choisissant un article dans une liste. Une fois que le formulaire est rempli, il ne leur reste plus qu'à cliquer sur un bouton pour vous envoyer son contenu. La Figure 10.1 présente un formulaire classique.

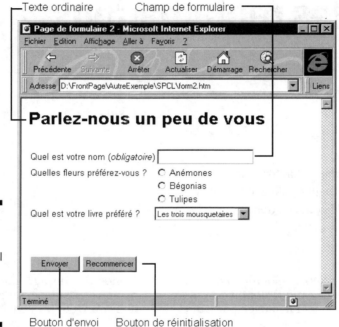

Figure 10.1 : Un formulaire classique tel qu'on peut en voir un peu partout sur le Web.

Les informations transmises par un formulaire sont organisées sous la forme de paires *nom/valeur*. Un nom unique est assigné à chacun des champs du formulaire. Les visiteurs ne le voient pas : il n'existe que dans le document HTML contenant le formulaire et sera transmis au serveur avec la valeur qui lui est associée pour dépouillement. Cette valeur est celle qui a été donnée par le visiteur : texte, nombre, coche sur une case à cocher ou clic sur un bouton radio.

Une fois que le visiteur a cliqué sur le bouton d'envoi, les couples nom/valeur du formulaire sont envoyés au serveur, accompagnés du nom du programme qui doit les traiter. Le nom de ce programme a été inscrit dans le document HTML par l'auteur de la page Web au moment de la création du formulaire.

Vous n'avez pas à vous préoccuper de tous ces détails, FrontPage s'en charge pour vous.

Tous les formulaires générés par FrontPage utilisent des WebBots qui sont des composants spéciaux ajoutant des capacités d'interactivité aux sites Web FrontPage. Nous en reparlerons au Chapitre 12. Pour que ces WebBots puissent faire leur travail, vous devez publier votre présentation Web sur un serveur qui supporte les extensions serveur FrontPage. Si ce n'est pas le cas, vous pouvez encore utiliser les modèles de formulaires FrontPage mais vous devrez choisir un gestionnaire de formulaire supporté par votre serveur externe. Je vous dirai tout sur ce sujet, un peu plus loin dans ce chapitre, à la section "Choix d'un gestionnaire de formulaire".

Création d'un formulaire

Maintenant que nous en avons fini avec cette longue introduction, vous êtes certainement gonflé à bloc et prêt à sauter à pieds joints dans la création et l'édition de formulaires. L'éditeur de FrontPage va vous apporter un sérieux coup de main dans cette épreuve.

Pour créer un formulaire, vous avez le choix entre trois méthodes :

- Utiliser un modèle préfabriqué.

- Vous faire aider par l'assistant Création de formulaire.

- Ajouter votre propre formulaire à une page Web existante.

Une fois que vous aurez terminé la création de votre formulaire, il est indispensable de contrôler le résultat avec un browser lorsque votre site Web aura été publié. Les formulaires affichés par l'éditeur sont quelquefois très différents de l'aspect qu'ils revêtiront affichés par un véritable browser. En outre - et ce point est particulièrement important - il est indispensable de faire un test en vraie grandeur.

Avec un modèle

Votre bon et fidèle éditeur contient des modèles pour la plupart des formulaires que l'on peut voir sur un site Web :

- **Inscription des utilisateurs :** Il crée une page d'enregistrement permettant à vos visiteurs de s'identifier au moyen d'un nom et d'un mot de passe de leur choix afin de pouvoir accéder à une section à usage restreint de votre présentation Web. Nous verrons au Chapitre 14 comment mettre en oeuvre cette technique.

- **Formulaire de réponse :** Il permet à un visiteur de faire connaître ses commentaires, ses questions ou ses suggestions à propos de votre page Web.

- **Livre d'or :** C'est une autre façon de recueillir des commentaires. Ceux-ci seront enregistrés dans une page publique qui pourra être consultée par tous les visiteurs.

- **Formulaire d'inscription (produit ou événement) :** Ce modèle crée un formulaire d'enregistrement à l'intention de ceux qui veulent assister à une conférence ou qui viennent d'acheter un produit et veulent se faire enregistrer comme clients réguliers.

- **Page de recherche :** Ce formulaire travaille en conjonction avec le WebBot pour créer un index de recherche dans votre Web FrontPage. Vous verrez au Chapitre 12 comment l'utiliser.

- **Questionnaire d'informations :** Ce formulaire est destiné à vous demander des informations techniques, commerciales ou autres sur des sujets variés. Il peut aussi être utilisé pour des enquêtes d'opinion.

Vous trouverez aussi sur le CD-ROM d'accompagnement un modèle de formulaire d'accusé de réception que j'ai conçu personnellement. Entre nous, il est *beaucoup* plus attrayant que ceux que propose FrontPage.

Voici comment créer un formulaire à partir d'un modèle :

1. **Dans l'éditeur, cliquez sur Fichier/Nouveau ou tapez <Ctrl>+<N>.** La boîte de dialogue Nouvelle page s'affiche.

2. **Dans la liste Modèle ou assistant, choisissez le nom du modèle que vous voulez utiliser en double-cliquant dessus.** Une nouvelle page s'ouvre dans l'éditeur selon les spécifications de ce modèle.

3. **Personnalisez votre page selon vos besoins.** Les commentaires affichés en violet au début de la page vous guident sur la façon d'effectuer cette tâche mais je vous en donnerai d'autres, plus précis, dans la suite de ce chapitre.

Dans cette page, tout ce qui appartient au formulaire se trouve placé dans une boîte délimitée par des tirets ainsi qu'on peut le voir sur la Figure 10.2. Si vous ne les voyez pas, cliquez sur le bouton de la barre d'outils qui ressemble à un marqueur de paragraphe (le troisième à partir de la droite). Tout le reste n'est que du texte ou des images "ordinaires" que vous pouvez manipuler sans modifier en rien le (ou les) formulaire(s) de la page.

Le formulaire est constitué par ce qui se trouve ici

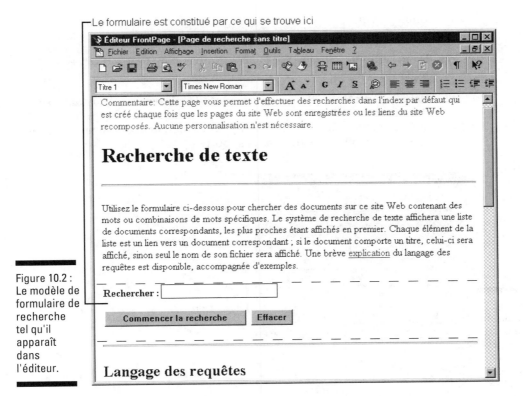

Figure 10.2 :
Le modèle de
formulaire de
recherche
tel qu'il
apparaît
dans
l'éditeur.

Avec l'assistant de formulaire

L'assistant de formulaire possède quelques pouvoirs magiques. Tout au moins est-ce l'opinion que j'en ai après avoir goûté à la facilité avec laquelle il vous guide de A à Z au travers des méandres de la création d'un formulaire.

A moins que vous n'ayez déjà créé un ou deux formulaires par une méthode quelconque (même "à la main"), vous risquez de ne pas bien comprendre du premier coup certaines des options proposées par l'assistant de formulaire de FrontPage. C'est pourquoi je vous recommande de jeter un rapide coup d'oeil sur la totalité de ce chapitre, histoire de vous familiariser avec les formulaires, avant d'attaquer de front l'assistant (je voulais dire "de coopérer avec l'assistant"). Ce n'est qu'ainsi que vous pourrez répondre de façon pertinente aux questions qu'il vous posera et que vous saisirez toute l'ingéniosité qui a présidé à la création de cet assistant.

Voici comment vous pouvez utiliser l'assistant de création de formulaire de FrontPage :

1. **Dans l'éditeur, cliquez sur Fichier/Nouveau ou tapez <Ctrl>+<N>.** La boîte de dialogue Nouvelle page s'affiche.

2. **Dans la liste Modèle ou assistant, double-cliquez sur Assistant Création de formulaire.** Une première boîte de message s'ouvre (Figure 10.3), dans laquelle l'assistant "vous annonce la couleur", c'est-à-dire vous explique ce qu'il vous apporte.

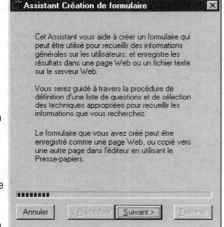

Figure 10.3 : La première boîte de message de l'assistant de création de formulaire.

3. **Cliquez sur Suivant.** L'écran suivant s'affiche, vous proposant une URL et un texte pour le titre de la page que vous allez créer. Vous pouvez les accepter ou les modifier.

4. **Cliquez sur le bouton Ajouter.** L'assistant vous propose une liste déroulante contenant toutes les rubriques qu'on trouve habituellement dans les formulaires (voir la Figure 10.4). Balayez toute la liste afin d'en prendre connaissance. Si vous voulez avoir quelques mots d'explication, cliquez sur celle qui vous intrigue (un seul clic, pas deux !). La boîte inférieure vous montre la question qui sera posée au visiteur.

5. **Cliquez sur la catégorie d'informations que vous voulez inclure dans votre page puis sur Suivant.** L'écran qui s'affiche maintenant (Figure 10.5) dépend de la catégorie que vous avez sélectionnée précédemment. Un certain nombre de rubriques vous y sont proposées. A vous de cliquer en face de celles qui vous semblent pertinentes en raison de l'application que vous voulez faire de ce formulaire.

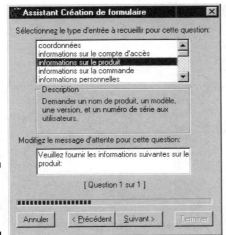

Figure 10.4 :
Choix des
informations
à collecter.

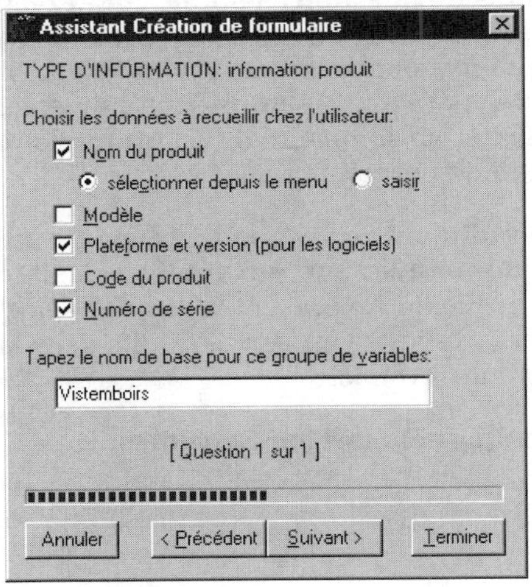

Figure 10.5 :
Spécifiez les
informations
que vous
désirez
recueillir.

6. **Cliquez sur Suivant lorsque vous aurez coché les bonnes cases.** Vous revenez alors à la section de l'assistant dans laquelle vous pouvez ajouter d'autres questions. La question que vous aviez posé précédemment vous est rappelée (Figure 10.6). Pour ajouter d'autres questions, cliquez sur le bouton Ajouter.

7. **Répétez les étapes 5 et 6 autant de fois que vous le jugerez nécessaire.** Vous pouvez déplacer des questions les unes par rapport aux autres à l'aide des boutons Monter et Descendre.

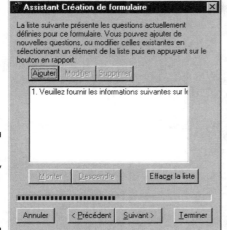

Figure 10.6 :
A partir d'ici,
vous pouvez
rajouter
d'autres
questions.

8. **Lorsque vous n'avez plus de questions à poser, cliquez sur le bouton Terminer.** L'écran de présentation des options est alors affiché. Il vous propose différentes options pour présenter vos questions et les champs correspondants : paragraphes normaux ou diverses formes de listes. Vous pouvez afficher un sommaire des rubriques à renseigner en cliquant sur le bouton radio correspondant.

9. **Cliquez sur le bouton radio qui correspond au type de présentation que vous avez choisi puis cliquez sur Suivant.** C'est maintenant l'écran des options de sortie qui se présente sous vos yeux. Chacune de ces options vous sera expliquée un peu plus loin, dans la section "Choix d'un gestionnaire de formulaire".

10. **Choisissez votre option puis cliquez sur Suivant.**

11. **Cliquez sur Terminer.**

Ajout d'un formulaire dans une page déjà existante

Un formulaire n'est rien d'autre qu'un vulgaire conteneur HTML niché dans une page Web. Rien ne vous empêche donc d'y rajouter d'autres balises HTML. Et inversement : rien ne vous empêche d'ajouter un formulaire à l'intérieur d'un document HTML contenant déjà d'autres balises HTML.

Avec l'assistant de création de formulaire

La méthode adoptée est simple : vous allez construire une nouvelle page à partir de laquelle vous ferez un couper/coller du formulaire que vous aurez réalisé vers l'endroit approprié de votre ancienne page. En détail, voilà ce que ça donne :

1. **Ouvrez la page dans laquelle vous voulez rajouter un formulaire.**

2. **Cliquez sur Fichier/Nouveau ou tapez <Ctrl>+<N>.** La boîte de dialogue Nouvelle page s'affiche.

3. **Dans la liste des assistants et modèles, double-cliquez sur Assistant Création de formulaire.** La boîte de message de présentation de l'assistant s'affiche.

4. **Créez un nouveau formulaire comme je l'ai expliqué dans la section précédente.**

5. **Dans la nouvelle page générée par l'assistant, promenez le pointeur de votre souris le long de la marge de gauche jusqu'à ce qu'il se change en une flèche pointant vers la gauche.**

6. **A ce moment, double-cliquez : la totalité du formulaire passe en vidéo inverse, ce qui montre qu'elle est sélectionnée.**

7. **Cliquez sur la paire de ciseaux de la barre d'outils (septième bouton à partir de la gauche) ou tapez <Ctrl>+<X>.** Le formulaire disparaît de la page et passe dans le presse-papiers.

8. **Revenez à votre ancienne page à l'aide du menu Fenêtre en cliquant sur l'entrée correspondant au titre de cette page.**

9. **Dans cette page, placez le pointeur de la souris à l'endroit où vous voulez insérer votre formulaire.**

10. **Cliquez sur le bouton Coller de la barre d'outils (le neuvième à partir de la gauche) ou tapez <Ctrl>+<V>.** Le formulaire apparaît dans la page.

De vos propres mains

Si ce que vous propose l'assistant ne vous convainc pas, vous allez devoir mettre la main à la pâte, c'est-à-dire vous battre avec les balises HTML. La section suivante va vous montrer comment.

Emploi des divers champs d'un formulaire

On peut considérer les divers champs d'un formulaire comme autant de récipients destinés à recueillir de (précieuses ou non) informations fournies par le visiteur. La nature de ces champs dépend du type d'informations que vous voulez rassembler.

La création "à la main" de votre formulaire implique l'addition de plusieurs champs à votre page et leur personnalisation de façon que leur mise en page soit conforme à ce que vous souhaitez. A chaque champ vous donnerez un nom qui l'identifiera de façon unique dans la page. Parfois, vous lui donnerez aussi une valeur et vous ajusterez son aspect extérieur.

La première fois que vous ajoutez un champ de formulaire à une page, FrontPage réserve de l'espace pour insérer le formulaire. Cette place est marqué par deux lignes de tirets. C'est à l'intérieur de cet espace que vous ajouterez les champs du formulaire. Vous pouvez couper, coller et copier les champs ou les faire glisser là où vous voulez qu'ils apparaissent.

Vous pouvez demander à FrontPage de *valider* les informations fournies par les utilisateurs au moyen des champs du formulaire en indiquant s'il s'agit d'éléments de texte ou numériques, si certains champs doivent être obligatoirement renseignés et ainsi de suite afin d'empêcher que vos utilisateurs n'envoient au serveur des formulaires mal remplis.

Si vous voulez opérer une validation des champs d'un formulaire, la page doit faire partie d'un site Web FrontPage et vous devez choisir un langage de script de validation. Consultez l'encadré "Comment FrontPage procède pour valider le contenu des champs d'un formulaire".

N'oubliez pas, comme je vous l'ai dit plus haut, de contrôler l'aspect final de votre formulaire avec un browser.

L'éditeur de FrontPage simplifie la création des champs de formulaire au moyen de la boîte de dialogue Formulaire (Figure 10.7). Pour la faire apparaître, cliquez sur Affichage/Barre d'outils de formulaires.

Figure 10.7 :
La barre
d'outils des
formulaires.

Boîtes de saisie

Une boîte de saisie (dite aussi *boîte de texte*) est un champ tout simple dans lequel l'utilisateur peut taper une ligne de texte unique. Elle est utilisée pour recueillir des informations tenant en peu de mots comme un nom ou une adresse _e-mail_. La Figure 10.8 montre comment se présente un tel champ, une fois rempli.

Figure 10.8 :
Boîte de
saisie.

Votre nom (_Obligatoire_)   Grégoire Detours

Quelques conseils pour réaliser un formulaire

- **Placez devant chaque champ une invite explicite**. Si, par exemple, vous voulez que votre visiteur indique son adresse _e-mail_, vous pouvez écrire : `Adresse e-mail (nom_d_utilisateur@votre_domaine.fr)`. Ainsi, votre visiteur saura exactement ce qu'il doit taper dans la boîte de saisie.

- **Aidez vos visiteurs à vous donner les informations que vous leur demandez.** Si votre formulaire contient des champs obligatoires ou des champs qu'il faut renseigner d'une manière bien précise, ajoutez une note explicative. Par exemple : `(Obligatoire)`. Vous pouvez aussi prévenir vos utilisateurs de la nature du langage utilisé pour valider le formulaire afin qu'ils sachent si leur browser est capable de le comprendre[8].

- **Servez-vous d'un tableau sans bordure pour présenter votre formulaire de façon impeccable**. Après avoir inséré le premier champ du formulaire, créez un tableau de deux colonnes _à l'intérieur_ des lignes en tirets et faites-y glisser votre élément de formulaire. Placez les textes d'invite dans la colonne de gauche et les champs à renseigner dans la colonne de droite. (En cas de besoin, revoyez le Chapitre 9 sur la façon de créer un tableau.) Vous trouverez sur le CD-ROM d'accompagnement un modèle personnalisé de formulaire de réponse mettant en oeuvre cette structure par tableau à deux colonnes.

- **Faites bien attention à l'ordre des champs.** La plupart des browsers permettent à l'utilisateur d'aller d'un champ au suivant au moyen de la touche <Tab>. Il faut donc arranger vos champs dans un ordre "naturel".

- **Prévoyez, lorsque c'est possible, une réponse par défaut dans les boîtes de saisie pour épargner tout effort superflu à vos visiteurs.** Par exemple, si vous demandez à votre visiteur de quel pays il est originaire, proposez-lui France de façon à lui faciliter la vie. Ce n'est que s'il est Belge, Suisse, Monégasque, Canadien... qu'il devra modifier ce champ. (Il n'y a guère de chances qu'un anglophone vienne visiter un site où on ne parle que français.)

- **N'oubliez pas de remercier vos visiteurs d'avoir pris la peine de remplir le formulaire.** Si vous le pouvez, offrez-leur un petit logiciel ou toute autre friandise (informatique) en guise de remerciement.

---

8. Il est douteux que beaucoup d'utilisateurs du Web sachent faire la différence entre Java, JavaScript, VB Script et ActiveX (N.d.T.).

Création d'une boîte de saisie

Voici la marche à suivre pour créer une boîte de saisie dans votre page :

1. **Cliquez sur le bouton Zone de texte une ligne (le premier de la barre d'outils Formulaires)** ou sur Insertion/Champ de formulaire/Zone de texte simple ligne dans la barre de menus de l'éditeur. Vous pouvez également taper <Alt>+<Entrée> Une boîte de saisie vide s'affiche à l'endroit où est placé le pointeur de la souris, entourée par les deux lignes en tirets symbolisant un formulaire.

2. **Double-cliquez sur cette boîte de saisie ou cliquez dessus du bouton droit de la souris puis cliquez du bouton gauche sur Propriétés du champ de formulaire dans le menu qui surgit.** La boîte de dialogue Propriétés de la zone de texte s'affiche.

3. **Dans la boîte de saisie Nom, tapez le nom de champ que vous attribuez à cette boîte.** Choisissez un nom bref, générique et évocateur. Si, par exemple, cette boîte de saisie est destinée à recevoir l'adresse *e-mail* du visiteur, vous pouvez l'appeler *courrier* ou *e-mail*.

4. **Si vous voulez que cette boîte soit affichée avec quelque chose à l'intérieur (au lieu de rester vide), tapez le texte que vous voulez voir affiché dans la boîte de saisie Valeur initiale.** Ce type de valeur initiale constitue une valeur par défaut et peut faire gagner du temps à l'utilisateur. Dans l'exemple d'une boîte de saisie destinée à recevoir l'adresse *e-mail* du visiteur, il est clair qu'il ne peut pas y avoir de valeur initiale.

5. **Dans le champ Largeur, indiquez la largeur visible de la boîte de saisie en nombre de caractères.** Cette valeur n'affectera que la portion affichée du contenu, non la longueur réelle du champ. Pour cela, il faudra utiliser un option de validation que nous verrons plus loin.

    Vous pouvez aussi ajuster la largeur à la main. Pour cela, lorsque vous aurez terminé l'édition et refermé cette boîte de dialogue, cliquez dans la boîte et étirez-la par l'une de ses poignées.

6. **Si cette boîte doit recevoir un mot de passe, cliquez sur le bouton radio Oui en face de Champ mot de passe.** Les champs prévus pour recevoir un mot de passe ne diffèrent des champs texte ordinaires que par le fait que le texte frappé par l'utilisateur s'affiche en écho sous forme d'astérisques.

    Il ne faut pas croire que le fait de demander un mot de passe confère automatiquement une quelconque protection d'accès. Pour qu'il en soit ainsi, il faut en discuter avec l'administrateur système de votre réseau local ou de votre fournisseur d'accès car cela sous-entend l'utilisation d'un programme spécial sur le serveur. Sans ce programme, un mot de passe n'est qu'un champ texte comme un autre et ne joue pas d'autre rôle.

7. **Pour contrôler les valeurs fournies par vos visiteurs, cliquez sur le bouton Valider.** Je vous expliquerai comment exploiter les options de validation dans la section suivante.

8. **Cliquez sur OK.**

Validation des informations entrées dans une boîte de saisie

FrontPage vous permet d'obliger vos visiteurs à renseigner certains champs, faute de quoi ils ne pourront pas envoyer leur formulaire au serveur. Vous pouvez contrôler la nature de ce qui a été saisi, ce qui peut s'avérer précieux si ces renseignements servent, par exemple, à consulter une base de données et doivent alors revêtir un format particulier.

Une fois que vous avez cliqué sur le bouton Valider, la boîte de saisie Validation de zone de texte s'affiche comme le montre la Figure 10.9.

 Ce système de validation ne fonctionne que si la page fait partie d'un site Web FrontPage. Si, plus tard, vous voulez utiliser ce formulaire dans un site Web créé par un autre programme, vous pourrez exporter le formulaire achevé vers un autre fichier et la validation restera utilisable.

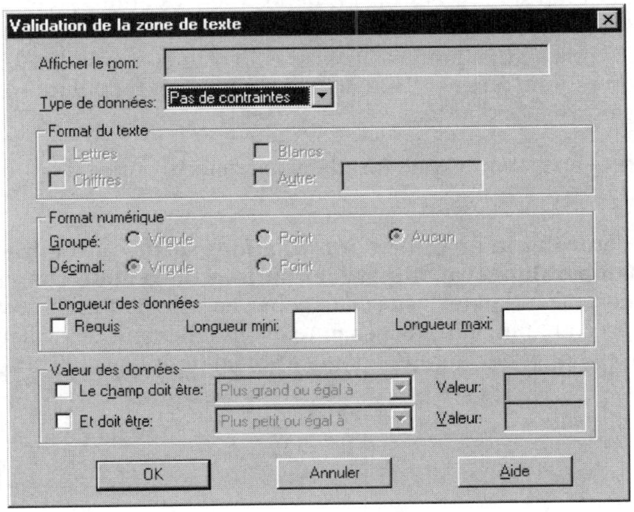

Figure 10.9 :
La boîte de
dialogue
Validation de
zone de texte

Validation de la zone de texte ☒

Afficher le nom:

Type de données: Pas de contraintes ▼

Format du texte
☐ Lettres ☐ Blancs
☐ Chiffres ☐ Autre

Format numérique
Groupé: ○ Virgule ○ Point ● Aucun
Décimal: ● Virgule ○ Point

Longueur des données
☐ Requis   Longueur mini: Longueur maxi:

Valeur des données
☐ Le champ doit être: Plus grand ou égal à ▼   Valeur:
☐ Et doit être: Plus petit ou égal à ▼   Valeur:

OK   Annuler   Aide

Voici les étapes à suivre pour valider les informations saisies dans une boîte de saisie.

1. **Pour définir le type de données que vous attendez, choisissez une option dans la boîte à liste déroulante Type de données.** Vous avez le choix entre les options *Pas de contraintes* (n'importe quoi), *Texte* (lettres, chiffres et autres caractères), *Entier* (nombres entiers seulement), *Numérique* (tous types de nombres).

2. **Choisissez ensuite une option en fonction du type de données que vous venez de fixer au moyen des options placées dans une des zones Format du texte ou Format numérique.**

   • Si vous avez choisi Texte, cliquez dans les cases à cocher (en face du type de caractères possibles) *Lettres, Chiffres, Blancs* ou *Autres*. Pour ce dernier cas, indiquez, dans la boîte de saisie placée à côté, quels sont les caractères que vous admettez.

   • Si vous avez choisi Entier, seules les options en face de Groupé sont autorisées. Si vous avez choisi Numérique, vous avez droit, en outre, aux options en face de Décimal.

   Les boutons radio *Point* et *Virgule* de cette ligne servent à spécifier comment est représenté le séparateur entre la partie entière et la partie fractionnaire du nombre. Ce sera un point en notation anglo-saxonne (12.345) ; une virgule en notation européenne (12,345).

   Quant aux boutons radio placés en face de la ligne Groupé, ils servent à indiquer quel séparateur par tranches de trois chiffres vous comptez imposer. En France, normalement, c'est "Aucun" (option par défaut) : 1234567. Mais vous pouvez aussi spécifier une virgule (1,234,567), ce qui correspond à la notation anglo-saxonne, ou un point (1.234.567), ce qui ne correspond à rien.

Les caractères séparateurs spécifiés dans les deux groupes d'options doivent être différents.

3. **Pour contrôler la quantité d'informations saisie ou rendre la saisie du champ obligatoire, utilisez les options de la zone Longueur des données.** Sélectionnez la case à cocher en face de Requis pour obliger à saisir ce champ. Indiquez ensuite éventuellement des valeurs dans les cases Longueur mini et Longueur maxi dont la signification est évidente.

4. **Pour introduire des conditions** de **limites sur les données saisies, utilisez la zone Valeur des données.** On y trouve les paramètres de valeur des données pour n'importe quel type de données. Indiquez une limite de valeur en cliquant sur Le champ doit être et en choisissant une des options de la boîte à liste déroulante : *Plus petit que, Plus grand que, Plus petit ou égal à, Plus grand ou égal à, Egal à, Différent de* qui se comprennent d'eux-mêmes. Vous devez ensuite indiquer une valeur de comparaison dans la case placée à droite et marquée Valeur.

La comparaison utilisera des comparaisons numériques si le type de données est Numérique ou Entier et des comparaisons alphabétiques si le type de données est Texte ou Pas de contraintes.

Une deuxième condition peut être associée à la première par la ligne du dessous qui comporte les mêmes options, ce qui permet d'encadrer la valeur à saisir entre deux limites ou d'imposer deux conditions complémentaires.

5. **Cliquez sur OK.**

Si votre visiteur saisit des informations ne répondant pas aux critères que vous avez définis, le browser affichera un message d'avertissement identifiant le champ erroné par son nom. Pour que ce message soit significatif, vous pouvez prévoir un nom plus explicite que le nom réel du champ en utilisant pour cela le champ Afficher le nom, en tête de la boîte de dialogue Validation de la zone de texte.

Zone de texte déroulante

Ce type de zone est identique à celle que nous venons de voir à ceci près qu'au lieu d'une seule ligne de texte on en trouve plusieurs. La Figure 10.10 en donne un exemple. C'est un type de zone qui convient très bien pour demander aux visiteurs leurs commentaires sur une présentation Web.

Figure 10.10 :
Zone de
texte
déroulante.

Avez-vous des commentaires à
formuler ou des questions à poser ?

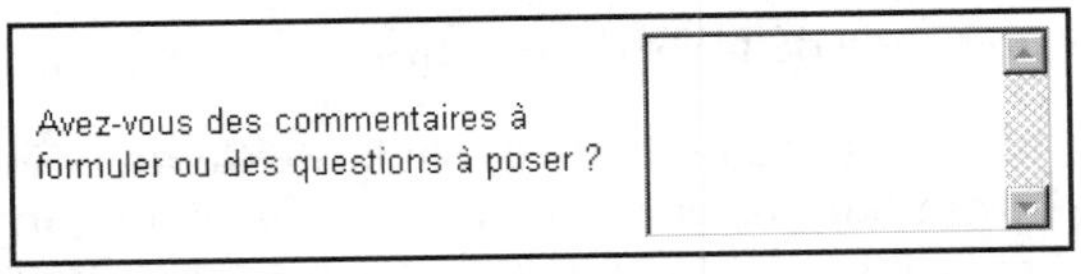

Comment FrontPage procède pour valider le contenu des champs d'un formulaire

Si vous utilisez l'option de validation du contenu des champs d'un formulaire, FrontPage rassemble les règles que vous avez spécifiées dans un *script de validation* dont voici un exemple :

```
<!--webbot bot="Validation" s-data-type="Number"
  s-number-separators="x," b-value-required="TRUE"
  i-minimum-length="3" i-maximum-length="20"
  s-validation-constraint="Greater than or equal to"
  s-validation-value="10"
  s-validation-constraint="Less than or equal to"
  s-validation-value="100" -->
  <input type="text" size="20" maxlength="20"
    name="chiffres" value="30">
</p>
```

Ce script réside dans le document HTML lui-même et reste en sommeil tant que le visiteur n'a pas cliqué sur le bouton d'envoi du formulaire. A ce moment il est activé et effectue les contrôles demandés par l'auteur de la page Web. Ce script peut être écrit en VBScript ou en JavaScript. Internet Explorer comprend naturellement ces deux langages alors que Netscape Navigator ne comprend que JavaScript. Avec d'autres browsers, la validation sera impossible mais aucun message d'avertissement ne sera affiché pour signaler cette absence de contrôle.

Pour choisir un langage de script, dans l'explorateur FrontPage, cliquez sur Outils/Paramètres du site Web et sur l'onglet Options avancées. Dans la zone Script de validation, choisissez *VBScript, JavaScript* ou *<Aucun>* en cliquant dans la boîte à liste déroulante placée en face de Langage. Vous pourrez en apprendre plus à ce sujet au Chapitre 13.

Voici comment créer une zone de texte déroulante :

1. **Cliquez sur le bouton Zone de texte déroulante (le deuxième de la barre d'outils Formulaires).** Ou sur Insertion/Champ de formulaire/ Zone de texte déroulante dans la barre de menus de l'éditeur. Vous pouvez également taper <Alt>+<Entrée> Une zone de texte s'affiche sous forme de rectangle vide à l'endroit où est placé le pointeur de la souris, entouré par les deux lignes en tirets symbolisant un formulaire. Elle possède deux barres de défilement.

2. **Double-cliquez sur cette zone de texte ou cliquez dessus du bouton droit de la souris puis du bouton gauche sur Propriétés du champ de formulaire dans le menu qui surgit.** La boîte de dialogue Propriétés de la zone de texte déroulante s'affiche.

3. **Dans la boîte de saisie Nom, tapez le nom de champ que vous attribuez à cette boîte.** Choisissez un nom bref, générique et évocateur. Si, par exemple, votre zone de texte est destinée à recevoir un commentaire du visiteur, vous pouvez l'appeler *commentaire* ou *votre avis*.

4. **Si vous voulez que cette zone soit affichée avec quelque chose à l'intérieur (au lieu de rester vide), tapez le texte que vous voulez voir affiché dans la boîte de saisie Valeur initiale.**

5. **Indiquez les dimensions de la zone de texte à l'aide des boîtes Largeur en caractères et Nombre de lignes.** Par défaut, ces valeurs sont respectivement égales à 20 et 2.

6. **Pour contrôler les valeurs fournies par vos visiteurs, cliquez sur le bouton Valider et reportez-vous à la section précédente**

7. **Cliquez sur OK.**

Cases à cocher

Le comportement d'une *case à cocher* est identique à celui d'une ado : jalouse de son autonomie mais préférant faire partie d'un groupe. La Figure 10.11 vous en montre un exemple. Une case à cocher permet de sélectionner un ou plusieurs articles parmi une liste proposée.

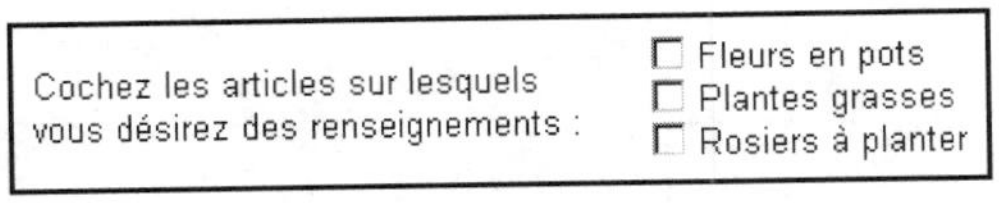

Figure 10.11 : Groupe de cases à cocher.

Cochez les articles sur lesquels vous désirez des renseignements :
☐ Fleurs en pots
☐ Plantes grasses
☐ Rosiers à planter

Voici comment procéder pour insérer une case à cocher :

1. **Cliquez sur le bouton Case à cocher (le troisième de la barre d'outils Formulaires)** ou sur Insertion/Champ de formulaire/Case à cocher dans la barre de menus de l'éditeur. Vous pouvez également taper <Alt>+<Entrée> Un petit carré apparaît à l'endroit où est placé le pointeur de la souris, entouré par les deux lignes en tirets symbolisant un formulaire.

2. **Double-cliquez sur cette case à cocher ou cliquez dessus du bouton droit de la souris puis du bouton gauche sur Propriétés du champ de formulaire dans le menu qui surgit.** La boîte de dialogue Propriétés de la case à cocher s'affiche.

3. **Dans la boîte de saisie Nom, tapez le nom de champ que vous attribuez à cette boîte.** Choisissez un nom bref, générique et évocateur.

4. **Dans la boîte de saisie Valeur, tapez la valeur associée à ce champ.**

5. **Si vous voulez que cette case à cocher soit affichée initialement cochée, cliquez sur le bouton radio marqué Vérifié en face de la mention Etat initial.** Sinon, cliquez évidemment sur l'autre bouton radio.

6. **Cliquez sur OK.**

Pour ajouter d'autres cases à cocher, répétez les étapes que je viens d'énumérer.

Boutons radio

Les *boutons radio* apparaissent toujours en groupe. Ils permettent de faire un choix exclusif parmi un groupe d'options mutuellement exclusives (une seule peut être *vérifiée* à la fois) comme le montre la Figure 10.12.

Le terme anglais est *radio button* que Microsoft a choisi de traduire par *case d'option*. C'est donc sous ce nom que les boutons radio seront désignés dans les affichages de FrontPage. Pour faciliter la lecture et la compréhension de cette section, nous adopterons cette traduction, nous réservant de revenir plus tard à *bouton radio,* qui fait l'objet d'un plus large consensus dans notre langue.

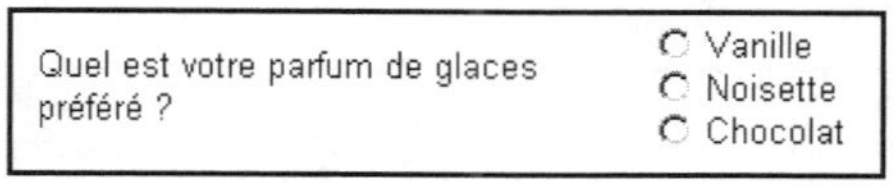

Figure 10.12 :
Groupe de
boutons
radio.

Quel est votre parfum de glaces préféré ?	○ Vanille
	○ Noisette
	○ Chocolat

Voici comment procéder pour insérer une case d'option :

1. **Cliquez sur le bouton Case d'option (le quatrième de la barre d'outils Formulaires)** ou sur Insertion/Champ de formulaire/Case d'option dans la barre de menus de l'éditeur. Vous pouvez également taper <Alt>+<Entrée> Un petit rond ombré apparaît à l'endroit où est placé le pointeur de la souris, entouré par les deux lignes en tirets symbolisant un formulaire.

2. **Double-cliquez sur ce rond ou cliquez dessus du bouton droit de la souris puis du bouton gauche sur Propriétés du champ de formulaire dans le menu qui surgit.** La boîte de dialogue Propriétés de la case d'option s'affiche.

3. **Dans la boîte de saisie Nom du groupe, tapez le nom de champ que vous attribuez à cette boîte.** Choisissez un nom bref, générique et évocateur.

4. **Dans la boîte de saisie Valeur, tapez la valeur associée à ce champ.** Il est important d'attribuer une valeur unique à chaque case d'option car, lorsque le formulaire sera envoyé, la valeur de la case sélectionnée sera transmise au descripteur de formulaire avec le nom associé à l'ensemble des cases.

5. **Si vous voulez que cette case d'option soit affichée initialement vide, cliquez sur la case marquée Non sélectionnée (option par défaut) en face de la mention Etat initial.** Sinon, cliquez évidemment sur l'autre case.

6. **Pour obliger vos visiteurs à choisir l'une des options que va leur proposer le groupe de cases d'option, cliquez sur Valider.** Cette validation ne s'appliquera qu'à un groupe de cases d'option dont l'état initial est *non vérifié*. La boîte de dialogue Validation d'une case d'option s'affiche.

7. **Cliquez sur la case à cocher Donnée requise.**

8. **Tapez un nom d'affichage dans la boîte de saisie Afficher l'article pour identifier le groupe dans un éventuel message d'erreur de validation.**

9. **Cliquez une première fois sur OK pour refermer la boîte de dialogue de validation.**

10. **Cliquez une seconde fois sur OK pour refermer la boîte de dialogue des Propriétés.**

Vous devez maintenant créer au moins une autre case d'option pour compléter le groupe. Pour cela :

1. **Cliquez sur le bouton Case d'option (le quatrième de la barre d'outils Formulaires).** Une seconde case d'option s'affiche à côté de la première.

2. **Double-cliquez sur cette nouvelle case d'option et effectuez les étapes 3 à 10 énumérées pour la première case d'option.** Le nom de groupe est le même que celui de la (ou des) case(s) précédente(s).

3. **Répétez cette procédure autant de fois qu'il y a de cases d'option à définir.**

Par défaut, la première case d'option d'un groupe apparaît cochée ("vérifiée", si vous préférez) et c'est la seule puisque, par définition, une case et une seule peut être *vérifiée*. Mais rien ne vous empêche de choisir une autre case. Pour cela, il vous suffit de cliquer sur Vérifié pour une (et une seule) des cases du groupe. De toute façon, ce sera la dernière ainsi définie qui l'emportera sur les précédentes.

Menus déroulants

Les *menus déroulants* sont ainsi appelés parce que, lorsque vous cliquez dans le champ, une liste de choix possibles se déroule. La Figure 10.13 en montre un exemple. Leur fonction est analogue à celle des groupes de boutons radio (de cases d'option) à quelques différences près :

- Les menus déroulants sont moins encombrants sur l'écran puisqu'ils sont normalement en position repliée.

- Il est possible d'admettre plusieurs choix simultanés dans un menu déroulant.

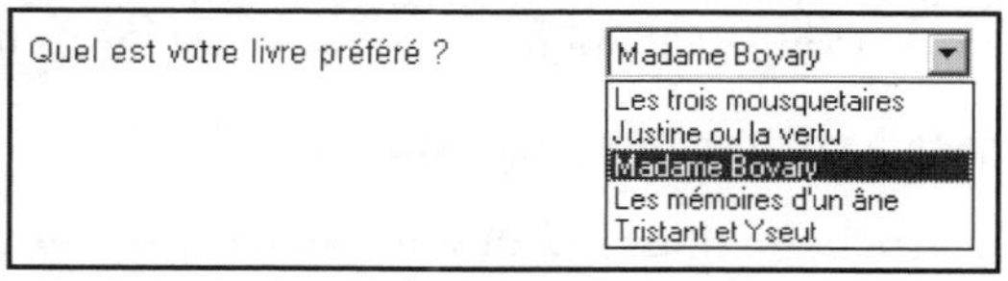

**Figure 10.13 :
Menu
déroulant.**

Quel est votre livre préféré ?   Madame Bovary   ▼
                                   Les trois mousquetaires
                                   Justine ou la vertu
                                   Madame Bovary
                                   Les mémoires d'un âne
                                   Tristan et Yseut

Voici comment procéder pour insérer un menu déroulant :

1. **Cliquez sur le bouton Menu déroulant (le cinquième de la barre d'outils Formulaires)** ou sur Insertion/Champ de formulaire/Menu déroulant dans la barre de menus de l'éditeur. Vous pouvez également taper <Alt>+<Entrée>. Un petit carré dont la moitié droite porte une flèche dirigée vers le bas apparaît à l'endroit où est placé le pointeur de la souris, entouré par les deux lignes en tirets symbolisant un formulaire.

2. **Double-cliquez sur ce symbole ou cliquez dessus du bouton droit de la souris puis du bouton gauche sur Propriétés du champ de formulaire dans le menu qui surgit.** La boîte de dialogue Propriétés du menu déroulant s'affiche (Figure 10.14).

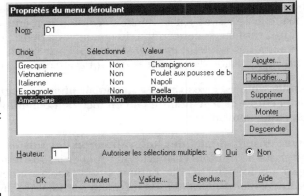

Figure 10.14 :
Boîte de
dialogue
Propriétés
d'un menu
déroulant.

3. **Dans la boîte de saisie Nom, tapez le nom du groupe.** Ici, nous avons choisi Cuisine exotique. Il n'est pas nécessaire que ce nom corresponde à l'étiquette que vous avez insérée dans la page pour identifier le champ du formulaire à l'intention de vos visiteurs.

4. **Pour ajouter des choix, cliquez sur le bouton Ajouter.** La boîte de dialogue Ajout d'un choix s'affiche.

5. **Dans la boîte de saisie Choix, tapez le texte que vous voulez voir apparaître dans le menu.** Dans l'exemple que j'ai choisi, je propose Grecque, Vietnamienne, et ainsi de suite.

6. **Si vous voulez que la valeur du choix qui sera envoyée au serveur soit différente du texte que vous venez de saisir, cliquez sur la case à cocher Spécifier une valeur et tapez la nouvelle valeur dans la boîte de saisie qui est à sa droite.** Par exemple, pour le choix "Grecque", si j'indique "Champignons", c'est ce dernier mot qui sera envoyé en même temps que les autres valeurs saisies par l'utilisateur.

7. **Si vous voulez que ce choix soit affiché initialement, cliquez sur Sélectionné dans la zone Etat initial.** Sinon, cliquez évidemment sur l'autre case.

8. **Cliquez sur OK pour refermer cette boîte de dialogue**

9. **Répétez les étapes 1 à 8 pour ajouter d'autres choix de menu jusqu'à avoir rempli la liste que vous vous êtes fixée.** Vous pouvez réarranger l'ordre de présentation des rubriques en cliquant sur les boutons Monter et Descendre.

10. **Dans la boîte Hauteur, indiquez le nombre de menus visibles avant qu'un utilisateur ne clique sur la flèche déroulant le menu.** Une fois que vous aurez terminé la conception du menu, vous pourrez ensuite ajuster sa hauteur en cliquant une fois dessus puis en l'allongeant ou en le rétrécissant à l'aide des poignées qui apparaîtront.

11. **Si vous voulez autoriser vos visiteurs à choisir plus d'une entrée dans la liste, cliquez sur le bouton Oui en face de la mention Autoriser les sélections multiples.**

12. **Vous pouvez ensuite demander une validation des saisies. Pour cela, cliquez sur le bouton Valider.** Pour obliger les visiteurs à sélectionner au moins un article, cliquez sur la case à cocher Requis dans la boîte de dialogue Validation du menu déroulant. Pour interdire la sélection automatique du premier article, cliquez sur la case à cocher placée devant la mention Interdire la sélection du premier article.

13. **Cliquez sur OK.**

Champs cachés

Les *champs cachés* vous permettent d'insérer des informations statiques (c'est-à-dire constantes, non soumises à la volonté ou aux choix de l'utilisateur) dans votre formulaire. Cela peut constituer un moyen d'identifier un formulaire parmi d'autres car lorsque le formulaire est envoyé au serveur, tous les champs, y compris les champs cachés, sont envoyés.

Voici comment ajouter un champ caché dans un formulaire :

1. **Cliquez du bouton droit de la souris dans le formulaire et cliquez ensuite normalement sur Propriétés du formulaire dans le menu qui surgit.** La boîte de dialogue Propriétés du formulaire s'affiche.

2. **Dans la zone Champs cachés, cliquez sur le bouton Ajouter.** la boîte de dialogue Paire Nom/Valeur s'affiche.

3. **Tapez le nom du champ caché et la valeur que vous lui attribuez dans les boîtes de saisie appropriées.**

4. **Cliquez sur OK.**

Bien entendu, aucun changement n'apparaît dans votre page.

Envoi des informations recueillies par un formulaire

C'est ce qu'on traduit parfois à tort par *soumission* (le terme anglais étant *submit*). C'est vous qui allez déterminer ce qu'il faut faire des informations qui vous seront envoyées lorsque l'utilisateur cliquera sur le bouton d'envoi. Il y a dans FrontPage des gestionnaires de formulaires capables de mettre en forme les renseignements ainsi recueillis et d'en faire un fichier texte ou une page Web. Vous pouvez aussi utiliser un formulaire pour interroger une base de données située quelque part sur l'Internet. Si, pour une raison ou pour une autre, les gestionnaires de formulaires de FrontPage ne vous conviennent pas, vous pouvez utiliser un script de traitement (que vous devrez alors écrire vous-même).

Les boutons d'envoi et de réinitialisation

Lorsque le visiteur a fini de renseigner un formulaire, il ne lui reste plus qu'à en faire parvenir les résultats à l'auteur de la page Web en cliquant sur un bouton dont le nom par défaut est **Submit**. Dans la version française, Microsoft a traduit ce nom par **Envoyer**. Si, au cours de sa saisie, il s'aperçoit qu'il a fait une erreur, il a la possibilité de réinitialiser tous les champs du formulaire en cliquant sur un autre bouton dont le nom par défaut est **Reset**. Dans la version française, Microsoft a traduit ce nom par **Rétablir**. Il est possible de changer le nom de ces boutons pour quelque chose de plus conforme au contexte du formulaire. Mais, l'Assistance de création de formulaire affiche **Envoyer le formulaire** et **Effacer le formulaire** (Figure 10.15).

Figure 10.15 :
Les boutons d'envoi et de réinitialisation du formulaire.

| Envoyer le formulaire | Effacer le formulaire |

Si vous trouvez que ces boutons gris (couleur non modifiable) sont tristounets, vous pouvez les remplacer par des images de type GIF ou JPEG comme ce que l'on peut voir sur la Figure 10.16.

Hélas, à une exception près : le bouton Effacer le formulaire est condamné à conserver son apparence de bouton de couleur grise.

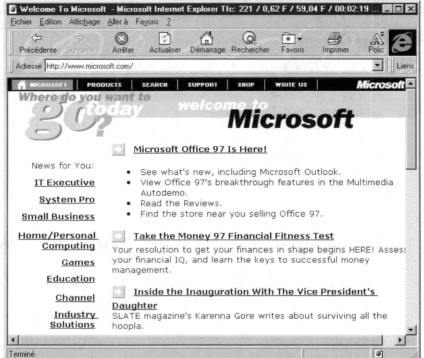

Figure 10.16 : "Go" est en réalité un bouton, bien plus pimpant que les boutons gris standard.

Insertion d'un bouton Envoyer

Voici la marche à suivre pour insérer un bouton Envoyer :

1. **Cliquez sur le bouton Bouton de commande (le dernier de la rangée des six boutons de la barre d'outils formulaire).** Un bouton gris s'affiche, portant la mention Envoyer.

2. **Pour le personnaliser, double-cliquez sur ce bouton.** Vous pouvez aussi cliquer du bouton droit de la souris dessus puis sur l'entrée du menu Propriétés du champ de formulaire dans le menu qui surgit. La boîte de dialogue Propriétés du bouton de commande s'affiche.

3. **Eventuellement, vous pouvez taper un nom de champ dans la boîte de saisie Nom.** Comme ce bouton ne sert qu'à lancer l'envoi des renseignements recueillis par le formulaire vers le serveur, il est inutile de lui donner un nom.

Un nom peut cependant être utile pour savoir sur quel bouton a cliqué l'utilisateur si vous avez plusieurs formulaires dans votre page Web.

4. **Vous pouvez changer ce qui est affiché sur le bouton en tapant ce nom dans la boîte de saisie à droite de la mention Valeur/Etiquette.**

5. **Pour spécifier un gestionnaire de formulaire, cliquez sur le bouton Formulaire.** Nous verrons dans la section suivante comment spécifier un gestionnaire de formulaire.

6. **Cliquez sur OK.**

Insertion d'une image

Voici comment vous pouvez remplacer le bouton par une image :

1. **Cliquez sur Insertion/Champ de formulaire/Image.** La boîte de dialogue Image s'affiche. N'importe quelle image peut être transformée en bouton de formulaire.

2. **Insérez l'image de votre choix dans votre page.**

3. **Double-cliquez sur l'image pour la personnaliser.** La boîte de dialogue Propriétés du champ image du formulaire s'affiche.

4. **Vous pouvez éventuellement taper un nom de champ dans la boîte de saisie Nom.**

5. **Cliquez sur le bouton Formulaire pour choisir et configurer un gestionnaire de formulaire.** Nous verrons dans la section suivante comment spécifier un gestionnaire de formulaire.

6. **Cliquez sur OK.**

Insertion d'un bouton Effacer

1. **Cliquez sur le bouton Bouton de commande (le dernier de la rangée des six boutons de la barre d'outils formulaire).** Un bouton gris s'affiche, portant la mention Envoyer (oui, dans tous les cas, c'est le mot "Envoyer" qui est affiché).

2. **Pour le personnaliser, double-cliquez sur ce bouton.** Vous pouvez aussi cliquer du bouton droit de la souris dessus puis sur l'entrée du menu Propriétés du champ de formulaire dans le menu qui surgit. La boîte de dialogue Propriétés du bouton de commande s'affiche.

3. **Vous pouvez éventuellement taper un nom de champ dans la boîte de saisie Nom.**

4. **En face du mot Bouton, cliquez sur Rétablir.**

5. **Vous pouvez modifier ce qui est affiché sur le bouton en indiquant le nouveau nom dans la boîte de saisie Valeur/Etiquette.**

6. **Cliquez sur OK.**

Vous aurez sans doute remarqué deux autres mentions en face du mot Bouton. Celui qui est marqué Normal vous permet d'utiliser un bouton pour commander d'autres fonctions, particulièrement si vous avez l'intention d'utiliser des scripts dans votre page Web. Par défaut, il sera affiché avec le nom Bouton.

Choix d'un gestionnaire de formulaire

Le gestionnaire de formulaire que vous allez choisir détermine la façon dont FrontPage traitera les résultats recueillis par un formulaire et l'endroit où ils aboutiront. FrontPage possède des gestionnaires de formulaire tout faits aptes à traiter ces données de plusieurs façons. Dans les sections qui suivent, je vais décrire ce que fait chacun de ces gestionnaires et vous montrer comment les personnaliser pour qu'ils conviennent à vos besoins.

Les gestionnaires de FrontPage utilisent les WebBots. Donc, à moins que votre serveur supporte les extensions serveur FrontPage, vous ne pourrez pas les utiliser. Vous devrez alors recourir à des scripts tournant sur le serveur et, pour cela, prendre langue avec votre fournisseur d'accès Internet. J'en reparlerai vers la fin de ce chapitre, à la section "ISAPI, NSAPI et scripts CGI".

Le WebBot Enregistreur de résultat

Le WebBot Enregistreur de résultat est le gestionnaire de formulaire par défaut pour tous les formulaires générés par FrontPage. Il traite les résultats en listant les couples Nom/Valeur dans un fichier texte ou une page Web ou les deux, selon le format que vous avez choisi. Chaque fois qu'un nouveau visiteur envoie les résultats d'un formulaire, ce WebBot ajoute le nouvel envoi au fichier.

Voici ce que vous devez faire pour utiliser le WebBot Enregistreur de résultat comme gestionnaires de formulaire :

1. **Cliquez du bouton droit de la souris dans le formulaire puis, du gauche, sur Propriétés du formulaire dans le menu qui surgit.** Vous pouvez aussi cliquer sur le bouton Formulaire dans la boîte de dialogue Propriétés du bouton lorsque vous éditez un bouton Envoyer ou un champ d'image.

2. **Cliquez sur Composant WebBot Enregistreur de résultat dans la boîte à liste déroulante Propriétés du formulaire.**

3. **Cliquez sur le bouton Configurer pour définir ses paramètres.** La boîte de dialogue Paramètres pour l'enregistrement des résultats d'un formulaire s'affiche avec l'onglet Résultats en premier plan (Figure 10.17).

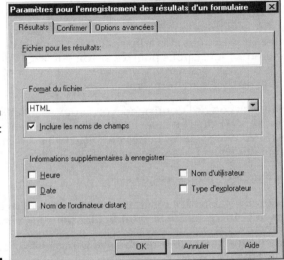

Figure 10.17 : La boîte de dialogue Paramètres pour l'enregistrement des résultats d'un formulaire.

4. **Dans la boîte de saisie Fichier pour les résultats, saisissez le nom du fichier dans lequel vous voulez que s'enregistrent vos résultats (généralement le fichier des résultats).** Vous pouvez choisir un fichier qui existe déjà dans votre site Web ou taper le nom d'un fichier à créer par FrontPage.

   Pour que le contenu de ce fichier ne soit pas visible des browsers, ajoutez _private en tête du nom de fichier : _private/resul.htm, par exemple. Cet ajout indique à FrontPage de sauvegarder les résultats dans le dossier _PRIVATE de votre site Web. Les documents situés dans ce répertoire sont invisibles des browsers Web.

   N'oubliez pas de taper les trois caractères de l'extension du nom de fichier qui correspondent au type de fichier que vous allez indiquer à l'étape suivante (étape 5) : .htm pour un fichier HTML ou .txt pour un fichier texte.

5. **Dans la boîte de saisie Format de fichier, choisissez un format pour le fichier résultat.** Avec HTML, vous avez le choix entre du texte normal avec des fins de ligne, des listes de définitions, des listes à

puces ou du texte mis en forme (revoir éventuellement le Chapitre 5 pour bien comprendre ce que représentent ces différents types de liste). Avec txt, vous avez le choix entre du texte pur mis en forme contenant des couples noms/valeurs, ou un fichier dans lequel des virgules, des tabulations ou des espaces séparent les noms des valeurs. Ce dernier format est particulièrement commode pour incorporer les résultats du formulaire dans une base de données ou une feuille de calcul.

6. **Dans la zone Informations supplémentaires à enregistrer, vous pouvez cliquez** sur **des boutons radio spécifiant l'enregistrement d'autres paramètres.** Ainsi, vous pourrez savoir l'heure, la date, le nom d'utilisateur, le type de browser (*d'explorateur*, comme dit Microsoft) ainsi que le nom de l'ordinateur distant.

7. **Cliquez ensuite sur l'onglet Confirmer.** Vous pouvez spécifier le nom de deux documents HTML, l'un de confirmation ; l'autre, en cas d'échec de validation. Si vous laissez ces boîtes de saisie vides, FrontPage générera automatiquement des pages génériques.

8. **Cliquez dans l'onglet Options avancées.**

9. **Si vous voulez** sauvegarder **les résultats dans un second fichier, tapez son nom dans la boîte de saisie Second fichier pour les résultats.**

10. **Si vous voulez limiter le nombre de champs à enregistrer dans ce second fichier, tapez les noms de ceux que vous voulez avoir dans la boîte de saisie Champs formulaires à inclure.** Si vous la laissez vide, tous les champs seront enregistrés dans le fichier.

11. **Cliquez** sur **OK pour refermer la boîte de dialogue Paramètres pour l'enregistrement des résultats d'un formulaire.**

12. **Cliquez** sur **OK pour refermer la boîte de dialogue Propriétés du formulaire.**

Composant WebBot Discussion

Ce gestionnaire de formulaire permet aux utilisateurs de participer à une discussion en ligne. Il recueille des informations à partir d'un formulaire, les met en forme comme une page HTML et ajoute cette page à un sommaire et un index en format texte. En outre, il regroupe les informations issues du formulaire et les stocke dans le format choisi. Au Chapitre 16, je vous montrerai comment créer un groupe de discussion FrontPage à partir de zéro.

Composant WebBot Inscription

Ce gestionnaire de formulaire permet aux utilisateurs de s'inscrire automatiquement pour accéder à une section réservée d'un site Web. Il ajoute l'utilisateur à la base de données d'authentification du service, rassemble des informations issues du formulaire et les stocke dans le format choisi.

ISAPI, NSAPI et scripts CGI

Si votre serveur Web externe ne supporte pas les extensions serveur FrontPage ou si vous avez besoin d'un gestionnaire de formulaire spécial que vous ne trouvez pas dans ce que vous propose FrontPage, vous pouvez traiter les informations recueillies par vos formulaires au moyen d'un *script CGI*. Il s'agit d'un programme personnalisé qui est placé sur le serveur et reçoit les informations du formulaire. Le formatage des informations est déterminé par le contenu du script.

En général, votre fournisseur d'accès Internet ou votre administrateur de réseau local disposera de scripts tout faits déjà installés sur son serveur. Après tout, on n'a pas attendu FrontPage pour dépouiller des formulaires ! C'est donc avec ce gourou qu'il faut prendre contact.

Ce type de scripts qui résident sur le serveur nécessite une bonne coordination entre le responsable du serveur et l'auteur Web. Par contre, d'autres langages de script comme VBScript ou JavaScript ont beaucoup plus d'autonomie car ils sont incorporés dans le document HTML et tournent sur la machine du visiteur. Je reparlerai de ces langages au Chapitre 13.

ISAPI signifie *Internet Server Application Programming Interface*, c'est-à-dire *Interface de développement d'applications pour serveur Web*. NSAPI signifie *Netscape Server Application Programming Interface*, c'est-à-dire *Interface de développement d'application Netscape*.

Pour utiliser un script tournant sur le serveur pour traiter vos formulaires, voici ce que vous devez faire :

1. **Cliquez du bouton droit de la souris dans le formulaire, puis, du gauche, sur Propriétés du formulaire dans le menu qui surgit.** Vous pouvez aussi cliquer sur le bouton Formulaire dans la boîte de dialogue Propriétés du bouton lorsque vous éditez un bouton Envoyer ou un champ d'image. La boîte de dialogue Propriétés du formulaire s'affiche.

2. **Dans la boîte à liste déroulante Propriétés de formulaire, cliquez sur Script ISAPI, NSAPI ou CGI personnalisé.**

3. **Cliquez sur le bouton Configurer pour afficher la boîte de dialogue Paramètres pour le descripteur de formulaire personnalisé.**

4. **Dans la boîte de saisie Action, tapez l'URL absolue du gestionnaire de formulaire.** Si vous l'ignorez, informez-vous auprès de votre fournisseur d'accès ou de votre administrateur de réseau local.

5. **Dans la boîte de saisie Méthode, le mot POST doit être visible. Sinon, sélectionnez-le dans la boîte à liste déroulante.** Cette méthode indique au browser d'envoyer les résultats du formulaire sous forme de couples bruts nom/valeur à partir des éléments recueillis dans le formulaire. La majorité des formulaires Web utilisent cette méthode pour envoyer des données à un script.

6. **Laissez la boîte de saisie Type de codage vierge.**

7. **Cliquez sur OK pour refermer la boîte de dialogue Paramètres pour le descripteur de formulaire personnalisé.**

8. **Cliquez sur OK pour refermer la boîte de dialogue Propriétés du formulaire.**

Connecteur de base de données Internet

Ce gestionnaire de formulaire vous permet d'utiliser un formulaire pour envoyer des requêtes à une base de données connectée à l'Internet. Pour cela, vous devez commencer par créer un *connecteur de base de données* avec l'aide de l'assistant connecteur de base de données de l'explorateur. Cette procédure demande que vous sachiez écrire des requêtes de base de données en langage SQL (*Structured Query Language*).

Une fois ce connecteur créé, vous pouvez utiliser ce fichier comme gestionnaire de formulaire. Lorsqu'un visiteur envoie le formulaire, le fichier connecteur traduit les informations reçues dans un langage que peut comprendre le gestionnaire de base de données. Lorsque celui-ci renvoie les résultats, ce même fichier connecteur les formate dans une page Web spéciale appelée un fichier résultat de base de données (*database results file*). L'éditeur de FrontPage contient un modèle Résultats de base de données qui est utilisable pour définir et formater le fichier.

L'utilisation de FrontPage en relation avec une base de données de l'Internet est une opération qui demande de solides connaissances informatiques ainsi qu'une étroite collaboration avec le fournisseur d'accès. Vous trouverez d'autres informations sur ce sujet dans l'aide en ligne de FrontPage à propos du modèle Résultats de base de données.

Création d'une page de confirmation

Une page de confirmation est un document qui s'affiche automatiquement lorsqu'un visiteur envoie un formulaire, afin de lui faire savoir que ses informations ont été bien reçues. Elle peut aussi lui présenter un état rassemblant les éléments qu'il a envoyés. C'est une bonne façon de rassurer le visiteur sur le devenir des informations qu'il a pris la peine de vous fournir.

Les WebBots Enregistreur de résultats, Inscription et Discussion génèrent automatiquement cette page. Cependant, il s'agit de quelque chose d'assez standard et si vous voulez un résultat personnalisé, vous devrez créer votre propre page.

La page de confirmation peut se réduire à de simples remerciements et à un retour vers la page d'accueil du site Web, du genre : "Merci de la peine que vous avez prise de renseigner notre questionnaire. Pour revenir à la page d'accueil de la SPCL, `cliquez ici`.". Mais elle peut aussi être plus diserte et présenter au visiteur quelques-uns des éléments qu'il a fournis afin de lui donner une référence pour l'avenir. Pour cela, une page de confirmation contient quelques perles rares appelées des *champs de confirmation*.

Les champs de confirmation ne sont autres que des références à des champs de votre formulaire. Utilisés comme éléments d'une page Web, ces champs permettent d'afficher certaines des informations fournies par le visiteur dans les champs correspondants. Représentez-vous ces champs comme l'équivalent Web d'une fusion de courrier.

Comme toujours, l'éditeur de FrontPage vous vient en aide au moyen d'un modèle de confirmation de formulaire. Vous trouverez un autre modèle, personnalisé, sur le CD-ROM d'accompagnement. Vous pouvez aussi créer le vôtre en ajoutant des champs de confirmation à une page Web existante.

Pour utiliser une page de confirmation personnalisée, vous devez indiquer son URL lorsque vous définissez le gestionnaire de formulaire. Consultez la section "Choix d'un gestionnaire de formulaire", plus haut, dans ce même chapitre. N'oubliez pas que vous ne pouvez utiliser les champs de confirmation que si votre serveur Web supporte les extensions serveur de FrontPage.

Mise en oeuvre du modèle de confirmation de formulaire

Le modèle de confirmation de formulaire est un bon point de départ pour réaliser une page de confirmation personnalisée.

Avant de commencer, vous devez faire une liste des noms des champs de formulaire que vous voulez confirmer.

Voici comment vous pouvez créer une page basée sur ce modèle :

1. **Cliquez sur Fichier/Nouveau ou tapez <Ctrl>+<N>.** La boîte de dialogue Nouvelle page s'affiche.

2. **Dans la boîte à liste Modèle ou assistant, double-cliquez sur Accusé de réception.** Une page intitulée Accusé de réception s'affiche dans l'éditeur.

3. **Editez-la pour que son contenu soit conforme à ce que vous désirez renvoyer à votre visiteur.** Cette page Web est identique à n'importe quelle autre page Web et vous pouvez en modifier le contenu à votre gré.

   Les mots qui apparaissent entre crochets (comme [EmailUtilisateur]) sont les champs de confirmation de la page. Le mot placé entre les crochets correspond au nom d'un champ du formulaire.

4. **Pour modifier un champ de confirmation de façon qu'il corresponde à un des champs du formulaire à confirmer, double-cliquez sur ce mot.** La boîte de dialogue Propriétés du composant WebBot de confirmation de champ s'affiche.

5. **Dans la boîte de saisie Nom du champ de formulaire à confirmer, tapez le nom du champ que vous voulez confirmer.** Respectez majuscules et minuscules.

6. **Cliquez sur OK.**

Ajout de champs de confirmation à une page existante

Vous pouvez ajouter des champs de confirmation à n'importe quelle page de votre site Web et vous servir de cette page comme page de confirmation de votre formulaire.

Pour cela :

1. **Dans l'éditeur, ouvrez la page Web que vous voulez utiliser comme page de confirmation.**

2. **Placez le pointeur de la souris à l'endroit de la page où vous voulez qu'apparaisse le premier champ de confirmation.**

3. **Cliquez sur le bouton Insérer un composant WebBot (le quatorzième à partir de la gauche, dans la barre d'outils).** Vous pouvez aussi cliquer sur Insérer/Composant WebBot. La boîte de dialogue Insertion d'un composant WebBot s'affiche.

4. **Double-cliquez sur le champ Confirmation de champ dans la boîte à liste Sélectionner un composant.** La boîte de dialogue des Propriétés du composant WebBot de confirmation de champ s'affiche. (Voilà un nom bien long pour une si petite boîte de dialogue !)

5. **Dans la boîte de saisie Nom du champ de formulaire à confirmer, tapez le nom du champ de votre formulaire que vous voulez confirmer.** Respectez soigneusement majuscules et minuscules.

6. **Cliquez sur OK.**

Chapitre 11

Je me suis fait encadrer

Parmi toutes les nouveautés qui surgissent continuellement sur la scène de l'édition Web, les *cadres* constituent la plus intéressante car cela change radicalement la façon dont les visiteurs peuvent percevoir une présentation Web.

Dans ce chapitre, je vais vous expliquer comment créer un site Web utilisant des cadres (*frames*).

Qu'est-ce qu'un cadre ?

Les cadres sont des séparations qui compartimentent la fenêtre du browser en plusieurs sous-ensembles rectangulaires dont chacun peut contenir une page Web différente, ce qui permet d'en afficher plusieurs à la fois comme on peut le voir sur la Figure 11.1.

Dans cet exemple, la fenêtre du browser contient deux cadres, chacun d'eux affichant une page différente. Celle qui est affichée dans la partie gauche est une table des matières ; celle qu'on voit dans la partie droite est la page d'accueil du site. Une troisième page, appelée *frameset* (jeu de cadres), n'est jamais affichée. C'est elle qui contient le descriptif de la structure d'ensemble des cadres.

En plus de leur aspect attractif, les cadres constituent une puissante aide à la navigation. Dans l'exemple illustré par la Figure 11.1, il suffit de cliquer sur une rubrique de la table des matières (constamment affichée) pour charger immédiatement la page correspondante.

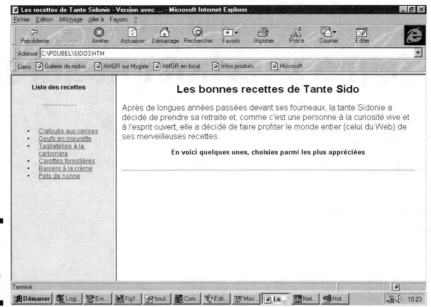

Figure 11.1 :
Exemple de
site Web
utilisant des
cadres.

Le principal inconvénient des cadres, c'est que tous les browsers ne les reconnaissent pas encore. Mais rassurez-vous, nos deux ténors, Internet Explorer (version 3.0 ou plus récente) et Netscape Navigator (version 2.0 ou plus récente), ont été dans les premiers à les supporter. Quant aux autres, ils ne peuvent même pas afficher quelque chose d'approximatif et leurs utilisateurs ne verront qu'une page blanche. Par bonheur, FrontPage permet de leur offrir une solution alternative, dépourvue de cadres et donc visible par tous les browsers.

Vous trouverez une bonne démonstration de ce qu'on peut faire avec des cadres sur le site de Netscape à l'URL `http://www.netscape.com/comprod/products/navigator/version_2.0/frames/` ou sur celui de Microsoft à l'URL `http://www.microsoft.com/workshop`.

Comment créer un site Web avec des cadres

La création d'un site Web utilisant des cadres s'effectue en trois étapes :

- Création de la structure d'ensemble (le jeu de cadres).

- Transport des pages individuelles dans les cadres.

- Modification éventuelle de ces pages pour tenir compte des cadres.

Le jeu de cadres (*frameset*) tire son nom de celui du conteneur particulier qui est utilisé pour décrire la structure d'ensemble des cadres : <FRAMESET> ... </FRAMESET>. Il peut contenir autant de cadres (*frames*) qu'on le veut. FrontPage vous propose un assistant particulier pour vous aider dans votre travail de création.

Une fois défini ce jeu de cadres, vous devez le garnir avec les pages individuelles, qui ne sont autres que de bonnes vieilles pages Web auxquelles vous êtes maintenant habitué. L'assistant de FrontPage peut générer des pages vides pour garnir le jeu de cadres. Il ne vous restera plus ensuite qu'à les remplir.

L'étape finale consiste à définir la cible (*target*) pour chaque page, c'est-à-dire le cadre dans lequel elle devra se charger. Par défaut, ce sera la page qui contient l'appel de lien, ce qui n'est généralement pas ce qu'on souhaite. En particulier, dans la structure illustrée par la Figure 11.1 (qui est une des plus utilisées), il faut se garder d'aller écraser la table des matières avec la page qu'on veut charger et bien spécifier que la fenêtre destinataire doit être le cadre de droite.

Une fois terminée la création de votre site avec les cadres, il est prudent d'examiner le résultat avec un browser supportant les cadres. Internet Explorer fera très bien l'affaire. Nous y viendrons un peu plus loin dans ce chapitre.

Mais j'ai sans doute été trop vite. Alors, revenons au début et appelons l'assistant de FrontPage préposé à la réalisation des sites avec cadres.

Utilisation de l'assistant Cadres

L'assistant Cadre vous aide à créer un site entièrement "encadré" en quelques minutes. Il vous permet de choisir votre mise en page et même de créer des pages vides que vous remplirez plus tard. Si vous avez déjà des pages terminées, il vous aide à les incorporer dans l'ensemble des cadres.

Choix d'un modèle de cadres

La façon la plus simple de construire une présentation à base de cadres à partir de zéro est d'utiliser un modèle. FrontPage vous en propose six. Une fois que vous en aurez choisi un, l'éditeur va créer des pages vides que vous n'aurez plus qu'à remplir ensuite.

Voici comment procéder pour créer un jeu de cadres :

1. **Dans l'éditeur de FrontPage, cliquez sur Ficher/Nouveau ou tapez <Ctrl>+<N>.** La boîte de dialogue Nouvelle page s'affiche.

2. **Dans la boîte à liste Modèle ou assistant, double-cliquez sur Assistant cadres.** La boîte de dialogue Assistant Cadres - Choix d'une technique s'affiche. C'est maintenant que vous allez choisir l'agencement de vos cadres.

   Comme pour tous les assistants, vous devez cliquer sur Suivant pour passer d'un écran au suivant. Si vous avez un remords, le bouton Précédent est là pour vous secourir. Pour quitter l'assistant, cliquez sur le bouton Annuler.

3. **Cliquez sur le bouton radio Choisir un modèle puis sur Suivant.** La boîte de dialogue Choix de la disposition du modèle s'affiche (Figure 11.2). Elle va vous permettre de définir la taille et l'agencement des cadres dans la page.

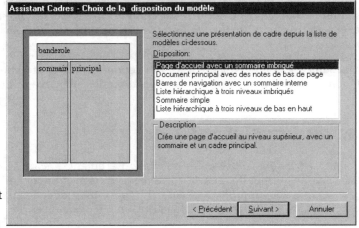

Figure 11.2 :
La boîte de dialogue Choix de la disposition du modèle de l'assistant Cadres.

4. **Sélectionnez l'une des options de la boîte à liste Disposition et cliquez sur Suivant.** Dans la zone Description apparaît une courte description du type de mise en page que vous allez obtenir ainsi qu'une esquisse de la disposition réalisée. Chacun des cadres porte un *nom*. (Je vous parlerai des noms de cadres dans la section "Edition du contenu des pages", un peu plus loin, dans ce même chapitre.)

Pour modifier les dimensions des cadres, promenez le pointeur de votre souris sur le modèle et cliquez sur l'une des barres lorsque le pointeur se change en un petit trait perpendiculaire à la barre de séparation et pourvu d'une flèche aux deux bouts. Ensuite, vous pouvez déplacer la barre dans le sens des flèches. Personnellement, je préfère ne rien changer, quitte à modifier les proportions plus tard, lorsque les cadres seront remplis. Nous y viendrons à la section "Manipulations d'un jeu de cadres", plus loin dans ce même chapitre.

Après que vous avez cliqué sur Suivant, la boîte de dialogue Choix d'un contenu de remplacement s'affiche.

5. **Cliquez sur le bouton Parcourir pour choisir la page Web, qui s'affichera devant vos visiteurs utilisant un browser ne pouvant pas afficher de cadres.** Vous pouvez choisir entre une page existante ou une nouvelle page que vous créerez plus tard. Vous pouvez également ne pas renseigner ce champ en cliquant immédiatement sur Suivant. Vous pourrez toujours y revenir plus tard.

6. **Cliquez sur Suivant.** L'écran Enregistrement d'une page s'affiche. L'assistant vous propose un titre et un URL pour la page. Vous pouvez éventuellement les modifier à votre convenance (Figure 11.3).

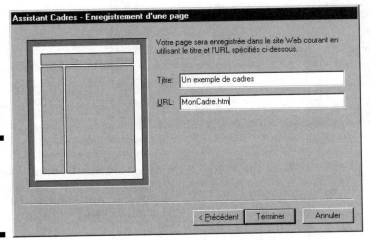

Figure 11.3 : La boîte de dialogue Enregistrement d'une page.

Dans un site à base de cadres, le titre du jeu de cadres est le seul qui s'affiche aux yeux du visiteur. Les titres de chacune des pages de l'ensemble n'apparaissent jamais. Tenez-en compte pour le choix du titre du jeu de cadres.

7. **Cliquez sur Terminer pour créer le jeu de cadres et les pages associées.** L'ensemble est sauvegardé dans votre site Web.

8. **Pour commencer à éditer les pages vides, ouvrez-les dans l'éditeur en cliquant sur le bouton Ouvrir ou sur Fichier/Ouvrir ou en tapant <Ctrl>+<O>.** La boîte de dialogue Ouverture d'un fichier s'affiche, l'onglet Site Web FrontPage courant visible, comme on peut le voir sur la Figure 11.4. Les noms des autres pages sont `frbander.htm`, `frprinci.hrm` et `frsommai.htm` (seuls les deux derniers sont visibles sur la figure). On remarque que leur nom commence toujours par `fr`. On peut aussi les identifier par le mot "Cadre" placé dans leur description en face d'eux.

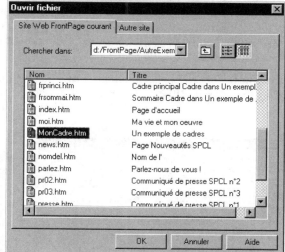

Figure 11.4 :
La boîte de
dialogue
Ouverture de
fichier.

9. **Double-cliquez sur le nom de la page sur laquelle vous voulez travailler.** Prenons, par exemple, la page `frsommai.htm` qui contiendra le sommaire (Figure 11.5). Les commentaires affichés en violet expliquent le rôle de la page dans le jeu de cadres.

Pour modifier une des pages du jeu de cadres, vous ne devez jamais ouvrir le fichier contenant la description du jeu de cadres (ici `MonCadre.htm`), sinon l'éditeur croirait que vous voulez modifier l'agencement des cadres et non pas les cadres eux-mêmes.

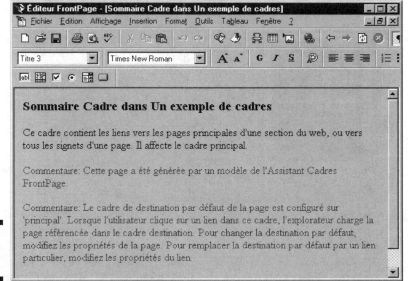

Figure 11.5 :
La page du
sommaire.

Réalisation d'une mise en page personnelle

Vous pouvez aussi utiliser l'assistant Cadres pour construire un agencement de cadres personnel dans lequel vous glisserez des pages que vous avez déjà préparées.

Pour construire un agencement de cadres personnalisés, voici les étapes à parcourir :

1. **Dans l'éditeur de FrontPage, cliquez sur Ficher/Nouveau ou tapez <Ctrl>+<N>.** La boîte de dialogue Nouvelle page s'affiche.

2. **Dans la boîte à liste Modèle ou assistant, double-cliquez sur Assistant cadres.** La boîte de dialogue Assistant Cadres - Choix d'une technique s'affiche.

3. **Cliquez sur le bouton Créer une grille personnalisée puis sur Suivant.** La boîte de dialogue Modifier la grille du jeu de cadres s'affiche (Figure 11.6). Vous pouvez modifier la position des barres de séparation à votre gré.

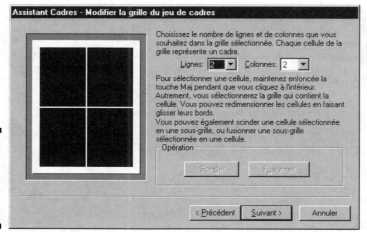

Figure 11.6 :
La boîte de
dialogue
Modifier la
grille du jeu
de cadres.

4. **Commencez par indiquer le nombre de lignes et de colonnes que vous désirez au moyen des boîtes Lignes et Colonnes (Figure 11.7).** L'agencement visible se modifie en conséquence.

- Pour modifier les dimensions des cadres, promenez le pointeur de votre souris sur le modèle et cliquez sur l'une des barres lorsque le pointeur se change en un petit trait perpendiculaire à la barre de séparation et pourvu d'une flèche aux deux bouts. Ensuite, vous pouvez déplacer la barre dans le sens des flèches.

- Pour partager un des cadres en deux, maintenez la touche <MAJ> enfoncée et cliquez sur le bouton Scinder.

  Le cadre se partage alors en autant de sous-ensembles qu'indiqué dans les boîtes Lignes et Colonnes. En modifiant leur contenu, vous pouvez jouer sur le nombre et la disposition des subdivisions. Pour fusionner les nouvelles cases ainsi obtenues, utilisez le bouton Fusionner.

5. **Lorsque le résultat obtenu vous satisfait, cliquez sur Suivant.** La boîte de dialogue Modifier les attributs d'un cadre s'affiche, dans laquelle vous allez pouvoir modifier les attributs de chacun des cadres du jeu de cadres.

6. **Sélectionnez un cadre en appuyant sur <Maj> puis en cliquant à l'intérieur de ce cadre (Figure 11.8)**[9].

---

9. Signalons une faute d'orthographe dans la première ligne du texte explicatif. Au lieu de "... pour changer **ces** attributs...", il faut évidemment lire "... pour changer **ses** attributs..." (N.d.T.).

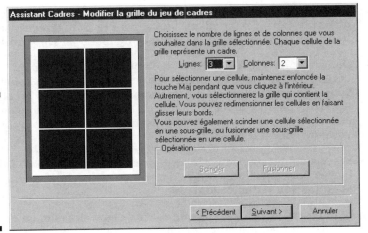

Figure 11.7 :
Les subdivisions de la fenêtre se modifient en fonction du partage que vous spécifiez.

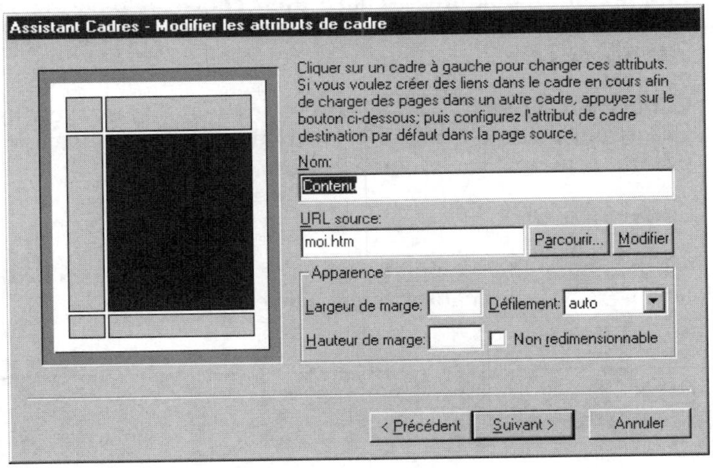

Figure 11.8 :
Boîte de dialogue de modification des attributs du cadre.

7. **Dans le champ Nom, tapez un nom pour ce cadre.** Ce nom servira d'étiquette pour désigner le cadre. Il doit donc être facile à retenir car vous devrez l'utiliser chaque fois que vous devrez indiquer la cible d'un appel de lien. S'il s'agit du cadre contenant la table des matières, vous pouvez l'appeler TDM, par exemple.

8. **Dans la boîte de saisie URL indiquez le nom du fichier correspondant : soit un nom de fichier existant, soit le nom d'un nouveau fichier.** Pour le choix d'un fichier existant, vous pouvez vous aider du bouton Parcourir.

9. **Dans les boîtes de la zone Apparence, vous pouvez spécifier la distance, exprimée en pixels, qui sépare le texte d'un cadre de ses bordures à l'aide des boîtes Hauteur de marge et Largeur de marge.**

10. **Dans la boîte à liste Défilement, choisissez entre "auto" et "non" pour le type de défilement autorisé pour ce cadre.** En choisissant auto, vous autorisez l'affichage de barres de défilement dans le cadre s'il est trop petit pour contenir la totalité du fichier HTML chargé. Si vous choisissez non, vous risquez de ne pas pouvoir afficher la totalité de votre document HTML.

11. **Si vous voulez empêcher le visiteur de modifier la position des barres de séparation, cliquez dans la case à cocher en face de la mention Non redimensionnable.**

12. **Répétez les étapes 6 à 11 pour chacun des cadres du jeu de cadres puis cliquez sur Suivant.** La boîte de dialogue Choix d'un contenu de remplacement apparaît.

13. **Cliquez sur le bouton Parcourir pour choisir la page Web qui s'affichera devant vos visiteurs utilisant un browser ne pouvant pas afficher de cadres.**

14. **Cliquez sur Suivant.** L'écran Enregistrement d'une page s'affiche. L'assistant vous propose un titre et une URL pour la page. Vous pouvez éventuellement les modifier à votre convenance.

15. **Cliquez sur OK.**

Vous êtes maintenant sur le point d'éditer le contenu de chacune des pages qui viendront remplir les cadres que vous venez de définir.

Soyez prévoyants

A l'heure actuelle, tous les browsers ne sont pas capables d'afficher des cadres. Si vous voulez que vos visiteurs ne se retrouvent pas devant un écran vide, vous devez donc penser à leur proposer un ensemble de pages de remplacement.

Vous pouvez aussi spécifier le jeu de cadres comme page d'accueil de votre site. Ce sera donc la première page affichée lorsque vos visiteurs se connecteront sur votre site. Comme FrontPage génère automatiquement une page de remplacement pour les browsers incapables de rendre une structure de cadre, tout se passera bien. Enfin, presque...

Le problème est de procurer à vos visiteurs handicapés par un browser indigent un autre moyen de navigation dans vos pages. Pour comprendre ce que j'entends par là, considérez l'exemple de la Figure 11.1 dans lequel le cadre de gauche contient un sommaire. En cliquant sur une des recettes proposées, elle s'affiche dans la partie de droite. Si vos visiteurs ne voient que la page principale, ils ignoreront les possibilités de choix (donc, de navigation) qui existent.

La solution consiste à reproduire le contenu du cadre de navigation dans la page principale ou de créer un ensemble complet de pages pour les "non-cadres". Solution quasiment impraticable lorsque vous avez un site Web de grande taille, la mise à jour concomitante des deux formes en parfaite synchronisation devenant très vite un cauchemar.

La meilleure solution consiste peut-être à afficher une courte page d'avertissement signalant que, pour être vue, votre présentation Web demande l'utilisation d'un browser moderne tel qu'une version récente de Netscape Navigator ou de Internet Explorer.

Edition du contenu des pages

Comme pour des tableaux (artistiques, pas informatiques), les cadres ne sont là que pour mettre en valeur ce qu'ils... encadrent !

Si vous n'avez fait que créer une ossature générale avec l'assistant cadres, c'est maintenant que vous allez devoir garnir chacune des pages générées. Si vous avez prévu d'y placer des pages déjà existantes, vous allez sans doute avoir besoin d'y apporter quelques ajustements pour qu'elles se sentent chez elles dans leur nouveau logement.

Edition des pages créées par l'assistant Cadres

Pour éditer une page créée par l'assistant cadres, ouvrez-la tout simplement dans l'éditeur et apportez-y les additions et changements qui vous semblent nécessaires. Dans chaque page se trouvent des commentaires affichés en violet qui vous rappellent le rôle de la page dans le jeu de cadres. N'oubliez pas que ces commentaires sont normalement invisibles lorsqu'on regarde la page avec un véritable browser. Vous pouvez toujours les supprimer en cliquant n'importe où dans leur texte et en appuyant ensuite sur la touche <Supp> ou la touche <Esp Arr>.

Changement du cadre de destination par défaut

L'assistant Cadres assigne à chaque contenu de page un *cadre de destination par défaut*, cadre dont le nom est rappelé dans les commentaires. Par exemple :

Le cadre de destination par défaut de la page est configuré sur 'principal'. Lorsque l'utilisateur clique sur un lien dans ce cadre, l'explorateur charge la page référencée dans le cadre destination. Pour changer la destination par défaut, modifiez les propriétés de la page. Pour remplacer la destination par défaut avec un lien particulier, modifiez les propriétés du lien.

Lorsque vous aurez rajouté les liens dans toutes les pages, les pages destinataires apparaîtront dans le cadre de destination.

Voici comment modifier le cadre de destination par défaut d'une page :

1. **Cliquez sur Fichier/Propriétés de la page (ou cliquez du bouton droit de la souris n'importe où dans la page puis dans l'entrée Propriétés de la page à l'intérieur du menu qui apparaît).** La boîte de dialogue Propriétés de la page s'affiche.

2. **Dans l'onglet Général, tapez un nouveau nom de cadre dans la boîte de saisie Cadre de destination par défaut.**

3. **Cliquez sur OK.**

Si vous ne vous rappelez pas le nom des cadres, ouvrez le jeu de cadres dans l'éditeur FrontPage, ce qui aura pour effet de lancer automatiquement l'assistant Cadres. Cliquez alors sur Suivant jusqu'à ce que vous parveniez à l'écran Modifier les attributs de cadre. Cliquez alors dans chacun des cadres pour voir son nom s'afficher dans la zone de texte Nom. Pour terminer, cliquez sur le bouton Annuler.

Modification du cadre de destination pour certains liens

Vous pouvez changer le cadre de destination pour des liens individuels dans la page afin de charger le document HTML qu'ils concernent dans un autre cadre. Pour cela :

1. **Créez un nouvel appel de lien en cliquant sur le bouton de la barre d'outils de l'éditeur Créer ou éditer un lien.** La boîte de dialogue Créer un lien s'affiche (Figure 11.9).

   Vous pouvez aussi sélectionner un lien existant et cliquer sur le bouton Créer ou éditer un lien de la barre d'outils de l'éditeur ou taper <Ctrl>+<K>.

2. **Dans la boîte de dialogue Créer un lien, tapez le nom de ce lien dans la boîte de saisie Cadre de destination.**

3. **Cliquez sur OK.**

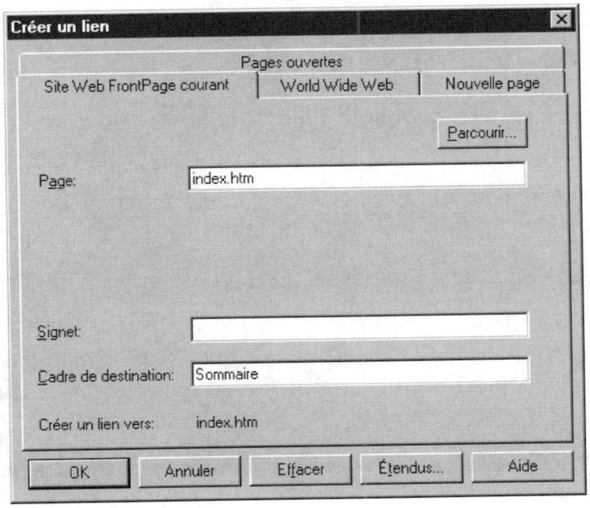

Figure 11.9 :
On peut
spécifier un
cadre de
destination
pour chaque
lien.

Modification de pages existantes pour les placer dans des cadres

Si vous voulez remplacer les pages automatiquement générées par l'assistant Cadres avec des pages que vous avez écrites à un autre moment, la seule modification à leur faire subir est de définir le cadre de destination par défaut. Pour cela, reportez-vous à la section "Changement du cadre de destination par défaut", plus haut dans ce même chapitre. Vous pouvez spécifier des cadres de destination différents pour chacun des liens. (Voir la section "Modification du cadre de destination pour certains liens", plus haut dans ce même chapitre.)

Si vos pages contiennent des images ou des images réactives, vous pouvez également spécifier un cadre de destination pour elles.

Définition du cadre de destination pour des résultats de formulaire

Si une de vos pages destinée à être chargée dans un cadre contient un formulaire, vous pouvez spécifier un cadre de destination pour les résultats du formulaire. Ce dernier aura priorité sur le cadre de destination par défaut.

Pour spécifier un cadre de destination, cliquez du bouton de droite de la souris dans le formulaire puis sur Propriétés du formulaire dans le menu qui surgit. Dans la boîte de dialogue Propriétés du formulaire, tapez un nom de cadre de destination dans la boîte de saisie Cadre de destination, indiquez le nom du nouveau cadre.

Noms de cadres de destination réservés

Quatre noms de cadres ont une signification particulière. Ils commencent tous par un blanc souligné (_).

- **_blank** : L'utilisation de ce nom entraîne l'ouverture d'une autre fenêtre de browser où sera chargé le document HTML désigné par le lien.

- **_self** : Le document HTML désigné par le lien sera chargé dans le cadre même où se trouve ce lien.

- **_parent** : Il est possible d'imbriquer les jeux de cadres les uns dans les autres. Dans ces conditions, on appelle *parent* le jeu de cadres de niveau immédiatement supérieur à celui où se trouve le lien.

- **_top** : La page pointée par le lien ira remplacer le jeu de cadres dans la fenêtre du browser.

Définition du cadre de destination pour une image réactive

Si une de vos pages destinée à être chargée dans un cadre contient une image réactive, vous pouvez spécifier un cadre de destination pour les zones sensibles. Pour cela, cliquez du bouton droit de la souris sur l'image réactive puis sur Propriétés de l'image dans le menu qui apparaît. Dans l'onglet Général de la boîte de dialogue Propriétés de l'image, tapez le nom du nouveau cadre de destination dans la boîte de saisie Cadre de destination puis cliquez sur OK pour refermer la boîte de dialogue.

Vous pouvez également spécifier un cadre de destination différent pour chaque zone sensible. Pour cela, double-cliquez sur une zone sensible afin d'afficher la boîte de dialogue Editer le lien. Tapez alors le nom d'un cadre de destination dans la boîte de saisie Cadre de destination puis cliquez sur OK pour refermer la boîte de dialogue. Pour plus de détails sur les images réactives, consultez le Chapitre 8.

Aperçu d'un site Web avec des cadres

La seule façon de voir comment s'affiche un site Web utilisant des cadres est de le charger dans un véritable browser. Malheureusement, si la page du jeu de cadres se trouve dans la page d'accueil du site, vous ne pouvez pas utiliser le bouton de prévisualisation situé dans la barre d'outils de l'éditeur car cela aurait pour effet de charger l'assistant Cadres.

Vous devez donc quitter (temporairement) l'éditeur, appeler Netscape Navigator ou Internet Explorer et, après avoir tapé <Ctrl>+<O>, indiquer l'URL de votre page contenant le *frameset* (en vous aidant, au besoin, du bouton Parcourir). Un autre moyen de savoir quel est son URL est de retourner dans l'explorateur. Là, après avoir ouvert (si ce n'est déjà fait) le site Web où se trouve cette page, cliquez du bouton droit de la souris sur l'icône du fichier HTML contenant le jeu de cadres. Dans le menu qui apparaît, cliquez sur Propriétés. Dans la boîte de dialogue Propriétés de *xxxx*.htm (où *xxx* est le nom du fichier), vous lirez le chemin d'accès absolu vers ce fichier dans la zone de texte Adresse.

Manipulations d'un jeu de cadres

A tout moment, vous pouvez appeler l'assistant Cadres lorsque vous voulez éditer le fichier du jeu de cadres lui-même. Vous pouvez alors modifier n'importe lequel des paramètres initiaux définis lors de sa création. Pour cela :

1. **Dans l'éditeur, cliquez sur le bouton Ouvrir ou sur Fichier/Ouvrir ou tapez <Ctrl>+<O>.** La boîte de dialogue Ouverture d'un fichier s'affiche, l'onglet Site Web FrontPage courant visible.

2. **Double-cliquez sur le nom du fichier contenant le jeu de cadres.** L'assistant Cadres s'affiche.

3. **Continuez de cliquer sur le bouton Suivant jusqu'à ce qu'apparaisse la fenêtre contenant les options que vous voulez modifier.**

4. **Effectuez les changements souhaités puis continuez de cliquer jusqu'à ce qu'apparaisse la fenêtre portant le bouton Terminer.**

5. **Cliquez sur ce bouton.** L'assistant Cadres vous demande si vous voulez enregistrer sous le même nom les modifications que vous venez d'apporter à l'ancien jeu de cadres.

6. **Cliquez sur Oui.**

Chapitre 12
Ces adorables WebBots

C omme si vous n'aviez pas eu déjà assez de vocabulaire nouveau à mémoriser jusqu'ici, je vais vous présenter un nouveau diablotin : le WebBot. Bien sûr, nous avons déjà eu l'occasion d'entrevoir le bout de son nez çà et là, mais maintenant, nous allons lui consacrer tout un chapitre.

Je vais donc vous expliquer ce qu'est un WebBot, passer en revue la troupe de WebBots de FrontPage et vous montrer comment vous pouvez les incorporer dans vos pages.

La mécanique des WebBots

Un WebBot est un petit... machin que vous insérez dans votre site Web avec la mission de simplifier certaines tâches ou d'ajouter des fonctionnalités dynamiques.

Les WebBots travaillent en équipe avec le serveur Web personnel FrontPage. Un WebBot fait référence à un programme WebBot spécial qui fait partie de FrontPage. Après que vous avez inséré un WebBot dans votre page Web, le serveur Web personnel FrontPage note la référence et alerte le programme WebBot qui, alors, entre en action et exécute ce qui lui est demandé au profit de votre page.

L'apport des WebBots à un site Web

Avant que naissent les WebBots, ajouter quelques fonctionnalités à un site Web demandait une coordination précise entre client et serveur qui ne pouvaient communiquer qu'au moyen de scripts, la plupart du temps exécutés sur le serveur. Ce qui nécessitait une étroite et compréhensive collaboration avec l'administrateur de votre système. Maintenant, vous faites la même chose d'un clic de souris.

FrontPage abrite huit WebBots, à chacun desquels est dévolue une tâche bien précise :

- **Insertion** : Placé dans une page Web, ce WebBot est remplacé par le contenu d'une autre page, ce qui autorise une mise à jour simultanée de plusieurs pages.

- **Insertion programmée** : Ce WebBot joue le même rôle que le précédent mais seulement pendant un laps de temps donné, ce qui est pratique pour afficher des informations à durée de vie limitée.

- **Image programmée** : Ce WebBot joue le même rôle que le précédent mais seulement pour une image et non plus pour une page tout entière.

- **Recherche** : Ce WebBot crée un formulaire de recherche dans une page Web afin de permettre aux visiteurs de faire des recherches sur mots clés dans votre site Web FrontPage.

- **Remplacement** : Ce WebBot vous permet d'afficher certains types d'informations standard dans vos pages Web.

- **Sommaire** : Ce WebBot génère une table des matières du contenu d'un site Web contenant des liens vers chaque page.

- **Horodateur** : Ce WebBot est remplacé par la date et l'heure actuelles et la date de dernière mise à jour de la page.

- **Confirmation de champ** : Ce WebBot travail de concert avec un formulaire interactif pour confirmer certains champs de formulaires saisis par les visiteurs (voir le Chapitre 10).

Dans les sections qui suivent, je vais vous montrer de quelle façon ces WebBots peuvent vous simplifier la vie et comment les mettre en oeuvre.

WebBots et formulaires

Certains WebBots sont conçus pour travailler avec des formulaires et ils se réveillent lorsque le visiteur clique sur le bouton d'envoi. Ils sont au nombre de trois : Recherche, Confirmation de champ et Gestionnaires de formulaire.

WebBot Insertion

Ce WebBot permet une insertion facile de la même information dans plusieurs pages de votre site Web. Il est remplacé par le contenu d'une seconde page.

Voici un exemple d'application : j'ajoute une notice de copyright au bas de toutes les pages Web que je crée. Au lieu de reproduire systématiquement le même texte à chaque fois, j'ai créé une page spéciale ne contenant que la notice de copyright et j'ai placé celle-ci dans le WebBot Insertion. De la sorte, si je change quoi que ce soit à cette page, toutes mes pages Web afficheront une notice de copyright à jour.

Insertion d'un WebBot dans une page

Voici les cinq étapes à parcourir pour insérer un WebBot dans une page Web :

1. **Placez le pointeur de la souris dans votre page à l'endroit où vous voulez qu'apparaisse le WebBot.**

2. **Cliquez sur le bouton Insertion composant WebBot placé dans la barre d'outils (ou cliquez sur Insertion/Composant WebBot).** La boîte de dialogue Insertion d'un composant WebBot s'affiche.

3. **Dans la boîte à liste Sélectionner un composant, double-cliquez sur Insertion de fichiers.** La boîte de dialogue précédente est remplacée par la boîte de dialogue Propriétés du composant WebBot Insertion de fichiers.

4. **Dans la boîte de saisie URL de la page à inclure, tapez l'URL de la page qui doit venir remplacer le WebBot.** Vous pouvez vous aider du bouton Parcourir pour faire une recherche sur votre site Web.

5. **Cliquez sur OK.**

Dans l'éditeur, promenez le pointeur de votre souris sur l'endroit de la page où a eu lieu l'insertion. Le pointeur change de forme pour revêtir celle d'un petit robot ayant un pointeur en guise de bras droit afin de vous indiquer la présence d'un WebBot.

Pour cacher ces fichiers de remplacement à la vue des browsers, placez-les dans le répertoire _PRIVATE.

 Le répertoire _PRIVATE n'est "privé" que s'il est publié sur un serveur Web supportant les extensions serveur Web FrontPage. Pour plus de détails, consulter le Chapitre 18.

 ### Le robot pointeur vous en dit plus !

Le petit robot pointeur qui s'affiche quand vous passez le pointeur de votre souris sur une zone contenant un WebBot peut vous donner de précieuses indications sur le contenu de votre page dans d'autres cas.

A tout moment, lorsqu'il est affiché, double-cliquez sur lui et vous verrez s'afficher la boîte de dialogue des Propriétés de l'objet sur lequel vous avez cliqué : WebBot ou commentaire.

Pour supprimer un WebBot, cliquez dans la zone où il se trouve avec le robot pointeur puis appuyez sur <Supp> ou <Esp Arr>.

Mise à jour de pages incluses

Pour mettre à jour une page insérée dans d'autres pages, il suffit de l'ouvrir dans l'éditeur, de faire vos modifications et de la sauvegarder. FrontPage mettra automatiquement à jour l'inclusion dans tous les fichiers concernés de votre site Web la prochaine fois qu'il recalculera les liens du site. Cette dernière expression signifie que le site Web recharge le site en mettant à jour tout ce qui a été modifié dans les liens. Cela se produit généralement de façon automatique lorsque vous sauvegardez la page et vous ne vous en apercevez même pas. Pour être sûr que cette opération a bien lieu sur tous les fichiers du site, vous pouvez ordonner explicitement à FrontPage de le faire.

Pour cela, ouvrez l'explorateur FrontPage et cliquez sur Outils/Recalculer les liens dans sa barre d'outils. Cela aura pour effet d'afficher la boîte de message Recalculer les liens dans laquelle vous pourrez lire que cette opération s'effectue sur le serveur Web et que ça peut demander plusieurs minutes. Vous pouvez alors confirmer votre décision en cliquant sur Oui ou l'infirmer en cliquant sur Non.

Si exécuter cette opération à chaque modification vous semble fastidieux, vous pouvez demander à FrontPage de vous faire signe lorsqu'une page a été modifiée mais n'a pas encore donné lieu à une mise à jour du site. Pour cela, dans l'explorateur, cliquez sur Outils/Options. La boîte de dialogue Options s'affiche, l'onglet Général étant visible. Cliquez dans la case à cocher placée en face de la mention Avertir quand les composants WebBot inclus sont obsolètes. Cliquez ensuite sur OK pour refermer la boîte de dialogue.

WebBot Insertion programmée

Comme nous l'avons dit plus haut, le WebBot Insertion programmée fait la même chose que le WebBot Insertion mais seulement pendant un laps de temps déterminé.

Pour illustrer son utilisation pratique, nous allons prendre un exemple. Supposons que vous vouliez annoncer des événements prochains dans votre page Web. Si vous oubliez de supprimer cette annonce lorsqu'ils auront eu lieu, vous passerez pour quelqu'un de négligent (et je mesure mes mots !). Pour n'accorder qu'une durée de vie limitée à ces annonces, vous allez donc utiliser des WebBots Insertion programmée à raison d'un par événement à annoncer en indiquant pour chacun la date de rétention qui convient.

Voici les étapes à parcourir pour mettre en oeuvre le WebBot Insertion programmée.

1. **Placez le pointeur de la souris dans votre page à l'endroit où vous voulez qu'apparaisse le WebBot.**

2. **Cliquez sur le bouton Insertion composant WebBot placé dans la barre d'outils (ou cliquez sur Insertion/Composant WebBot).** La boîte de dialogue Insertion d'un composant WebBot s'affiche.

3. **Dans la boîte à liste Sélectionner un composant, double-cliquez sur Insertion programmée.** La boîte de dialogue précédente est remplacée par la boîte de dialogue Propriétés du composant WebBot Insertion programmée (Figure 12.1).

4. **Dans la boîte de saisie URL de la page à inclure, tapez l'URL de la page qui doit être incluse à la place du WebBot au cours de la période spécifiée.** Vous pouvez vous aider du bouton Parcourir pour faire une recherche sur votre site Web.

5. **Dans la boîte de saisie URL optionnel de la page à inclure avant ou après les dates ci-dessus, tapez l'URL d'une page à inclure en dehors de la période demandée.** Vous pouvez vous aider du bouton Parcourir pour faire une recherche sur votre site Web.

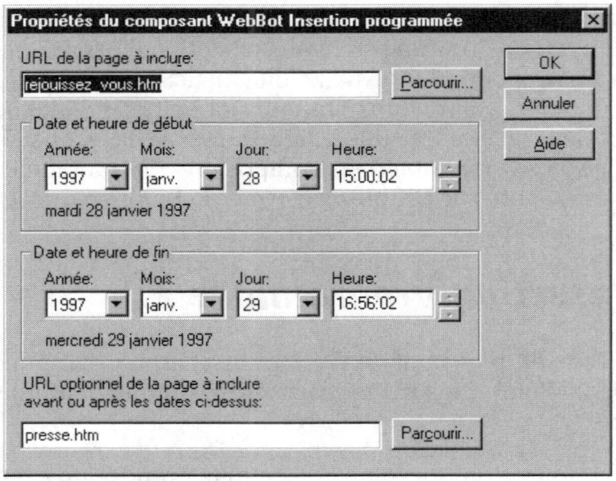

Propriétés du composant WebBot Insertion programmée

URL de la page à inclure:
rejouissez_vous.htm   [Parcourir...]

Date et heure de début
Année: 1997   Mois: janv.   Jour: 28   Heure: 15:00:02
mardi 28 janvier 1997

Date et heure de fin
Année: 1997   Mois: janv.   Jour: 29   Heure: 16:56:02
mercredi 29 janvier 1997

URL optionnel de la page à inclure
avant ou après les dates ci-dessus:
presse.htm   [Parcourir...]

[OK] [Annuler] [Aide]

Figure 12.1 :
La boîte de
dialogue des
Propriétés
du compo-
sant WebBot
Insertion
programmée.

6. **Dans la zone Date et heure de début, affichez l'instant de départ de l'affichage.** Pour cela, mettez successivement à jour les boîtes Année, Mois, Jour et Heure. Pour cette dernière, il faut mettre à jour séparément les heures, les minutes et les secondes. Vous sélectionnez chaque tranche en cliquant sur sa gauche puis vous retapez une autre valeur ou vous cliquez sur les flèches à droite. Les trois premières boîtes sont des boîtes à liste déroulante.

7. **Faites de même dans la zone Date et heure de fin, pour indiquer l'instant final de l'affichage.**

8. **Cliquez sur OK.**

Si votre serveur Web est situé dans un autre fuseau horaire[10], les heures que vous indiquerez s'appliquent au pays où se trouve le serveur et non pas au vôtre.

WebBot Insertion image programmée

Le WebBot Insertion image programmée opère de la même façon que le WebBot Insertion programmée mais au lieu d'un fichier, c'est une image qu'il insère dans une présentation Web pendant un laps de temps déterminé.

---

10. Ne risque pas de se produire en France, à moins que vous ayez recours à un serveur étranger (N.d.T.).

Attention aux inclusions programmées !

Attention à l'incorporation dans une page Web des WebBots Insertion programmée et Insertion image programmée. Pour qu'ils fassent correctement leur travail, l'explorateur FrontPage doit recalculer les liens du site Web *pendant* le temps d'activité de ces insertions. C'est à ce moment que les liens sont réévalués et que le site Web est mis à jour, ce qui implique un téléchargement des fichiers mis à jour *vers* le serveur.

Certains événements peuvent amener FrontPage à recalculer les liens automatiquement, par exemple si vous sauvegardez une page contenant des liens hypertexte dans votre site Web, que vous éditez les liens hypertexte existants ou qu'un gestionnaire de formulaire ajoute automatiquement des résultats à une page de votre site. L'inclusion n'aura lieu que si un de ces événements survient durant la période d'activité.

Vous pouvez forcer l'explorateur à recalculer les liens hypertexte de votre site Web durant la période d'activité d'une des deux façons suivantes :

- En mettant quotidiennement à jour votre site Web dans l'explorateur de FrontPage. (Si le site Web est publié sur un autre serveur Web, ouvrez-le directement à partir du serveur sur lequel il réside, comme indiqué au Chapitre 1.)

- En cliquant sur le bouton Outils/Recalculer les liens de la barre d'outils de l'explorateur. La boîte de dialogue Recalculer les liens s'affiche alors, vous avertissant que cela peut prendre du temps. Cliquez sur Oui pour accepter.

Ce WebBot est particulièrement utile lorsque, par exemple, vous ajoutez quelque chose à votre site Web et que vous le signalez par une icône "Nouveau". La nouveauté est une notion qui s'estompe avec le temps. Aussi est-il normal de ne plus afficher cette icône après une semaine environ.

Avant d'utiliser le WebBot Insertion image programmée, lisez attentivement l'encadré "Attention aux inclusions programmées !".

Voici la marche à suivre pour mettre en oeuvre le WebBot Insertion programmée.

1. **Placez le pointeur de la souris dans votre page à l'endroit où vous voulez qu'apparaisse le WebBot.**

2. **Cliquez sur le bouton Insertion composant WebBot placé dans la barre d'outils (ou cliquez sur Insertion/Composant WebBot).** La boîte de dialogue Insertion d'un composant WebBot s'affiche.

3. **Dans la boîte à liste Sélectionner un composant, double-cliquez sur Image programmée.** La boîte de dialogue précédente est remplacée par la boîte de dialogue Propriétés du composant WebBot Image programmée.

4. **Dans la boîte de saisie URL de la page à inclure, tapez l'URL de l'image qui doit être incluse à la place du WebBot au cours de la période demandée.** Vous pouvez vous aider du bouton Parcourir pour faire une recherche sur votre site Web.

5. **Dans la boîte de saisie URL Image optionnelle à inclure avant ou après les dates définies, tapez l'URL d'une image à inclure en dehors de la période demandée.** Vous pouvez vous aider du bouton Parcourir pour faire une recherche sur votre site Web.

6. **Dans la zone Date et heure de début, affichez l'instant de départ de l'affichage.** Pour cela, mettez successivement à jour les boîtes Année, Mois, Jour et Heure. Pour cette dernière, il faut mettre à jour séparément les heures, les minutes et les secondes. Vous sélectionnez chaque tranche en cliquant sur sa gauche puis vous retapez une autre valeur ou vous cliquez sur les flèches à droite. Les trois premières boîtes sont des boîtes à liste déroulante.

7. **Faites de même dans la zone Date et heure de fin, pour indiquer l'instant final de l'affichage.**

8. **Cliquez sur OK.**

Si votre serveur Web est situé dans un autre fuseau horaire, les heures que vous indiquerez s'appliquent au pays où se trouve le serveur et non pas au vôtre.

WebBot Recherche

Une recherche par mot clé dans un site Web est comparable à la visite guidée d'une grande ville : toutes deux vous aident à éviter d'être submergé par le foisonnement des informations et à aller droit au but vers ce que vous cherchez. Grâce au WebBot Recherche, vous pouvez ajouter des fonctionnalités de recherche à votre site Web en trois clics de souris.

Vos visiteurs pourront indiquer leurs mots clés ou leur texte dans une boîte de saisie puis lancer la recherche en cliquant sur un bouton. Quelques instants après, une liste de liens vers des pages Web correspondant à la requête s'affichera. A partir de là, vos visiteurs pourront, d'un clic de souris, aller directement à la page qui les intéresse.

Vous pouvez ajouter le WebBot Recherche à une page existante ou créer une page spéciale à l'aide du modèle Page de recherche. Pour cela, dans l'éditeur, cliquez sur Fichier/Nouveau et dans la boîte de dialogue Nouvelle page, cliquez sur Page de recherche dans la boîte à liste affichée.

Pour que le WebBot Recherche puisse fonctionner, il doit résider sur un serveur Web supportant les extensions serveur Web FrontPage. Pour plus de détails, consulter le Chapitre 18.

Voici la marche à suivre pour mettre en oeuvre le WebBot Recherche.

1. **Placez le pointeur de la souris dans votre page à l'endroit où vous voulez qu'apparaisse le WebBot.**

2. **Cliquez sur le bouton Insertion composant WebBot placé dans la barre d'outils (ou cliquez sur Insertion/Composant WebBot).** La boîte de dialogue Insertion d'un composant WebBot s'affiche.

3. **Dans la boîte à liste Sélectionner un composant, double-cliquez sur Recherche.** La boîte de dialogue précédente est remplacée par la boîte de dialogue Propriétés du composant WebBot Recherche (Figure 12.2).

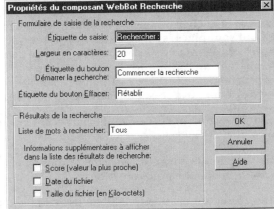

Figure 12.2 : La boîte de dialogue des Propriétés du WebBot Recherche.

4. **Dans la boîte de saisie Etiquette de saisie, tapez l'invite qui sera adressée à vos utilisateurs.** Par défaut, c'est "Rechercher".

5. **Dans la boîte de saisie Largeur en caractères, indiquez le nombre de caractères que pourra contenir la boîte de saisie offerte aux visiteurs pour taper leur mot clé.**

6. **Dans la boîte de saisie Etiquette du bouton Démarrer la recherche, indiquez l'étiquette que vous voulez voir affichée sur ce bouton.** Par défaut, c'est "Commencer la recherche".

7. **Dans la boîte de saisie Etiquette du bouton Effacer, indiquez l'étiquette que vous voulez voir affichée sur ce bouton.** Par défaut, c'est "Rétablir".

8. **Si nécessaire, spécifiez la portée de la recherche dans la boîte à liste Liste de mots à rechercher.**

Par défaut, c'est "Tous". La recherche s'effectuera alors dans toutes les pages de votre site Web. Pour la restreindre, par exemple, à un groupe de discussion, tapez le nom de ce groupe (nous étudierons la création d'un groupe de discussion au Chapitre 15).

Pour écarter certaines pages de la recherche, il suffit qu'elles soient situées dans le répertoire _PRIVATE. Par exemple, vous pouvez souhaiter éviter que la recherche s'effectue dans des pages d'index qui ne sont pas encore complètes. Le WebBot ignorera toutes les pages situées dans des répertoires "système" (c'est-à-dire des répertoires dont le nom commence par un blanc souligné).

Le répertoire _PRIVATE n'est "privé" que s'il est publié sur un serveur Web supportant les extensions serveur Web FrontPage. Pour plus de détails, consulter le Chapitre 18.

9. **Dans les trois cases à cocher du bas de la boîte de dialogue, cochez celle ou celles qui sont placées en face des rubriques que vous voulez voir affichées à l'issue de la recherche.** Lorsqu'un visiteur effectue une recherche, le WebBot Recherche renvoie une liste de liens vers les pages répondant aux critères formulés. Vous pouvez demander au WebBot de donner d'autres informations en cochant :

- **Score (valeur la plus proche) :** présenter les pages selon leur plus ou moins grande conformité avec le critère de recherche.

- **Date du fichier :** afficher la date et l'heure de dernière mise à jour du fichier contenant la meilleure approximation.

- **Taille du fichier :** indiquer la taille (en Kilo-octets) du fichier contenant la meilleure approximation.

10. **Cliquez sur OK.** Un formulaire de recherche s'affiche alors dans l'écran de l'éditeur (Figure 12.3).

Pour tester le formulaire de recherche généré, vous pouvez cliquer sur le bouton Aperçu dans l'explorateur Internet de la barre d'outils de l'éditeur. Une fois que la page sera affichée dans votre écran, tapez un mot clé dans la boîte de saisie et cliquez sur le bouton Lancer la recherche. En quelques instants, vous verrez le résultat de la recherche s'afficher.

Si les résultats d'une recherche semblent périmés, vérifiez que vous avez bien sauvegardé toutes les pages ouvertes dans l'éditeur. Pour en être certain, vous pouvez cliquer sur Fichier/Enregistrer tout et recalculer tous les liens hypertexte de votre site Web en cliquant sur Outils/Recalculer les liens.

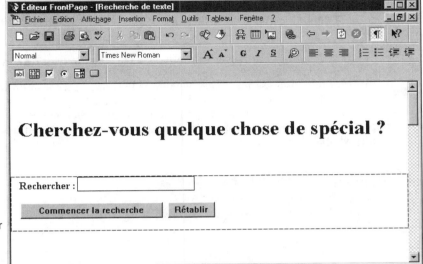

Figure 12.3 :
Formulaire
de recher-
che ajouté à
une page par
le WebBot
Recherche.

WebBot Remplacement

Le WebBot Remplacement vous permet d'afficher dans votre page des garde-place qui seront remplacés avec quelque chose d'autre (des *variables de configuration*) au moment où un visiteur aura la page sous les yeux.

C'est un peu la même chose que le WebBot Insertion qui met à jour une page avec le contenu d'un autre fichier, sauf qu'ici la substitution s'effectue au niveau du mot et non plus de la page.

Affichage des variables standard de configuration

FrontPage utilise le jeu de variables de configuration suivant :

- *Auteur :* le nom de l'auteur qui a créé la page, tel qu'il apparaît dans le champ Créé par de la boîte de dialogue Propriétés de l'explorateur FrontPage.

- *Modifié par :* nom du dernier auteur qui a modifié la page, tel qu'il apparaît dans le champ Modifié par de la boîte de dialogue Propriétés de l'explorateur FrontPage.

- *Description :* description de la page courante, telle qu'elle apparaît dans le champ Commentaires de la boîte de dialogue Propriétés de l'explorateur FrontPage.

- *URL de la page :* adresse courante de la page au moment de son affichage.

Pour prendre connaissance de ces valeurs, allez dans l'explorateur de FrontPage et cliquez du bouton droit de la souris sur l'icône de la page. Cliquez sur Propriétés dans le menu qui apparaît. La boîte de dialogue Propriétés apparaît, l'onglet Général étant affiché. Cliquez sur l'onglet Résumé pour le rendre visible (Figure 12.4).

Figure 12.4 : Les valeurs standard de configuration d'une page sont visibles dans la boîte de dialogue Propriétés du fichier qui la contient.

Voici les étapes à parcourir pour mettre en oeuvre le WebBot Remplacement.

1. **Placez le pointeur de la souris dans votre page à l'endroit où vous voulez qu'apparaisse le WebBot.**

2. **Cliquez sur le bouton Insertion composant WebBot placé dans la barre d'outils (ou cliquez sur Insertion/Composant WebBot).** La boîte de dialogue Insertion d'un composant WebBot s'affiche.

3. **Dans la boîte à liste Sélectionner un composant, double-cliquez sur Remplacement.** La boîte de dialogue précédente est remplacée par la boîte de dialogue Propriétés du composant WebBot Remplacement.

4. **Choisissez l'élément de configuration que vous voulez afficher dans la boîte à liste déroulante Propriétés du composant Web Insertion de champs.**

5. **Cliquez sur OK.** Le paramètre de configuration sélectionné s'affiche dans la page.

6. **Répétez éventuellement ces cinq étapes si vous voulez insérer d'autres variables de configuration.**

Si vous incluez le champ URL de la page, l'URL qui va s'afficher est celle de la machine sur laquelle la page est actuellement située. Si, plus tard, vous publiez la page sur un autre site, cette adresse ne sera pas modifiée et continuera d'afficher l'adresse relative à l'ancienne machine.

Pour résoudre ce problème, ouvrez votre site Web directement sur la machine à partir de laquelle vos visiteurs peuvent y accéder et mettez à jour la zone contenant cette référence. Pour la localiser, rappelez-vous que votre pointeur de souris se change en petit robot lorsqu'il est sur une zone WebBot. Supprimez le texte de remplacement et recréez-le comme je viens de l'indiquer.

Création et affichage de vos propres variables de configuration

Vous pouvez créer vos propres variables de configuration et les ajouter à la liste des variables standard. Supposons, par exemple, que vous vouliez ajouter votre adresse dans plusieurs de vos pages Web. Plutôt que de la taper à chaque fois (et de risquer des fautes de frappe), vous allez créer une variable que vous appellerez Adresse. Si, plus tard, vous déménagez, il vous suffira de modifier le contenu de cette variable et de mettre à jour toutes vos pages systématiquement.

Voici comment vous pouvez créer vos propres variables de configuration :

1. **Dans la barre de menus de l'explorateur, cliquez sur Outils/Paramètres du site Web.** La boîte de dialogue Propriétés du site Web FrontPage s'affiche avec l'onglet Configuration visible.

2. **Cliquez sur l'onglet Paramètres pour le rendre visible.**

3. **Cliquez sur le bouton Ajouter.** La boîte de dialogue Paire Nom/Valeur s'affiche.

4. **Dans la boîte de saisie Nom, tapez le nom de votre variable de configuration.** Choisissez-le évocateur, par exemple : Adresse.

5. **Dans la boîte de saisie Valeur, tapez la valeur que vous lui attribuez. C'est celle qui sera substituée par le WebBot Remplacement.** Dans notre cas, ce serait, 12 rue du Web 12345 UNEVILLE France (pourquoi pas ?).

6. **Cliquez sur OK.** Les paramètres que vous venez de taper s'affichent dans la boîte de dialogue (Figure 12.5).

7. **Répétez les étapes 3 à 6 ci-dessus si vous voulez ajouter d'autres variables.**

8. **Lorsque vous aurez fini, cliquez sur OK pour refermer la boîte de dialogue Propriétés du site Web FrontPage.**

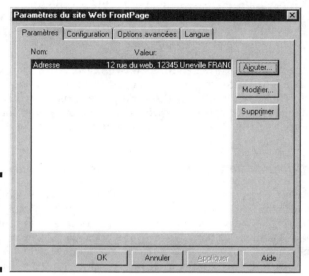

Figure 12.5 :
La boîte de
dialogue
Paramètres
du site Web
FrontPage.

Ces nouvelles variables s'afficheront dorénavant dans la boîte de dialogue des propriétés de la page.

WebBot Sommaire

Un des meilleurs moyens de guider vos visiteurs dans votre site Web, c'est d'y faire figurer un sommaire affichant les titres de toutes les rubriques que vous traitez, listées dans un ordre hiérarchique avec un lien pour chaque. En dépit de l'utilité manifeste de ce sommaire, bien peu de présentations Web l'affichent. Sans doute à cause des difficultés qu'il peut y avoir à gérer manuellement un tel sommaire sans le recours à un processus automatisé.

Et voici précisément le WebBot Sommaire qui vient à votre secours. C'est lui qui va construire un sommaire complet, avec ses liens, et le maintenir à jour lorsque vos pages seront modifiées.

Vous pouvez utiliser ce WebBot pour ajouter une table des matières à une page existante ou créer une nouvelle page à son intention.

Voici comment insérer ce WebBot dans une page :

1. **Placez le pointeur de la souris dans votre page à l'endroit où vous voulez qu'apparaisse le WebBot.**

2. **Cliquez sur le bouton Insertion composant WebBot placé dans la barre d'outils (ou cliquez sur Insertion/Composant WebBot).** La boîte de dialogue Insertion d'un composant WebBot s'affiche.

3. **Dans la boîte à liste Sélectionner un composant, double-cliquez sur Sommaire.** La boîte de dialogue précédente est remplacée par la boîte de dialogue Propriétés du composant WebBot Sommaire.

4. **Dans la boîte de saisie URL de la page pour le point de départ du sommaire, tapez l'URL de la page que vous voulez voir affichée en tête du sommaire.** Vous pouvez aussi vous aider du bouton Parcourir pour rechercher l'URL de cette page.

5. **Dans la boîte Taille du titre, sélectionnez le niveau du titre (de 1 à 6) correspondant au type d'affichage que vous souhaitez.**

6. **Si vous voulez que chaque page n'apparaisse qu'une seule fois, cliquez sur la case à cocher Afficher chaque page une seule fois.** Ainsi, les pages qui ont des liens vers plusieurs pages ne seront listées qu'une seule fois.

7. **Si vous voulez que les pages qui ne font l'objet d'aucun appel de lien apparaissent aussi dans le sommaire, cliquez sur Afficher les pages sans lien entrant.** Comme les appelle l'aide en ligne de Microsoft, il s'agit de pages "orphelines" ne pouvant pas être appelées par d'autres.

8. **Si vous voulez que FrontPage assure la mise à jour automatique de votre sommaire, cliquez sur Régénérer le sommaire lorsqu'une page est éditée.**

9. **Cliquez sur OK pour refermer la boîte de dialogue Propriétés du composant WebBot Sommaire.** Vous voyez alors s'afficher dans votre page des garde-place vous signalant qu'à cet endroit apparaîtra le véritable sommaire de votre site Web (Figure 12.6).

Pour voir l'aspect réel de cette page, cliquez sur le bouton Aperçu dans l'explorateur Internet de la barre d'outils de l'éditeur.

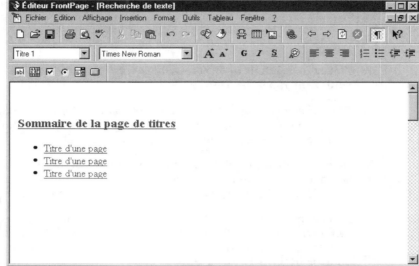

Figure 12.6 :
Les garde-
place vous
indiquent
l'emplace-
ment où sera
affiché le
sommaire de
votre site
Web.

WebBot Horodateur

Le WebBot Horodateur est remplacé par les date et heure de la dernière mise
à jour de la page quand celle-ci est affichée. C'est le meilleur moyen de faire
savoir à vos visiteurs quelle est la fraîcheur des informations proposées par
votre site Web.

Voici comment insérer ce WebBot dans une page :

1. **Placez le pointeur de la souris dans votre page à l'endroit où vous
   voulez qu'apparaisse le WebBot.**

2. **Cliquez sur le bouton Insertion composant WebBot placé dans la
   barre d'outils (ou cliquez sur Insertion/Composant WebBot).** La boîte
   de dialogue Insertion d'un composant WebBot s'affiche.

3. **Dans la boîte à liste Sélectionner un composant, double-cliquez sur
   Horodateur.** La boîte de dialogue précédente est remplacée par la
   boîte de dialogue Propriétés du composant WebBot Horodateur.

4. **Sélectionnez une option pour Afficher.** Cliquez sur le bouton radio en
   face d'une des deux options Date de dernière édition de cette page ou
   Date de dernière mise à jour automatique de cette page.

5. **Choisissez un format pour la date dans la boîte à liste déroulante
   Format date (Figure 12.7).**

6. **Choisissez un format pour l'heure dans la boîte à liste déroulante Format heure.** Si vous estimez superflu d'indiquer une heure, laissez l'option par défaut <aucun>.

7. **Cliquez sur OK.**

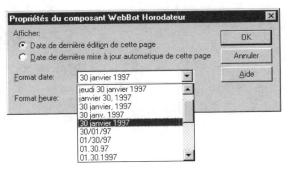

Figure 12.7 : La boîte à liste déroulante Format de la date du WebBot Horodateur.

Réparation d'un lien

Si lorsque vous regardez votre site Web dans la vue des liens de l'explorateur, vous voyez un petit triangle rouge à côté d'une page, comme le montre la Figure 12.8, cela signifie qu'elle contient un WebBot mal défini. Pour corriger cette erreur, voici ce que vous devez faire :

1. Dans l'explorateur, cliquez du bouton droit de la souris dans l'icône de la page puis sur Propriétés dans le menu qui apparaît. L'onglet Erreurs affiche une courte explication. Exemple :

```
Un composant WebBot Insertion de champs fait référence au
paramètre de substitution "AdresseSociété", mais le paramètre
n'est pas configuré pour la page ou le site Web.
```

2. Cliquez sur OK pour refermer la boîte de dialogue des Propriétés et effectuez la réparation du WebBot en fonction du problème signalé.

Vous pouvez avoir besoin d'ouvrir dans l'éditeur la page contenant ce WebBot. Double-cliquez sur le WebBot pour afficher sa boîte de dialogue de Propriétés. Vous allez maintenant pouvoir rectifier les paramètres mal définis. Dans notre cas, cela provient vraisemblablement de la suppression (ou de la modification) d'un nom de variable de configuration.

Une fois cette réparation effectuée (et la page sauvegardée), revenez à l'explorateur et cliquez sur Affichage/Actualiser (ou tapez F5) pour vérifier que tout est rentré dans l'ordre.

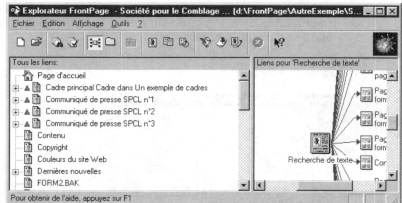

Figure 12.8 :
Quatre
WebBots
sont mal
configurés
dans ce site
Web.

Chapitre 13
Gadgets en tous genres : multimédia et scripts

Dans ce chapitre :

Jouez la sérénade à vos visiteurs avec un fond sonore.

Assurez votre succès avec une animation.

Les contrôles ActiveX.

Java et ses applets.

La main dans la main avec les plug-ins.

Jouez avec les animations PowerPoint.

Sans oublier les scripts.

A u fur et à mesure que grandit la popularité du Web, des développeurs pleins de ressources trouvent d'autres moyens de circonvenir les limitations de HTML. Ne se satisfaisant plus de présentations statiques de textes et d'images, les éditeurs de logiciels développent de nouveaux moyens d'agrémenter les sites Web avec un décor sonore et des animations et vont même jusqu'à offrir un véritable dialogue.

Dans ce chapitre, vous allez découvrir le moyen de tirer parti de ces nouveaux gadgets. Grâce à FrontPage, ajouter ces gâteries du multimédia à vos pages est aussi facile que d'y insérer une image. Vous allez aussi pouvoir goûter au plaisir de jouer avec des contrôles ActiveX, des applets Java, des plug-ins et des animations PowerPoint. Pour ne rien dire de la simplicité avec laquelle FrontPage vous permet d'insérer des scripts dans une page Web.

Aussi sexy que soient ces extras, ils n'ont aucun caractère d'obligation, ne servant qu'à rehausser l'impact d'un site Web déjà intéressant par la qualité de son contenu.

La folie du multimédia

Le multimédia, c'est le mélange du texte, du son et de la vidéo. C'est ce qui change votre page en un événement sensoriel. La musique, les animations et le texte s'y associent pour en faire une présentation pétillante et attractive.

De la musique pour vos oreilles

Pourquoi ne pas saluer vos visiteurs avec un message de la bouche même de votre patron ou un air de Carmen ? FrontPage vous permet d'ajouter un fond sonore à votre page et de le faire entendre dès qu'elle est chargée.

Ce fond sonore doit se présenter sous la forme d'un fichier audio dans l'un des formats suivants : WAV, MIDI, AIF, AIFC, AIFF, AU ou SND.

Derniers-nés offerts par Microsoft sur son site Web Gallery : un bruit de chasse d'eau, un train qui siffle et divers blip, clic, crac, boum et bang. Ecoutez vous-même (et éventuellement téléchargez ceux qui vous plaisent) à l'URL `http://www.microsoft.com/gallery/files/sounds/default.htm`.

Pour pouvoir entendre ces sons, vos visiteurs doivent avoir installé sur leur machine un équipement de reproduction sonore consistant en une carte audio complétée par des amplificateurs et des haut-parleurs. Seul actuellement, Internet Explorer (version 2.0 ou plus récente) vous permet de reproduire un fond sonore.

Voici comment procéder pour ajouter un fond sonore à vos pages :

1. **Dans l'éditeur, cliquez sur Insertion/Fond sonore.** La boîte de dialogue Fond sonore s'affiche (Figure 13.1).

2. **Sélectionnez le fond sonore que vous voulez reproduire.**

- S'il se trouve sur votre site Web, cliquez sur l'onglet site Web FrontPage courant.

- S'il est quelque part ailleurs sur votre ordinateur, cliquez sur l'onglet Autre Site et, dans la boîte de saisie A partir du fichier, tapez son nom ou aidez-vous du bouton Parcourir pour le rechercher. Cliquez ensuite sur OK.

- Si ce son est sur un serveur externe du Web, cliquez sur le bouton radio A partir de l'adresse, tapez son nom dans la boîte de saisie et cliquez sur OK.

3. **Cliquez sur OK.**

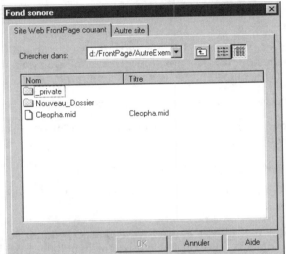

Figure 13.1 :
La boîte de
dialogue
Fond sonore.

Pour vérifier que vous ne vous êtes pas trompé, cliquez sur le bouton Aperçu dans l'éditeur Internet (cinquième bouton de la barre d'outils). Attention, la vérification ne sera concluante que si votre carte audio est correctement installée et que le browser qui est appelé est bien Internet Explorer.

Si le fichier de son est situé ailleurs (sur votre machine ou sur le Web), la prochaine fois que vous sauvegarderez votre page, la boîte de dialogue de sauvegarde s'affichera et vous demandera si vous êtes d'accord pour importer ce son dans votre site Web. Cliquez sur Oui pour confirmer.

Par défaut, le fichier ne sera joué qu'une seule fois. Si vous voulez qu'il se répète, cliquez du bouton droit de la souris dans la page puis sur Propriétés de la page dans le menu qui apparaît. La boîte de dialogue des Propriétés de la page s'affiche et dans l'onglet Général, zone Fond sonore, vous allez voir affiché le nom de votre fichier audio. Agissez alors sur la boîte à liste Répéter ou cochez Toujours selon le nombre de répétitions que vous souhaitez. Votre utilisateur aura toujours la ressources de cliquer sur le bouton Arrêter si votre musique ne lui plaît pas.

Amusez-vous avec des animations

Si un court croquis vaut un long discours, une animation (un clip vidéo) vaut bien un livre entier. Votre clip doit être en format AVI.

Inutile de courir au vidéo club le plus proche de chez vous. Visitez plutôt le site `http://www.yahoo.com/Computers_and_Internet/Multimedia/ Video`.

Seul Internet Explorer (version 2.0 ou plus récente) est capable de reproduire des animations. Netscape Navigator peut le faire à condition qu'il dispose du plug-in nécessaire (voir plus loin, dans ce même chapitre).

Pour insérer un clip vidéo, voici ce que vous devez faire.

1. **Dans l'éditeur, cliquez sur Insertion/Vidéo.** La boîte de dialogue Fond sonore s'affiche.

2. **Sélectionnez le clip que vous voulez reproduire.**

   - S'il se trouve sur votre site Web, cliquez sur l'onglet site Web FrontPage courant.

   - S'il est quelque part ailleurs sur votre ordinateur, cliquez sur l'onglet Autre Site et, dans la boîte de saisie A partir du fichier, tapez son nom ou aidez-vous du bouton parcourir pour le rechercher. Cliquez ensuite sur OK.

   - Si ce clip est sur un serveur externe du Web, cliquez sur le bouton radio A partir de l'adresse, tapez son nom dans la boîte de saisie et cliquez sur OK.

3. **Cliquez sur OK.**

La première image du clip s'affiche dans l'éditeur.

Pour vérifier que vous ne vous êtes pas trompé, cliquez sur le bouton Aperçu dans l'éditeur Internet (cinquième bouton de la barre d'outils). Attention, la vérification ne sera concluante que si le browser qui est appelé est bien Internet Explorer.

Si le fichier du clip est situé ailleurs (sur votre machine ou sur le Web), la prochaine fois que vous sauvegarderez votre page, la boîte de dialogue de sauvegarde s'affichera et vous demandera si vous êtes d'accord pour importer ce clip dans votre site Web. Cliquez sur Oui pour confirmer.

Pour ajuster les Propriétés d'une animation :

1. **Cliquez du bouton droit de la souris dans la vidéo puis dans l'entrée Propriétés de l'image dans le menu qui apparaît.** La boîte de dialogue Propriétés de l'image s'affiche avec l'onglet Vidéo visible (Figure 13.2).

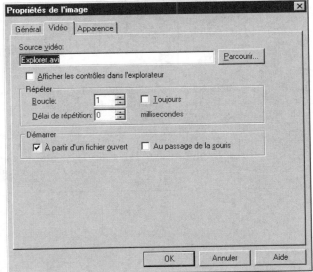

Figure 13.2 : Onglet vidéo de la boîte de dialogue des Propriétés de l'image.

2. **Pour afficher un contrôle dans la page du browser, cliquez dans la case à cocher Afficher les contrôles dans l'explorateur.** Un curseur horizontal de la largeur de l'image sera affiché avec, à sa gauche, un bouton jouant alternativement les rôles de Pause ou Départ.

3. **Dans la zone Répéter, agissez sur le paramètre Boucle ou cochez la case à cocher Toujours pour déterminer le nombre de répétitions.**

4. **Dans la même zone, modifiez éventuellement la valeur de la boîte Délai de répétition pour introduire une pause variable entre deux reproductions.**

5. **Dans la zone Démarrer, cochez l'une des cases A partir d'un fichier ouvert ou Au passage de la souris.** C'est ce qui fixe le moment où commence la reproduction. Vous pouvez cocher les deux cases.

6. **Cliquez sur OK.**

Attention, nouveauté !

Tout ce qui touche au multimédia est nouveau et ne doit pas être utilisé sans précaution car les techniques se modifient très rapidement mais l'équipement de vos visiteurs ne suit pas forcément au même rythme et il faut tenir compte de deux limitations :

- **Vitesse :** Les fichiers multimédias sont de grande taille et leur temps de chargement est donc long. Pour avoir une estimation du temps supplémentaire que va demander le chargement des fichiers multimédias présents dans une page, regardez dans la barre d'état de l'éditeur, vers la droite.

- **Compatibilité :** Comme nous l'avons dit, actuellement, seul Internet Explorer est capable de reproduire le multimédia. Pour que Netscape Navigator en ait la possibilité, il faut que les plug-ins nécessaires soient installés.

Il est donc prudent d'insérer une note dans votre page pour prévenir vos visiteurs de l'existence de fichiers de son ou d'animation et leur offrir la possibilité de ne pas les télécharger afin que ceux qui ne peuvent pas en profiter ne perdent pas leur temps pour rien.

Les composants

Si vous êtes décidé à être de ceux qui sont à la pointe de la technique du Web, vous devez savoir ce que sont les *composants*. C'est ainsi qu'on nomme des supergadgets qu'on peut ajouter à sa page Web pour lui conférer encore plus de dynamisme, de vitalité. A part peut-être le café, les composants peuvent tout faire sur une page Web, depuis l'animation d'un bouton jusqu'à l'exécution d'un programme complet par la machine du visiteur, en passant par la banderole qui défile.

Il existe actuellement trois types de composants : les contrôles ActiveX, les applets Java et les plug-ins[11]. Nous allons les étudier tour à tour et je vous montrerai leurs avantages et leurs inconvénients.

Dans la suite de ce chapitre, je ferai référence aux boutons de la barre d'outils de l'éditeur appelée *barre d'outils avancée* qui est reproduite sur la Figure 13.3.

Figure 13.3 :
La barre
d'outils
avancée.

Balises HTML
Contrôles ActiveX
Assistant connecteur
de base de données
Plug-in
Applet Java
Script

---

11. Sans oublier les scripts, dont il ne faut pas confondre l'action avec celle des applets (N.d.T.).

Dans cette section, je suppose que vous avez déjà quelque expérience des contrôles ActiveX, des applets Java et des plug-ins. Si ce n'est pas le cas, je vous suggère de laisser ce chapitre de côté tant que vous n'aurez pas complété vos connaissances sur ce sujet. Il existe de bons ouvrages sur la question, dont un certain nombre en français. Entre autres :

- **Java**, par Patrick Longuet, éd. Sybex, 1996.

- **Java, le livre d'or**, par Patrick Longuet, éd. Sybex, 1996.

- **ActiveX**, par Patrick Longuet, éd. Sybex, 1996.

- **Programmer avec ActiveX**, par Ted Combs, Jason Combs et Don Brewer, éd. Sybex, 1996 pour la traduction française.

- **Java pour les Nuls**, par David Koosis et Donald Koosis, éd. Sybex, 1996 pour la traduction française.

Ajout d'un contrôle ActiveX

Un *contrôle ActiveX* est un programme autonome que vous glissez dans votre page pour lui ajouter une certaine fonctionnalité. Ce qu'il fait dépend de ce qu'a prévu son auteur : créer un effet visuel (comme un texte qui tourne), effectuer une certaine tâche (comme calculer les intérêts d'un emprunt). Je n'ai malheureusement pas encore rencontré un contrôle qui fasse la vaisselle mais je ne désespère pas.

Lorsqu'un visiteur charge la page contrôlant le contrôle ActiveX, le browser le charge automatiquement, le range sur le disque dur du visiteur puis l'exécute. La prochaine fois que ce visiteur chargera une page contenant le même contrôle, le browser ira le chercher sur le disque dur sans le charger de nouveau, économisant ainsi un temps précieux.

Vous pouvez télécharger des tonnes de contrôles ActiveX à partir de plusieurs sites Web dont : `http://activex.microsoft.com`, `http://www.zdnet.com/activexfiles` et `http://activex.com`.

A nouveau, nous allons rencontrer la même restriction que pour le multimédia. A l'heure actuelle, seul Internet Explorer permet d'exécuter des contrôles ActiveX. Netscape Navigator (version 3.0 ou suivantes pour Windows 95) propose un plug-in qui fait ce qu'il peut mais n'a pas la sûreté d'exécution de Internet Explorer. Sur d'autres plates-formes l'implémentation des contrôles ActiveX suit son chemin mais tant que la situation en sera à ce point, je vous recommande de n'utiliser les contrôles ActiveX qu'avec parcimonie puisque la grande majorité des visiteurs de votre site Web ne pourra pas en profiter. (Sauf si vous réalisez un site Web pour un Intranet où tout le monde est équipé avec Internet Explorer.)

Si vous voulez en savoir davantage sur les contrôles ActiveX et que vous lisez bien l'anglais technique, visitez les sites que je vous ai recommandés plus haut.

Voici comment procéder pour insérer un contrôle ActiveX dans une page Web :

1. **Placez le pointeur de la souris à l'endroit de votre page où vous voulez insérer le contrôle ActiveX.**

2. **Cliquez sur le bouton contrôle ActiveX de la barre d'outils avancée (le deuxième à partir de la gauche).** La boîte de dialogue des Propriétés des contrôles ActiveX apparaît.

3. **Dans la boîte à liste déroulante Choisir un contrôle, choisissez celui qui vous convient.** Vous pouvez aussi vous aider du bouton Parcourir pour en trouver un sur votre disque dur. Les contrôles ActiveX ont une extension .OCX.

Certains contrôles ne fonctionnent pas dans une page Web parce qu'ils ont été initialement conçus pour être utilisés en dehors d'Internet. Malheureusement, il n'est pas possible de le savoir rien qu'en regardant la liste. Une fois chargés, les contrôles ActiveX sont stockés dans le répertoire C:\WINDOWS\OCCACHE que consulte FrontPage pour en afficher la liste.

4. **Pour spécifier les paramètres d'un contrôle ActiveX, cliquez sur la boîte de dialogue des Propriétés.** Selon le contrôle, deux choses peuvent arriver :

   • Si le contrôle supporte l'édition par FrontPage, la boîte de dialogue Propriétés des contrôles ActiveX apparaît, accompagnée d'une boîte de dialogue Propriétés (Figure 13.4). En même temps s'affiche un aperçu agrandi de ce que peut afficher le contrôle, qui se modifie selon les paramètres de la boîte de dialogue Propriétés.

   Pour éditer un paramètre, il suffit de cliquer sur le couple Nom/Valeur et de remplacer l'ancienne valeur par une nouvelle dans la boîte de saisie en haut de la boîte de dialogue Propriétés. On clique ensuite sur le bouton Apply (que Microsoft a oublié de traduire en français). Il ne reste plus qu'à cliquer deux fois, une dans chacune des boîtes de dialogue.

   • Si le contrôle ne supporte pas l'édition FrontPage, une boîte de dialogue portant le titre de Paramètres d'objet s'affiche. On doit alors savoir à l'avance les noms des paramètres associés au contrôle. (Ces informations sont normalement disponibles sur le site Web d'où provient le contrôle.) Pour définir les paramètres, cliquez sur le bouton Ajouter. La boîte de dialogue Edition des paramètres de l'objet s'affiche. Dans la boîte de saisie Nom, tapez le nom du paramètre. Dans la zone Valeur, cliquez sur le bouton radio convenant au champ que vous éditez

(Donnée, Page ou Objet) et spécifiez la valeur qu'il doit prendre dans la boîte de saisie correspondante. Si la valeur est une page, renseignez la zone Type de média. Une fois fini, cliquez sur OK une première fois. Cliquez une seconde fois pour refermer la boîte de dialogue des paramètres d'objet.

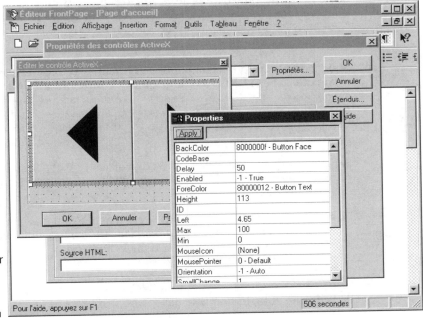

Figure 13.4 : La boîte de dialogue Propriétés affichée pour l'édition des contrôles ActiveX.

5. **Dans la boîte de saisie Nom de la boîte de dialogue Propriétés des contrôles ActiveX, indiquez éventuellement un nom pour le contrôle.** Cette action n'est nécessaire que si vous vous référez au contrôle depuis un script dans votre page. (Pour les scripts, voir en fin de chapitre.)

6. **Dans la boîte à liste déroulante Alignement, choisissez une option.** Ces options sont identiques à celles que nous avons vues au Chapitre 7.

7. **Si vous voulez entourer le contrôle par une bordure noire, indiquez son épaisseur dans la boîte de saisie Epaisseur de bordure.**

"C'est beaucoup plus beau lorsque c'est inutile", car cette option n'est actuellement reconnue que par Netscape Navigator, qui ne supporte que de façon boiteuse les contrôles ActiveX et encore avec l'aide d'un plug-in.

8. **Modifiez éventuellement les trois autres paramètres qui contrôlent la présentation : Espacement horizontal, Espacement vertical, Hauteur et Largeur.**

9. **Si vous voulez afficher un message à la place du contrôle pour les browsers qui ne reconnaissent pas ActiveX, tapez ce message dans la boîte de saisie HTML de la zone Autre représentation.** Ce message peut contenir des balises HTML si vous voulez que son affichage soit "amélioré". Par exemple, pour afficher un texte en gras : `<B>Votre browser ne reconnaît pas ActiveX.</B>`.

10. **Si le contrôle ActiveX accepte des arguments au moment où il s'exécute, tapez l'URL du fichier qui les contient dans la boîte de saisie Source des données qui se trouve dans la zone Emplacement du réseau.** Si vous ne connaissez pas cet URL, aidez-vous du bouton Parcourir et choisissez entre les deux panneaux Site Web FrontPage courant et Autre site.

    • Si le fichier des données fait partie de votre site Web, cliquez sur le premier onglet. Une boîte à liste vous affichera les fichiers audio et les dossiers situés dans votre site Web.

    • Si, au contraire, il est ailleurs, sur votre machine, cliquez sur l'onglet Autre site puis sur le bouton radio en face de A partir du fichier. Tapez alors le chemin d'accès au fichier dans la boîte de saisie en vous aidant au besoin du bouton Parcourir.

    • Si le fichier est quelque part sur le Web, cliquez sur le bouton A partir de l'adresse et tapez son URL dans la boîte de saisie.

11. **Si le contrôle ActiveX a été créé par une tierce partie (c'est-à-dire s'il ne fait pas partie des contrôles ActiveX de Microsoft), tapez son URL dans la boîte de saisie Source HTML.** Cette indication servira au browser du visiteur pour télécharger le contrôle utilisé dans votre page. Vous pouvez taper une URL absolue (pointant sur une adresse donnée, comme `http://activex.microsoft.com/controls/iexplorer/iepreld.ocx`) ou une URL relative pointant vers un contrôle situé sur votre site. Dans ce dernier cas, vous devrez importer le contrôle dans votre site Web.

12. **Cliquez sur OK et le contrôle apparaît dans votre page.** S'il n'est pas visible ou pas supporté par l'éditeur de FrontPage, c'est l'icône ActiveX qui s'affiche (Figure 13.5).

Figure 13.5 :
L'icône
ActiveX.

Pour voir le contrôle ActiveX à l'ouvrage, cliquez sur Aperçu dans l'éditeur Internet (cinquième bouton de la barre d'outils). Attention, la vérification ne sera concluante que si le browser qui est appelé est bien Internet Explorer.

Java et ses applets

Superficiellement, les applets *Java* ressemblent beaucoup aux contrôles ActiveX : ce sont de courts programmes que vous insérez dans une page Web et que l'utilisateur charge en même temps qu'elle dans son browser.

Mais, à la différence de ActiveX, les applets Java sont *indépendants de toute plate-forme*, ce qui signifie qu'ils ne comptent pas sur l'assistance d'un quelconque système d'exploitation (Windows 95, par exemple) pour faire leur travail. Le seul module logiciel qui leur est indispensable est un browser reconnaissant Java, ce qui est le cas de Netscape Navigator (version 2.0 et suivantes) et de Internet Explorer (version 3.0 et suivantes).

D'un autre côté, les applets Java ne sont pas réutilisables, c'est-à-dire que chaque fois que vous visitez un site contenant le même applet, il sera de nouveau rechargé dans votre machine. Il en résulte une perte de quelques précieuses secondes.

 Si vous voulez en savoir davantage sur les applets et que vous lisez bien l'anglais technique, pointez votre browser sur l'URL `http://www.gamelan.com`. Et si votre soif de connaissance va plus loin, sur `http://www.javaworld.com`.

 ### Ne les mangez pas tout crus !

Le traitement d'un applet s'effectue en deux temps à partir de son fichier source (ayant l'extension .JAVA ou .JAV). Il doit d'abord être *précompilé* avec un compilateur Java. Il en existe pour Windows chez Sun Microsystems et Microsoft vient de sortir VisualJ++ qui est un ensemble intégré et graphique d'outils Java - dont un compilateur. On obtient alors un état intermédiaire, appelé *byte code,* qui porte l'extension .CLASS. C'est cette forme qui est indépendante de toute plate-forme et qui va être *interprétée* par la *machine virtuelle Java* du browser (N.d.T.).

Voici comment procéder pour insérer un applet Java dans une page Web :

1. **Commencez par vous procurer l'applet que vous voulez insérer ou, si vous en êtes capable, écrivez-le vous-même.**

2. **Dans l'explorateur FrontPage, importez cet applet dans votre site Web.** Les applets compilés ont l'extension .CLASS.

3. **Ouvrez alors la page Web dans laquelle vous voulez insérer l'applet.** Du coup, l'éditeur de FrontPage est automatiquement appelé.

4. **Placez le pointeur de la souris là où vous voulez qu'apparaisse l'applet.**

5. **Cliquez sur le bouton Insérer applet Java (le quatrième à partir de la gauche dans la barre d'outils avancée).** Vous pouvez aussi cliquer sur Insertion/Autres composants/Applet Java. La boîte de dialogue des Propriétés de l'Applet Java s'affiche.

6. **Dans la boîte de saisie Source de l'applet, tapez le nom de l'applet.**

7. **Si l'applet se trouve dans un des répertoires de votre site Web, tapez le nom de ce répertoire dans la boîte de saisie URL de base de l'applet.** Si, par exemple, l'applet se trouve dans un sous-répertoire appelé APPLETS, vous taperez `applets`.

8. **Si vous voulez qu'un message soit affiché sur l'écran au cas où votre visiteur utiliserait un browser ignorant les applets, tapez son texte dans la boîte de saisie Message pour les explorateurs ne gérant pas Java.** Quelque chose comme : `<B>Votre browser ne reconnaît pas les applets Java</B>` (vous pouvez, en effet, insérer des balises HTML de mise en forme dans le corps du message).

9. **Cliquez sur le bouton radio Ajouter si vous devez passer des arguments à l'applet.** Ces arguments se présentent sous la forme de paires Nom/Valeur. La boîte de dialogue Paire Nom/Valeur s'affiche.

10. **Dans la boîte de saisie Nom, tapez le nom du paramètre.**

11. **Dans la boîte de saisie Valeur, tapez sa valeur.**

12. **Cliquez sur OK pour refermer la boîte de dialogue.**

13. **Pour ajouter d'autres couples Nom/Valeur, répétez autant de fois que nécessaire les étapes 9 à 12.** Si vous voulez modifier certaines des valeurs (ou des noms) que vous venez de saisir, cliquez sur le bouton Modifier.

14. **Dans les boîtes de saisie Largeur et Hauteur, indiquez les dimensions de la fenêtre d'affichage de l'applet.**

15. **Dans la zone Disposition, indiquez éventuellement des options d'alignement de l'applet avec le texte voisin.**

16. **Cliquez sur OK.** La boîte de dialogue se referme et l'icône de l'applet s'affiche (Figure 13.6). Elle est éventuellement déformée si les dimensions de la fenêtre d'affichage choisies à l'étape 14 ne déterminent pas un carré. Dans notre exemple, ces dimensions étaient 200 x 60.

Figure 13.6 : L'icône de l'applet Java.

Pour voir l'applet à l'ouvrage, cliquez sur Aperçu dans l'éditeur Internet (cinquième bouton de la barre d'outils). Attention, la vérification ne sera concluante que si le browser qui est appelé reconnaît les applets Java et si sa machine virtuelle Java a été activée.

La main dans la main avec les plug-ins

Un *plug-in* est un fichier que l'on insère dans une page Web pour servir d'assistant au browser dans l'interprétation d'un certain type de fichiers qu'il n'est pas capable de traiter de façon native. Contrairement à un applet Java, il s'agit donc d'un module *absolument dépendant* de la plate-forme sur laquelle il va tourner. Par exemple, si vous chargez un document Word pour Windows (extension .DOC) dans votre Netscape habituel (ou même dans votre Internet Explorer), ni l'un ni l'autre ne pourront interpréter le formatage particulier qui lui est propre. Il faudra que ces browsers aient été pourvus du plug-in nécessaire (qui existe et a été réalisé par Microsoft).

Certains plug-ins travaillent en étroite collaboration avec le browser et affichent leur résultat dans la même fenêtre que celui-ci. D'autres, au contraire, lancent une application particulière et c'est dans la fenêtre de celle-ci que sera affiché le résultat. D'autres, enfin, n'utilisent aucune fenêtre. C'est le cas, par exemple, des plug-ins destinés à reproduire des sons.

Il existe beaucoup de plug-ins convenant à une très grande variété de formats de fichiers. Pour en savoir davantage sur les plug-ins et si vous lisez bien l'anglais technique, pointez votre browser sur l'URL `http://broserwatch.iworld.com/plug-in.html` ou sur `http://home.netscape.com/comprod/mirror/navcomponents_download.html`.

Les concepteurs de pages Web aiment beaucoup les plug-ins car ils leur permettent d'utiliser leurs outils graphiques et multimédias habituels pour créer de spectaculaires effets. De leur côté, les surfeurs du Web sont loin de partager le même enthousiasme.

S'il vous arrive de visiter une page nécessitant la présence d'un plug-in, vous ne pourrez en profiter que si ce plug-in est déjà installé dans le nid douillet de votre browser. Si ce n'est pas le cas, vous allez devoir commencer par vous le procurer, puis l'installer. Mais entre-temps, rien ne vous empêche de sauvegarder sur votre disque dur le fichier que votre browser ne peut pas interpréter pour y revenir plus tard.

Au moment de télécharger un plug-in, n'oubliez pas que les plug-ins sont spécifiques à une plate-forme donnée.

Certains plug-ins sont tellement utiles (il existe beaucoup de fichiers du type qu'ils interprètent) qu'ils sont largement répandus. C'est le cas, par exemple, du plug-in Adobe interprétant les documents PDF.

Pour aider vos visiteurs, pensez à donner dans votre page d'accueil la liste des plug-ins nécessaires pour profiter de votre présentation Web.

Voici la marche à suivre pour insérer un plug-in dans votre page Web :

1. **Placez le pointeur de votre souris à l'endroit où vous voulez insérer votre plug-in.**

2. **Cliquez sur le bouton Insérer un plug-in de la barre d'outils avancée de l'éditeur FrontPage (le cinquième à partir de la gauche).** Vous pouvez aussi cliquer sur Insertion/Autres composants/Plug-in. La boîte de dialogue des Propriétés du plug-in s'affiche.

3. **Dans la boîte de saisie Source des données, tapez l'URL du fichier plug-in.** Vous pouvez vous aider du bouton Parcourir pour rechercher le fichier sur votre disque dur.

4. **Si vous voulez afficher un message (recommandé) lorsque votre visiteur utilise un browser ne supportant pas les plug-ins, tapez-le dans la boîte de saisie Message pour les explorateurs ne gérant pas Java.** Quelque chose comme : `<B>Votre browser ne reconnaît pas les plug-ins </B>` (vous pouvez, en effet, insérer des balises HTML de mise en forme dans le corps du message).

5. **Pour ajuster les dimensions du plug-in, utilisez les boîtes de saisie Hauteur et Largeur de la zone Taille.**

6. **Dans la zone Disposition, indiquez éventuellement des options d'alignement du plug-in avec le texte voisin.**

7. **Si vous voulez que le plug-in soit entouré d'une bordure noire, indiquez son épaisseur dans la boîte de saisie Epaisseur de bordure de cette même zone.**

8. **Cliquez sur OK.** La boîte de dialogue se referme et l'icône du plug-in s'affiche (Figure 13.7). Elle est éventuellement déformée si les dimensions de la fenêtre d'affichage choisies à l'étape 14 ne déterminent pas un carré. Dans notre exemple, ces dimensions étaient 128 x 128.

Figure 13.7 :
L'icône du
plug-in.

Pour voir comment est affiché le plug-in par un browser, cliquez sur Aperçu dans l'éditeur Internet (cinquième bouton de la barre d'outils). Attention, la vérification ne sera concluante que si le browser qui est appelé possède le plug-in nécessaire et qu'il est actif.

Si le fichier que vous avez inséré dans votre page Web est situé ailleurs (sur votre machine ou sur le Web), la boîte de dialogue de sauvegarde s'affichera et vous demandera si vous êtes d'accord pour importer ce fichier dans votre site Web. Cliquez sur Oui pour confirmer.

Jouez avec les animations PowerPoint

Dans l'équipe Microsoft Office, PowerPoint est chargé de la réalisation de ces présentations alléchantes que vous avez coutume de voir au cours des démonstrations. Si vous possédez le logiciel PowerPoint Animation Publisher, vous pouvez utiliser PowerPoint 95 pour publier ce type de fichiers dans une page Web, à la grande joie des milliers d'heureux utilisateurs de PowerPoint. Microsoft a publié un plug-in spécialisé dans l'interprétation de ces fichiers.

Le logiciel PowerPoint Animation Publisher est un assistant gratuit qui vient s'ajouter à PowerPoint 95 et qu'on peut télécharger à l'URL `http://www.microsoft.com/powerpoint/internet/player/installing.htm`. Vous pourrez trouver un document (en anglais) à l'URL `http://www.microsoft.com/powerpoint/internet/player/userguide.htm`.

Voici comment insérer une animation PowerPoint dans une page Web :

1. **Placez le pointeur de votre souris à l'endroit où vous voulez insérer votre animation.**

2. **Cliquez sur Insertion/Autres composants/Animation PowerPoint**. La boîte de dialogue Animation PowerPoint s'affiche (Figure 13.8).

Figure 13.8 :
La boîte de dialogue Animation PowerPoint.

3. **Dans la boîte de saisie Fichier Animation PowerPoint, tapez l'URL du fichier PowerPoint.** Vous pouvez vous aider du bouton Parcourir pour rechercher le fichier sur votre disque dur.

- Si le fichier se trouve sur votre site Web, cliquez sur l'onglet site Web FrontPage courant.

- S'il est quelque part ailleurs sur votre ordinateur, cliquez sur l'onglet Autre Site et, dans la boîte de saisie A partir du fichier, tapez son nom ou aidez-vous du bouton parcourir pour le rechercher. Cliquez ensuite sur OK.

- Si ce fichier est sur un serveur externe du Web, cliquez sur le bouton radio A partir de l'adresse, tapez son nom dans la boîte de saisie et cliquez sur OK.

  Cliquez sur OK pour refermer la boîte de dialogue.

4. **Dans la boîte de saisie Insérer en tant que, choisissez la méthode que doit utiliser FrontPage pour insérer cette animation.** Deux boutons radio vous sont proposés : contrôle ActiveX et Plug-in.

5. **Cliquez sur OK.** L'icône qui va apparaître dans la fenêtre de l'éditeur dépend du choix que vous avez effectué à l'étape 4.

Pour voir comment est affichée l'animation par un browser, cliquez sur Aperçu dans l'éditeur Internet (cinquième bouton de la barre d'outils). Attention, la vérification ne sera concluante que si votre browser est Internet Explorer. En outre, si vous avez choisi Plug-in à l'étape 4, le plug-in correspondant doit naturellement être installé.

Si le fichier que vous avez inséré dans votre page Web est situé ailleurs (sur votre machine ou sur le Web), la boîte de dialogue de sauvegarde s'affichera et vous demandera si vous êtes d'accord pour importer ce fichier dans votre site Web. Cliquez sur Oui pour confirmer.

Sans oublier les scripts

Si vous avez envie de faire un peu de programmation, essayez-vous donc à l'écriture de *scripts* en JavaScript ou en VBScript. Ce sont des langages beaucoup plus simples que Java et qui ne demandent pas de grandes connaissances en programmation.

Un script est un petit programme dont le fichier source est inclus dans un document HTML. Les instructions d'un script sont *interprétées* par le browser, ce qui signifie trois choses :

- Un script est indépendant de toute plate-forme.

- Le browser utilisé doit posséder l'interpréteur nécessaire.

- L'exécution du script est lente.

On peut distinguer deux sortes de scripts : ceux qui s'exécutent au moment où ils sont chargés et ceux qui sont appelés par une action particulière du visiteur, comme l'envoi des résultats d'un formulaire, par exemple.

Le premier type est couramment utilisé pour afficher ces banderoles qu'on voit défiler dans les pages d'accueil. Les seconds peuvent être beaucoup plus spécifiques et sont le plus souvent, directement ou non, appelés par un clic de souris du visiteur sur un bouton de formulaire.

Début 1997, VBScript n'est compris que par Internet Explorer. JavaScript l'est par Netscape Navigator et Internet Explorer.

Si vous voulez en savoir davantage sur ces deux langages, et que vous lisez bien l'anglais technique, pointez votre browser sur l'URL `http://www.netscape.com/eng/molzilla/3.0/handbook/javascript/index.html` (pour JavaScript) ou `http://www.microsoft.com/vbscript` (pour VBScript). En librairie, vous trouverez :

- **JavaScript**, par Michel Dreyfus, éd. Sybex, 1997.

- **JavaScript pour les Nuls**, par Emily Vander Veer, éd. Sybex, 1996 pour la traduction française.

- **Programmer en Visual Basic Script**, par Gérard Frantz, éd. Sybex, 1996.

Si vous êtes intéressé par les effets qu'on peut obtenir avec un script mais que vous n'avez pas envie de vous plonger dans les affres de la programmation, sachez qu'il existe un grand nombre de scripts "en vente libre". Voyez, par exemple, `http://www.morestuff.com`.

Voici comment procéder pour insérer un script dans une page Web :

1. **Placez le pointeur de votre souris à l'endroit où vous voulez insérer votre script.**

2. **Cliquez sur le bouton Insérer un script de la barre d'outils avancée de l'éditeur FrontPage (c'est le dernier).** Vous pouvez aussi cliquer sur Insertion/Script. La boîte de dialogue Script s'affiche.

3. **Dans la zone Langage, cliquez sur le bouton radio placé en face de Script Visual Basic, Java ou Autre.** (Cette dernière option ne correspond actuellement à rien.)

Vous ne pouvez utiliser qu'un seul langage de script dans la même page Web. Si vous avez déjà un formulaire contenant un script de validation, le script que vous allez insérer doit être écrit dans le même langage.

4. **Cliquez dans la grande boîte de saisie Script et tapez votre script.** FrontPage possède un assistant d'écriture de script qui peut vous faciliter la tâche. Pour en profiter, cliquez sur le bouton Assistant de script. Pour plus de détails sur son utilisation, cliquez sur le bouton Aide placé dans la boîte de dialogue Assistant script.

5. **Cliquez sur OK pour refermer la boîte de dialogue.** Une icône apparaît dans la fenêtre de l'éditeur (Figure 13.9).

Figure 13.9 :
L'icône
script.

Pour voir comment agit votre script, cliquez sur Aperçu dans l'éditeur Internet (cinquième bouton de la barre d'outils). Attention, la vérification ne sera concluante que si votre browser est Internet Explorer ou Netscape Navigator et que l'interprétation des scripts est activée dans le langage utilisé par votre script.

Vous pouvez aussi ajouter directement vos scripts à l'intérieur d'une page Web. Pour cela, cliquez sur Affichage/HTML. La boîte de dialogue Affichage ou édition de la page HTML s'affiche. Cliquez à l'endroit où vous voulez placer votre script et allez-y.

Troisième partie
Compléments astucieux d'un site Web

"Voulez-vous une table avec ou sans Web ?"

Dans cette partie...

Lorsque vous aurez construit un site Web solide et attrayant, vous allez avoir envie de l'enjoliver. Peut-être y inclure une section réservée à quelques initiés ou un forum de discussion ? Les deux sont faciles à réaliser avec FrontPage et sans que vous ayez besoin d'assistance.

Chapitre 14
Réservé aux membres

Dans ce chapitre :

Création d'une section "réservée aux membres" dans un site Web.

Création d'un formulaire d'inscription.

Mise en place d'une procédure d'inscription.

Vérification du bon fonctionnement de l'ensemble.

*U*ne grande partie de ce qui fait le charme du Web réside dans la liberté avec laquelle les surfeurs peuvent se promener d'un site à l'autre à leur gré et dans un anonymat relatif. En tant qu'auteur Web, vous aimeriez peut-être en savoir davantage sur vos visiteurs afin d'améliorer votre site.

FrontPage vous donne cette possibilité en réservant l'accès de quelques sections de votre Web à certains visiteurs dûment enregistrés ayant déclaré un nom et un mot de passe. Vous pouvez même pousser l'inquisition jusqu'à leur demander de décliner leur identité réelle, leur adresse *e-mail* et tout autre détail pertinent sur eux-mêmes avant de leur permettre d'accéder au saint des saints.

Certains éditeurs de logiciels (Microsoft, par exemple) vous autorisent à accéder au téléchargement de certains de leurs logiciels à condition d'avoir préalablement rempli un formulaire d'inscription. C'est à cette occasion que vous allez choisir un pseudonyme et un mot de passe qui vous permettront, les prochaines fois, d'accéder à cette zone réservée.

Voyez, par exemple, le site de Microsoft à l'URL `http://www.microsoft.com/sitebuilder`.

Dans ce chapitre, nous allons voir comment mettre en oeuvre un système d'inscription sur votre site Web.

Comment fonctionne un système d'inscription ?

Voyons pour commencer comment est construit un système d'inscription et quelles sont les relations qui existent entre le *Web racine* et les *sites Web enfants*. Si ces notions ne sont pas claires dans votre esprit, relisez l'encadré "Que signifie Site Web FrontPage racine (Root Web) ?", à la fin du Chapitre 1.

Le Web racine est le site de plus haut niveau. Vous pouvez y placer d'autres sites, comportant eux-mêmes un certain nombre de pages séparées. Cette subdivision est comparable à l'arborescence d'un disque dur et facilite la maintenance du site en séparant bien les fichiers appartenant à chaque présentation. La Figure 14.1 illustre le schéma d'une telle organisation. Au Chapitre 6, nous avons vu comment gérer les liens entre le Web racine et ses enfants.

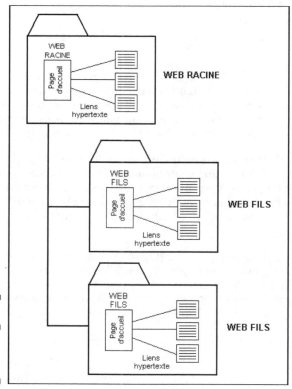

Figure 14.1 :
Organisation
arbores-
cente d'un
site Web.

Dans le système d'inscription de FrontPage, tout le monde a accès au Web racine mais il faut s'enregistrer pour accéder aux sites Web enfants. Pour s'enregistrer, le visiteur doit remplir un formulaire dans lequel il va, entre autres, choisir un pseudonyme et un mot de passe. Une fois que ce formulaire sera reçu par le serveur, le pseudonyme et le mot de passe seront enregistrés dans un fichier sécurisé et le visiteur sera admis à pénétrer dans les autres sites "protégés". Ensuite, à chaque visite ultérieure, le visiteur devra rappeler ces deux identifiants.

Pour collecter d'autres informations sur les visiteurs, il vous suffit d'ajouter d'autres champs au formulaire d'inscription. Ces données supplémentaires seront enregistrées dans un fichier auquel vous pourrez accéder ultérieurement.

Pour pouvoir utiliser ce système d'inscription, votre site serveur doit avoir installé les extensions serveur FrontPage. Pour plus de détails, consultez le Chapitre 18.

Création d'un formulaire d'inscription

Quatre étapes sont nécessaires pour créer un formulaire d'inscription :

1. **Ajustement des autorisations du site Web protégé.**

2. **Ajout d'un formulaire d'inscription au Web racine.**

3. **Configuration du système d'inscription.**

4. **Etablissement de liens entre le formulaire d'inscription et les autres pages du site Web.**

Dans les sections qui suivent, je vais détailler chacune de ces étapes.

Ajustement des autorisations du site Web protégé

Dans FrontPage, tous les sites Web ont les mêmes *autorisations* que le Web racine. (On appelle *autorisations* des paramètres qui déterminent qui a le droit d'accéder à un site Web. Nous en parlerons en détail au Chapitre 17.) Il faut préciser quelles sont les autorisations octroyées au site Web enfant qu'on veut protéger.

Pour spécifier des autorisations pour un site Web :

1. **Dans l'explorateur de FrontPage, ouvrez le site Web que vous voulez protéger.**

2. **Cliquez sur Outils/Autorisations.** La boîte de saisie Autorisations s'affiche.

3. **Dans l'onglet Paramètres, cliquez sur le bouton-radio en face de Utiliser des permissions uniques pour ce site Web.**

4. **Cliquez sur OK.** La boîte de dialogue se referme et l'explorateur ajuste les autorisations du site Web.

Ajout d'un formulaire d'inscription

L'étape suivante va consister à ajouter un formulaire d'inscription au Web racine. Les visiteurs utiliseront ce formulaire pour choisir un pseudonyme et un mot de passe et donner quelques informations sur eux-mêmes. Pour réviser ce qui concerne les formulaires, voyez le Chapitre 10.

Si vous n'avez pas encore copié votre site Web principal dans le Web racine de FrontPage, c'est le moment de le faire avant de continuer dans cette section (voir le Chapitre 2).

Voici comment vous allez pouvoir ajouter un formulaire d'inscription au Web racine :

1. **Dans l'explorateur FrontPage, ouvrez le Web racine.** Si un autre site Web est déjà ouvert dans l'explorateur, il va se refermer automatiquement.

2. **Cliquez sur le bouton Afficher l'éditeur FrontPage dans la barre d'outils (ou cliquez sur Outils/Afficher l'éditeur FrontPage).**

3. **Dans l'éditeur, cliquez sur Fichier/Nouveau (ou tapez <Ctrl>+<N>).** La boîte de dialogue Nouvelle page s'affiche (Figure 14.2).

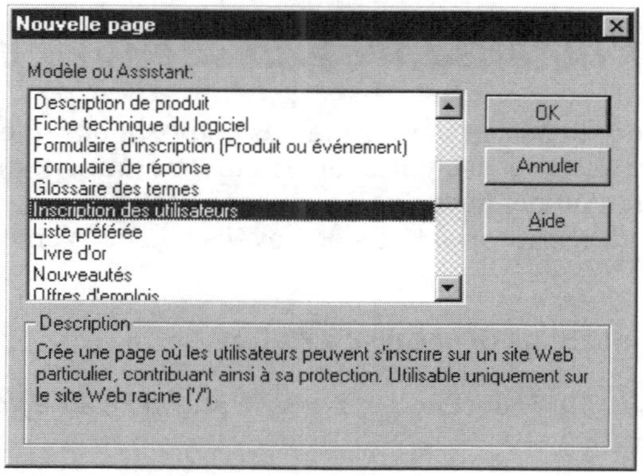

Figure 14.2 : Il faut commencer par appeler le modèle Inscription des utilisateurs.

Nouvelle page

Modèle ou Assistant:

Description de produit
Fiche technique du logiciel
Formulaire d'inscription (Produit ou événement)
Formulaire de réponse
Glossaire des termes
Inscription des utilisateurs
Liste préférée
Livre d'or
Nouveautés
Offres d'emplois

OK
Annuler
Aide

Description

Crée une page où les utilisateurs peuvent s'inscrire sur un site Web particulier, contribuant ainsi à sa protection. Utilisable uniquement sur le site Web racine ('/').

4. **Dans la boîte à liste déroulante, double-cliquez sur Inscription des utilisateurs.** Une page basée sur ce modèle s'ouvre dans l'éditeur et commence par une explication sur la façon dont fonctionne le système d'enregistrement. Ensuite on trouve un formulaire d'enregistrement rudimentaire que les visiteurs peuvent remplir pour déclarer leur nom d'utilisateur et leur mot de passe.

5. **Personnalisez la page d'inscription pour qu'elle soit adaptée à vos desiderata.** Vous pouvez, par exemple, modifier la rédaction des paragraphes de présentation ou ajuster la mise en page pour qu'elle s'accorde au reste de votre présentation Web. Si vous voulez recueillir d'autres informations, vous pouvez ajouter des champs.

    Vous pouvez aussi recopier le formulaire d'inscription vers une page existante du Web racine. Ainsi, ce serait la première chose que verraient vos visiteurs lorsqu'ils atteindraient votre site. Pour cela, déplacez le pointeur de la souris vers la marge de gauche du formulaire jusqu'à ce qu'il se change en une petite flèche pointant vers la gauche (donc vers la marge) puis double-cliquez pour sélectionner la totalité du formulaire (tout ce qui est entouré par des tirets). Cliquez alors sur le bouton Couper puis ouvrez la page de destination. Placez le pointeur là où vous voulez qu'apparaisse le formulaire puis cliquez sur le bouton Coller.

Il faut maintenant configurer le système d'inscription lui-même. C'est ce que je vais vous expliquer dans la section suivante.

Configuration du système d'inscription

Le gestionnaire de formulaire du composant WebBot d'inscription est le moteur qui fait tourner le système d'inscription. Voici ce que fait le composant WebBot d'inscription à partir des informations reçues du formulaire d'inscription :

- Passer la paire nom d'utilisateur/mot de passe au serveur Web, lequel les range dans un fichier sécurisé que seul le serveur peut lire.

- Placer le nom d'utilisateur et les autres informations dans un fichier texte séparé ou dans la page Web auxquels on pourra accéder plus tard.

Avant d'aller plus loin, laissez-moi vous rassurer. En dépit du grand nombre d'étapes et de leur longueur, la suite des manipulations à effectuer n'est pas compliquée.

Voici ce qu'il faut faire pour personnaliser le composant d'inscription :

1. **Cliquez du bouton droit de la souris n'importe où à l'intérieur de la zone entourée par des tirets dans la page et choisissez Propriétés du formulaire dans le menu qui apparaît.** La boîte de dialogue Propriétés de formulaire s'affiche.

2. **S'il n'est pas déjà visible, sélectionnez le composant WebBot d'inscription dans la boîte à liste déroulante Descripteur de formulaire.**

3. **Cliquez sur le bouton Configurer.** La boîte de dialogue Paramètres pour le descripteur de formulaire d'inscription s'affiche. Elle présente quatre onglets : Inscription, Résultats, Confirmer et Options avancées, chacun contrôlant un aspect différent du système d'inscription.

4. **S'il n'est pas déjà visible, sélectionnez l'onglet Inscription.** L'onglet correspondant s'affiche (Figure 14.3).

- Dans la boîte de saisie Nom du site Web FrontPage, tapez le nom du site Web fils que vous voulez protéger.

- Dans la boîte de saisie Nom d'utilisateur, tapez le nom du champ de formulaire dans lequel vos visiteurs taperont leur identification. Si vous avez utilisé le modèle Inscription des utilisateurs pour créer le formulaire d'inscription, les noms des champs seront automatiquement en place (ils ont été conservés dans leur langue d'origine).

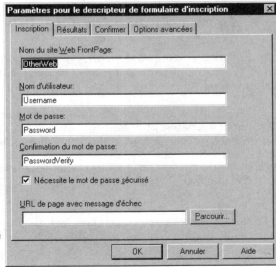

Figure 14.3 : L'onglet Inscription de la boîte de dialogue Paramètres pour le descripteur du formulaire d'inscription.

Si vous voulez que FrontPage construise un nom d'utilisateur à partir de plusieurs champs, tapez ces noms à la suite l'un de l'autre, séparés par des virgules ou des espaces. Le nom qui sera généré sera formé par les noms de chacun des champs réunis par des blancs soulignés (_). Supposons, par exemple, que votre formulaire d'inscription contienne les champs Nom et Prenom (attention aux accents !) et que vous ayez tapé **Prenom_Nom** dans la boîte de saisie Nom de l'utilisateur. Si un visiteur appelé Jean Dupont s'inscrit, son nom d'utilisateur sera `Jean_Dupont`.

- Dans la boîte de saisie Mot de passe tapez le nom du champ de formulaire dans lequel les utilisateurs saisissent leur mot de passe.

- Dans la boîte de saisie Confirmation du mot de passe tapez le nom du champ de formulaire dans lequel les utilisateurs saisissent une seconde fois leur mot de passe.

- Cliquez sur la case à cocher placée devant Mot de passe sécurisé si vous demandez à vos visiteurs de choisir un mot de passe "sécurisé" (c'est-à-dire d'au moins six caractères ne correspondant pas, même partiellement, à leur nom d'utilisateur).

- Dans la boîte de saisie URL de page avec message d'échec, tapez éventuellement une URL.

L'échec dont il est question est celui qui peut survenir si le visiteur choisit un nom d'utilisateur ou un mot de passe que quelqu'un a déjà adopté ou (dans le cas où le mot de passe doit être sécurisé) si son mot de passe ne répond pas aux exigences de sécurité. Si rien n'est prévu, FrontPage génère automatiquement une simple page de message qui explique la cause de l'échec et renvoie le visiteur au formulaire d'inscription pour qu'il rectifie le tir. Si vous préférez afficher dans ce cas une page qui s'harmonise mieux avec l'ensemble de votre présentation, tapez son URL dans cette dernière boîte de saisie. Cliquez ensuite sur OK.

5. **Cliquez sur l'onglet Résultats pour afficher les éléments qu'il contient (Figure 14.4).**

- Dans la boîte de saisie Fichier pour les résultats, tapez le nom du fichier dans lequel vous voulez enregistrer les résultats du formulaire.

FrontPage conserve toutes les informations envoyées par le formulaire d'inscription - sauf le mot de passe - dans ce fichier (qui est appelé le fichier des résultats). Vous pouvez choisir un fichier qui existe déjà dans votre site Web ou taper le nom d'un nouveau fichier qui sera alors créé par FrontPage la première fois que quelqu'un enverra les résultats d'un formulaire. (Les mots de passe sont conservés dans un fichier qui n'est accessible que par le serveur Web, assurant ainsi la confidentialité des mots de passe des visiteurs.)

Vérifiez que vous avez bien tapé les trois caractères de l'extension du nom de fichier correspondant au type du fichier que vous allez choisir dans la boîte de saisie suivante : **.htm** pour un fichier HTML ou **.txt** pour un fichier texte.

Pour que ce fichier des résultats reste invisible des browsers, ajoutez **_private/** au début de son nom (par exemple : _private/inscript). De la sorte, FrontPage sauvegardera le fichier des résultats dans le dossier _PRIVATE de votre site Web. (Les documents qui s'y trouvent sont invisibles des browsers.)

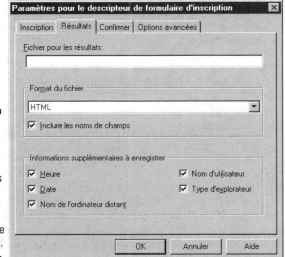

Figure 14.4 : L'onglet Résultats de la boîte de dialogue des paramètres pour le descripteur de formulaire d'inscription.

Le dossier _PRIVATE n'est réellement privé que si vous publiez votre site Web sur un serveur doté des extensions serveur FrontPage. Pour plus de détails, consultez le Chapitre 18.

• Choisissez un format de fichier dans la boîte à lettre déroulante Format de fichier.

Vous pouvez choisir entre le format HTML et le format texte pur. Dans le premier cas, vous pouvez adopter un format de liste (à puces, numérotée) ou préformaté. Si vous préférez le format texte, vous pouvez opter entre du texte pur ou du texte où les rubriques sont séparées les unes des autres par des virgules, des tabulations, des espaces. Ce dernier format est tout spécialement indiqué si vous voulez exporter les résultats vers une base de données.

Cliquez dans la case à cocher Inclure les noms de champs si vous voulez conserver les informations fournies par l'utilisateur sous forme de paires Nom/Valeur, sinon, les noms ne seront pas enregistrés, ce qui peut causer quelques difficultés ultérieures pour s'y retrouver.

Dans la zone Informations supplémentaires à enregistrer, cliquez dans les cases à cocher en face des rubriques que vous voulez enregistrer.

6. **Cliquez sur l'onglet Confirmer pour en afficher le contenu (Figure 14.5).** Ici, vous pouvez spécifier une page de confirmation facultative qui sera affichée une fois que vos visiteurs auront envoyé leur formulaire d'inscription. Si vous laissez cette boîte de saisie vide, FrontPage générera une page de confirmation standard. Si cela vous convient, sautez à l'étape 8.

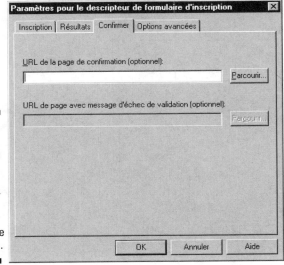

Figure 14.5 : L'onglet de confirmation de la boîte de dialogue des paramètres pour le descripteur de formulaire d'inscription.

Si vous préférez afficher votre propre page de confirmation, indiquez son URL dans la boîte de saisie URL de la page de confirmation (pour plus de détails à ce sujet, voir le Chapitre 10).

7. **Cliquez sur l'onglet Options avancées pour en afficher le contenu (Figure 14.6).** Ces options vous permettront de sauvegarder les résultats du formulaire d'inscription dans un second fichier, ce qui peut s'avérer pratique si vous voulez que FrontPage génère, par exemple, un fichier pour exporter vers une base de données et un autre pour imprimer. Si ça ne vous intéresse pas, sautez directement à l'étape 8.

- Dans la boîte de saisie Second fichier pour les résultats, tapez le nom du second fichier. Vérifiez que vous avez bien tapé les trois caractères de l'extension du nom de fichier correspondant au type du fichier que vous allez choisir dans la boîte de saisie suivante : **.htm** pour un fichier HTML ou **.txt** pour un fichier texte.

- Choisissez le type de fichier dans la boîte à lettre déroulante Format du second fichier.

- Indiquez dans la boîte de saisie Sélection des champs supplémentaires les noms des champs qui vous intéressent en les séparant par des virgules. Par défaut, FrontPage y inclura tous les autres champs.

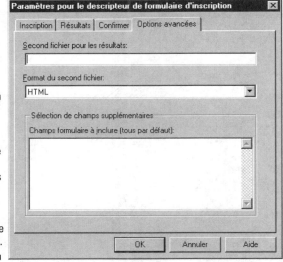

Figure 14.6 : L'onglet Options avancées de la boîte de dialogue des paramètres pour le descripteur de formulaire d'inscription.

8. **Cliquez sur OK pour refermer la boîte de dialogue des Paramètres pour le descripteur de formulaire d'inscription.**

9. **Cliquez sur OK pour refermer la boîte de dialogue** des **Propriétés du formulaire.**

Ouf ! Il ne vous reste plus qu'à sauvegarder la page contenant le formulaire lui-même. Pour cela :

1. **Cliquez sur le bouton Enregistrer (ou tapez <Ctrl>+<S>).** Si vous avez ajouté ce formulaire d'inscription à une page existante, FrontPage sauvegardera les modifications apportées à la page. Si aucune boîte de message ne s'affiche, vous pouvez aller à la section suivante. Si votre formulaire d'inscription est une nouvelle page, la boîte de dialogue Enregistrer sous va s'afficher.

2. **Renseignez la boîte de saisie Titre de la page.** Le titre qui vous est proposé convient dans la majorité des cas.

3. **Tapez le chemin d'accès du fichier de cette page dans la boîte de saisie suivante.**

4. **Cliquez sur OK pour refermer la boîte de dialogue Enregistrer sous.**

Création d'un lien vers le reste de votre site

Un système d'inscription est inutile si vos visiteurs ne peuvent pas accéder au formulaire d'inscription. Il faut donc vérifier que le formulaire d'inscription est accessible en créant les liens nécessaires à partir des autres pages de votre site Web aux endroits appropriés.

Test de votre système d'inscription

Avant de prendre la route, vous devez être sûr que votre système d'inscription est en état de marche. FrontPage vous permet de le tester complètement sur votre propre machine avant de le publier sur un serveur Web externe.

Enjolivures diverses

Les pages de confirmation et d'échec jouent un rôle important dans un système d'inscription. Si les pages standard proposées par FrontPage vous semblent un peu trop banales, vous pouvez créer vos propres pages. La section "Création d'une page de confirmation", à la fin du Chapitre 10, vous donne quelques indications à ce sujet. Vous pouvez aussi vous inspirer des exemples que vous trouverez sur le CD-ROM d'accompagnement.

Voici comment vous pouvez tester votre système d'inscription :

1. **La page contenant le formulaire d'inscription étant ouverte dans l'éditeur, cliquez sur le bouton Aperçu dans l'explorateur Internet.** La page s'affiche dans un browser.

2. **Renseignez le formulaire puis cliquez sur le bouton Inscrivez-moi.** La page de confirmation s'affiche. Vérifiez qu'elle contient bien un appel de lien vers la zone protégée de votre site Web.

3. **Après avoir vérifié qu'il en est bien ainsi, cliquez sur le bouton du browser pour revenir à la page précédente.**

4. **Cette fois, faites une erreur en renseignant le formulaire.** Mettez une nouvelle fois le même nom ou omettez le mot de passe, par exemple. La page d'échec doit s'afficher. Vérifiez-en soigneusement la rédaction et la mise en page.

5. **Revenez alors à l'explorateur de FrontPage.**

6. **A partir de la barre de menus de l'explorateur, cliquez sur Affichage/Actualiser (ou tapez sur F5).**

7. **Ouvrez la page des résultats du formulaire d'inscription.** Elle s'ouvre dans l'éditeur approprié (l'éditeur de FrontPage pour un fichier HTML ou le Bloc-notes de Windows pour un fichier texte pur).

8. **Contrôlez la présence des informations que vous devriez y trouver.** S'il en manque, revenez à la page d'inscription dans l'éditeur et contrôlez soigneusement les propriétés du formulaire d'inscription.

Chapitre 15
Pouvons-nous converser ?

Les surfeurs du Web aiment tout ce qui est nouveau. Aussi le meilleur moyen de drainer un nouveau courant de visiteurs vers votre site est-il de l'animer : d'y ajouter des nouveautés, d'en modifier le contenu et de le débarrasser de ce qui est périmé. Mieux encore : de faire en sorte que vos visiteurs puissent eux-mêmes apporter leur participation à ce qu'il renferme.

Comment ? En créant un groupe de discussion FrontPage ! Un groupe de discussion permet à vos visiteurs de mieux vous connaître et de faire connaissance entre eux.

Voici quelques-unes des choses que vous pouvez faire avec un groupe de discussion :

- Lancer des conversations à l'échelon mondial sur des sujets qui vous intéressent[12].

- Proposer à vos visiteurs un forum dans lequel ils pourront s'exprimer.

- Créer un forum de support technique pour les clients utilisant vos produits.

- Créer un site de réflexion pour les membres de votre équipe.

---

12. Si vous voulez réellement opérer à l'échelon mondial, la langue utilisée devra être l'anglais. Si vous voulez rester fidèle à votre langue maternelle, vous ne toucherez guère que les pays francophones, ce qui n'est déjà pas si mal (N.d.T.).

Dans ce chapitre, vous allez apprendre comment ajouter un groupe de discussion à votre site Web.

Qu'est-ce qu'un groupe de discussion FrontPage ?

Un *groupe de discussion* est un site Web FrontPage spécial qui donne aux visiteurs la possibilité de participer à des conversations. Les visiteurs voient un sommaire donnant la liste de leurs *articles* (les messages qu'ils ont envoyés) ayant trait au sujet traité à l'intérieur du groupe de discussion (Figure 15.1). Pour lire un article, ils cliquent sur le lien partant du sommaire. Ils peuvent alors répondre ou poster leur propre article en remplissant un formulaire d'envoi. Ils peuvent aussi explorer le sommaire à la recherche de mots clés ou de phrases.

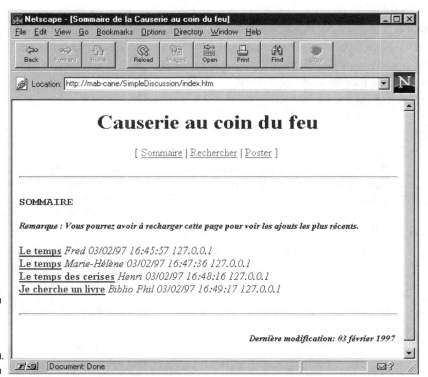

Figure 15.1 : Sommaire d'un groupe de discussion.

FrontPage associe ingénieusement plusieurs fonctionnalités : le WebBot Insertion, le WebBot Recherche, les formulaires de FrontPage et, dans certains cas, le WebBot d'inscription. Tout cela placé à l'intérieur d'une structure de cadres forme un groupe de discussion.

Pour en savoir davantage sur chacun des composants d'un groupe de discussion FrontPage, consultez les Chapitres 10, 11, 12 et 14.

Pour mettre en oeuvre un groupe de discussion FrontPage, votre serveur Web doit être équipé des extensions serveur de FrontPage. A ce sujet, vous pouvez consulter le Chapitre 18.

Création d'un groupe de discussion

Pour créer un groupe de discussion, il vous suffit d'utiliser les services de l'assistant Web de discussion de FrontPage auquel vous pouvez accéder depuis l'explorateur de FrontPage. C'est lui qui va créer les pages et les dossiers nécessaires. Ensuite, vous pourrez ouvrir les pages dans l'éditeur de FrontPage et les personnaliser à votre gré.

Pour ajouter des possibilités de conversation à votre site Web, vous devez ensuite créer un lien à partir de ce site vers le groupe de discussion qui est en lui-même un site Web complet. Vous pouvez aussi recopier le contenu du groupe de discussion dans le vôtre en fusionnant ainsi les deux.

Je vous recommande de conserver le groupe de discussion dans son propre site, ce qui permet de conserver une structure plus facile à suivre et à mettre à jour. En outre, cela vous permet d'y rajouter facilement un système d'inscription tel que ceux que nous venons d'étudier au Chapitre 14. De la sorte, seuls vos visiteurs régulièrement inscrits pourront participer à la discussion. Comme le nom de l'utilisateur apparaît automatiquement dans le texte de chaque article, un système d'inscription préalable donne quelques garanties sur tout risque d'usurpation d'identité.

Lancement de l'assistant Web de discussion.

La création d'un groupe de discussion n'est pas une mince affaire, c'est pourquoi FrontPage vous propose un assistant pour vous guider à travers le processus de création. C'est cet assistant qui prend soin de tous les détails.

Pour lancer l'assistant Web de discussion :

1. **A partir de la barre d'outils de l'explorateur, cliquez sur le bouton Nouveau site Web FrontPage (le plus à gauche) ou tapez <Ctrl>+<N>.** La boîte de dialogue Nouveau site Web FrontPage s'affiche.

2. **Dans la boîte à liste déroulante Modèle ou Assistant, double-cliquez sur Assistant Web de discussion.** La boîte de dialogue Assistant Web de discussion s'affiche. Elle va vous permettre de spécifier le site du groupe de discussion.

3. **S'il n'est pas déjà affiché, sélectionnez le nom du serveur Web personnel dans la boîte à liste déroulante Serveur Web ou emplacement du fichier.**

4. **Dans la boîte de saisie Nom du nouveau site Web FrontPage, tapez le nom que vous entendez donner à ce groupe de discussion puis cliquez sur OK.** La boîte de dialogue Nom et mot de passe requis s'affiche.

5. **Renseignez les deux champs de cette boîte de dialogue.** Si vous avez oublié votre mot de passe, courrez à l'encadré "Au secours ! j'ai oublié mon mot de passe !" du Chapitre 1. Cliquez ensuite sur OK. La première fenêtre de l'Assistant Web de discussion s'affiche (Figure 15.2).

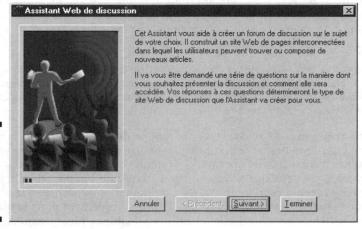

Figure 15.2 :
La première
fenêtre de
l'Assistant
Web de
discussion.

6. **Cliquez sur Suivant.** La fenêtre suivante s'affiche, dans laquelle vous allez spécifier les caractéristiques de votre groupe de discussion.

7. **Cliquez dans les cases à cocher placées en face des fonctionnalités que vous voulez incorporer au groupe de discussion.** Voici ce qui vous est proposé :

• **Sommaire :** contient les liens vers les articles postés dans le groupe.

• **Formulaire de recherche :** permet aux visiteurs de faire des recherches dans les articles du groupe de discussion.

• **Réponses liées :** regroupe les articles ayant trait au même sujet.

• **Page de confirmation :** confirme aux visiteurs que leur article a bien été ajouté à ceux du groupe.

Cliquez sur Suivant.

8. **Dans la boîte de dialogue Tapez un titre descriptif pour cette discussion, tapez le titre.** Quelque chose qui présente clairement le but du forum. Par exemple : "L'oeuvre de François Mauriac", si vous vous intéressez à la littérature.

9. **Ensuite, dans l'autre boîte de saisie, tapez un nom de dossier ou conservez celui qui vous est proposé.** Comme il est dit dans le commentaire affiché, ce nom doit commencer par un blanc souligné (que Microsoft appelle un "tiret bas"). Puis cliquez sur Suivant.

10. **Trois choix mutuellement exclusifs vous sont proposés.** Cliquez sur le bouton radio correspondant à celui que vous retenez.

   - **Sujet, commentaires.** C'est le plus simple, avec des champs pour la ligne Sujet et le texte de l'article.

   - **Sujet, catégorie, commentaires.** Une boîte à liste déroulante permettra à vos visiteurs de choisir un type d'article tel que commentaire, question ou réclamation.

   - **Sujet, produit, commentaires.** Si la discussion est centrée sur un groupe de produits, une boîte à liste déroulante proposera aux visiteurs de spécifier le produit qui les intéresse.

   Cliquez sur Suivant.

11. **C'est maintenant que vous allez décider si les participants doivent ou non s'être préalablement inscrits.** Cliquez sur le bouton approprié puis sur Suivant. Si vous choisissez Oui, seuls les utilisateurs dûment enregistrés pourront poster des articles. Si vous choisissez Non, tout le monde pourra participer aux discussions.

12. **Choisissez l'ordre de présentation des articles dans le sommaire.** Deux choix vous sont proposés : le plus ancien en tête ou le plus récent. Cliquez sur le bouton radio placé en face de votre choix.

13. **Vous allez décider si cette page doit ou non écraser votre page d'accueil en cliquant sur le bouton radio approprié.** Vous cliquerez ensuite sur Suivant. Si ce groupe de discussion est isolé, cliquez sur Oui. Si vous entendez le fusionner avec un autre site Web, répondez Non.

14. **Si, à l'étape 7, vous avez choisi de commencer votre page par un sommaire, choisissez ici les informations qui devront être affichées par le formulaire de recherche en cliquant sur le bouton radio en face de l'option que vous retenez.** Puis cliquez sur Suivant.

15. **Dans l'écran qui vous est présenté, vous allez pouvoir choisir la couleur de l'arrière-plan et du texte de la page à l'aide des zones Arrière-plan et Texte.** Dans la partie gauche de la fenêtre, vous pouvez voir un échantillon du résultat de vos choix (Figure 15.3).

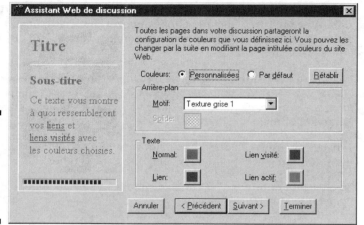

Figure 15.3 :
Choix des
couleurs
pour les
pages du
groupe de
discussion.

16. **Dans la fenêtre suivante, vous allez choisir votre mise en page en cliquant sur le bouton radio placé en face des quatre options qui vous sont proposées.** Là encore, la partie gauche de la fenêtre vous présente un exemple du découpage que vous obtiendrez (Figure 15.4). Une fois votre choix effectué, cliquez sur Suivant.

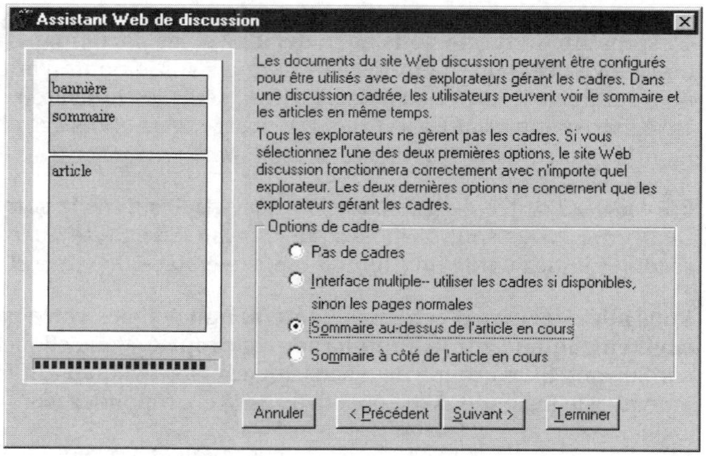

Figure 15.4 :
Choix de la
présentation
d'ensemble
de votre
groupe de
discussion.

Si vous choisissez une structure avec des cadres, n'oubliez pas que certains parmi vos visiteurs risquent de ne pas pouvoir en profiter parce que le browser qu'ils utilisent est trop ancien.

17. **La dernière fenêtre de l'Assistant Web de discussion s'ouvre.** Cliquez sur Terminer.

La fenêtre de l'Assistant se referme et, après quelques instants au cours desquels votre disque dur cliquette, la structure de votre groupe de discussion s'affiche dans l'explorateur. Vous pouvez maintenant commencer à personnaliser vos pages.

Personnalisation des pages de votre groupe de discussion

Les groupes de discussion créés par l'Assistant Web de discussion sont parfaitement fonctionnels mais plutôt quelconques en ce qui concerne leur présentation. Ils demandent tous un peu d'embellissement, ce que vous pouvez réaliser en ouvrant chaque page dans l'éditeur de FrontPage et en y apportant quelques améliorations esthétiques. Pour vous remémorer quels sont les outils d'édition de page de l'éditeur, revoyez les chapitres de la deuxième partie.

Plusieurs éléments du groupe de discussion mettent à profit les WebBots ainsi que d'autres fonctionnalités de FrontPage. Dans les paragraphes suivants, le nom du groupe de discussion est représenté par "xxx". Voici quelques astuces pour travailler avec ces éléments :

- **En-têtes de page :** Dans un groupe de discussion sans structure de cadre, le texte qui apparaît en haut de chaque page est contenu dans une page Web séparée et ces textes sont réunis à l'aide du WebBot Insertion (nous avons étudié ce dernier au Chapitre 12). FrontPage range ces pages "insérées" dans le dossier _PRIVATE du groupe de discussion. Pour éditer les en-têtes de page, ouvrez la page dont le titre commence par "En-tête inclus pour xxx", suivi du nom du groupe de discussion.

- **Pieds de page :** Semblables, aux en-têtes de page, les pieds de page sont, eux aussi, dans le dossier _PRIVATE et leur titre commence par "Pied de page inclus pour xxx".

- **En-têtes d'articles :** FrontPage crée un en-tête de page pour chaque article posté dans le groupe de discussion (que sa structure utilise ou non des cadres). Le titre de la page à éditer commence par "En-tête inclus de l'article pour xxx".

- **Pieds de page pour les articles :** FrontPage crée également un pied de page pour les articles. Le titre de la page à éditer commence par "Pied de page inclus de l'article pour xxx".

- **Couleurs :** Le modèle de couleur pour le groupe de discussion est identique pour toutes les pages. Pour ajuster ces couleurs, ouvrez la page intitulée "Couleurs du site Web".

- **Formulaire de recherche :** La page du formulaire de recherche travaille avec le WebBot Recherche. Elle est située dans le répertoire normal du groupe de discussion et son titre commence par "xxx Formulaire".

- **Page de confirmation :** La page de confirmation est affichée lorsqu'un visiteur vient d'envoyer un article. Elle est située dans le répertoire normal du groupe de discussion et son titre commence par "Confirmation de xxx".

- **Sommaire :** Pour ajuster la mise en page du sommaire du groupe de discussion, il faut comprendre comment fonctionne le groupe de discussion lui-même, ce que je vais vous expliquer dans la section suivante.

Selon le type d'agencement que vous avez défini pour votre groupe de discussion, vous pouvez rencontrer d'autres pages. Pour savoir ce que contient une page, il vous suffit d'ouvrir la page dans l'éditeur de FrontPage.

Si vous préférez utiliser vos propres pages plutôt que d'éditer celles qu'a générées FrontPage, il faut modifier les propriétés du groupe de discussion lui-même.

Ajustement du mécanisme de fonctionnement du groupe de discussion

Certains aspects d'un groupe de discussion vont plus loin qu'un simple ajustement de la mise en page. Si vous voulez modifier le mécanisme de fonctionnement du groupe, vous devez d'abord connaître les propriétés du gestionnaire de formulaire attaché au WebBot Discussion.

Un gestionnaire de formulaire est un programme conçu pour travailler en conjonction avec le serveur afin de traiter les informations saisies par le visiteur. Le WebBot dont il est question a pour rôle d'orchestrer la succession des événements qui se déroulent dès qu'un visiteur envoie un article au moyen du formulaire du groupe de discussion. Voilà quelles sont ses missions :

- Formater et gérer le sommaire.

- Contrôler le répertoire dans lequel FrontPage place les articles du groupe de discussion.

- Vous permettre d'ajouter des informations d'identification des articles, comme la date et l'heure de leur envoi.

- Contrôler les pages utilisées comme en-tête et comme pied de page ainsi que la page de définition des couleurs.

- Vous permettre de spécifier une page de confirmation qui remplacera la page standard de FrontPage.

Pour ajuster le fonctionnement de ce WebBot, voici ce qu'il convient de faire :

1. **Ouvrez la page intitulée "xxx Formulaire".**

2. **Cliquez du bouton droit de la souris dans le formulaire, normalement, sur l'article Propriétés du formulaire dans le menu qui apparaît.** La boîte de dialogue Propriétés de formulaire s'affiche.

3. **Cliquez sur le bouton Configurer.** La boîte de dialogue Paramètres pour le descripteur de formulaire de discussion s'affiche. Elle renferme trois onglets : Discussion, Article et Confirmer, chacun d'eux contrôlant un aspect différent du groupe de discussion.

4. **S'il n'est pas déjà visible, cliquez sur l'onglet Discussion.** La Figure 15.5 montre comment il se présente.

- Dans la boîte de saisie Titre, tapez un titre d'article (facultatif). C'est celui qui apparaîtra dans tous les articles du groupe de discussion.

- Dans la boîte de saisie Répertoire, tapez le nom du répertoire dans lequel FrontPage range les articles du groupe de discussion.

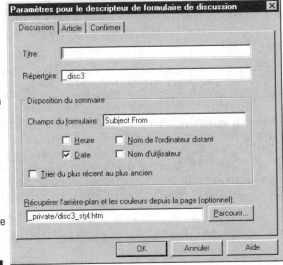

Figure 15.5 : L'onglet Discussion de la boîte de dialogue Paramètres pour le descripteur de formulaire de discussion.

Ne modifiez le contenu de cette boîte de saisie que si vous avez de bonnes raisons de changer les définitions initiales de FrontPage. Et n'oubliez pas que le nom de ce répertoire doit commencer par un blanc souligné (_).

- Dans la boîte de saisie Champs du formulaire, tapez les noms des champs de formulaire (séparés par des espaces) à partir desquels FrontPage doit construire le sommaire des articles.

  Par défaut, "Subject Form" est affiché dans cette boîte de saisie parce que FrontPage construit le sommaire d'après le sujet des articles auquel il ajoute le nom de celui qui l'a posté.

- Cochez les cases placées devant les informations que vous voulez collecter et qui sont parfaitement explicites.

- Choisissez ensuite l'ordre de tri en cochant ou non la case placée devant la mention Trier du plus récent au plus ancien.

- Enfin, vous pouvez taper l'URL de la page dont vous voulez emprunter les couleurs (arrière-plan, texte et appels de liens) dans la boîte de saisie Récupérer l'arrière-plan et les couleurs depuis la page.

5. Cliquez maintenant sur l'onglet Article (Figure 15.6) pour le rendre accessible.

- Dans la boîte de saisie URL de l'en-tête à inclure, tapez l'URL du document HTML contenant celui que vous voulez insérer à la place de celui généré par FrontPage.

- Dans la boîte de saisie URL de l'en-tête à inclure, tapez l'URL du document HTML contenant le texte que vous voulez insérer à la place de celui généré par FrontPage.

- Dans la zone Informations supplémentaires à inclure choisissez celles qui vous conviennent en cliquant dans la case à cocher correspondante.

6. Cliquez maintenant sur l'onglet Confirmer (Figure 15.7) pour le rendre accessible. Dans les deux boîtes de saisie qui vous sont proposées, vous pouvez éventuellement spécifier une URL de page de confirmation et une URL de page d'échec (si le serveur n'a pas reçu correctement le formulaire). Si vous les laissez telles quelles, ce sera les pages standard générées par FrontPage qui seront utilisées.

7. Cliquez sur OK pour refermer la boîte de dialogue Configurer.

8. Cliquez sur OK pour refermer la boîte de dialogue Propriétés du formulaire.

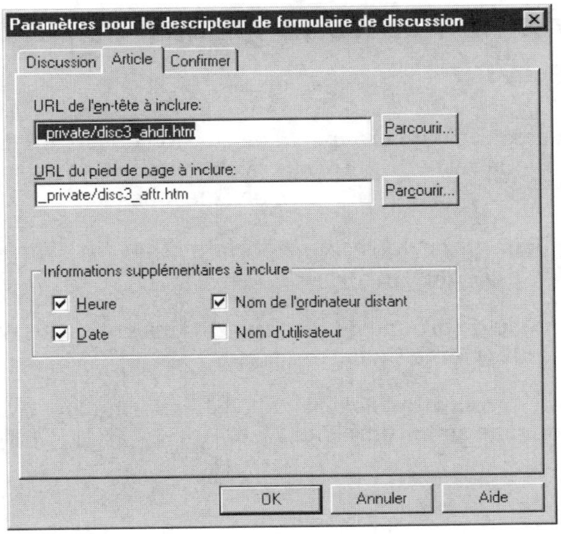

Figure 15.6: :
L'onglet
Article de la
boîte de
dialogue
Paramètres
pour le
descripteur
de formulaire
de discus-
sion.

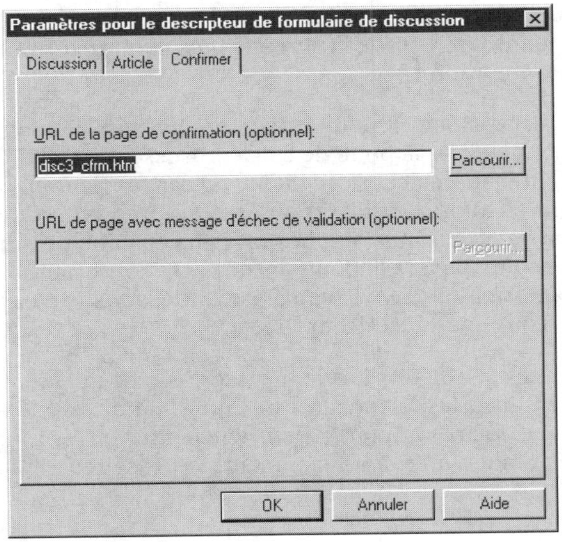

Figure 15.7: :
L'onglet
Confirmer de
la boîte de
dialogue
Paramètres
pour le
descripteur
de formulaire
de discus-
sion.

9. **Cliquez sur le bouton Enregistrer de la barre d'outils pour sauvegar-der la page d'envoi du formulaire (ou tapez sur <Ctrl>+<S>)**

Il ne vous reste plus maintenant qu'à établir un lien entre votre groupe de discussion et le reste de votre site Web.

Création d'un lien entre le groupe de discussion et votre site Web

L'étape finale de la création d'un groupe de discussion consiste à créer un lien entre ce groupe et le reste de votre site Web pour que vos visiteurs puissent y accéder. Vous pouvez opérer de deux façons :

- Créer un lien à partir de votre site Web vers le site Web du groupe de discussion (voir le Chapitre 6).

- Copier le contenu du groupe de discussion dans votre site Web pour associer les deux (voir le Chapitre 2).

Si vous protégez votre groupe de discussion avec un formulaire d'inscription, vous *devez* le laisser dans son propre site Web.

Causerie intimiste

Maintenant que la réalisation de votre groupe de discussion est terminée, il vous reste à le tester. S'il n'utilise pas les cadres, ouvrez la page intitulée "Sommaire de xxx" dans l'éditeur de FrontPage puis cliquez sur le bouton Aperçu dans l'explorateur Internet.

Si votre groupe de discussion utilise une structure de cadres, commencez par lancer votre browser et, dans sa boîte de saisie Adresse, tapez l'URL du document HTML contenant le descriptif du jeu de cadres (le *frameset*). Pour le trouver, allez dans l'explorateur de FrontPage et, après avoir ouvert le site contenant le groupe de discussion, affichez les liens en cliquant sur le bouton Afficher les liens. Ensuite, passez le pointeur de votre souris sur l'icône centrale sans cliquer. Au bout d'environ une seconde, vous verrez s'afficher le nom du fichier que vous cherchez (Figure 15.8).

Une fois que votre site est affiché dans le browser, postez quelques articles, faites des recherches, lisez les formulaires de confirmation... Bref, essayez toutes les options que vous avez créées pour vous assurer que toutes s'articulent parfaitement. Sinon, faites les ajustements nécessaires.

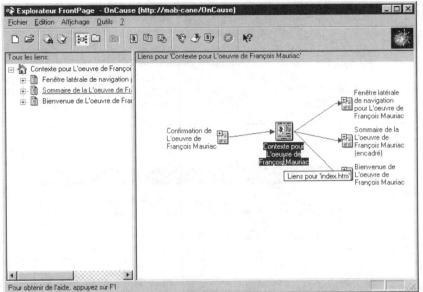

Figure 15.8 :
Comment
savoir le nom
du fichier
contenant le
frameset.

De la modération en toutes choses...

Dans la terminologie des groupes de discussion de Usenet, on appelle *groupe modéré* un groupe surveillé par un *modérateur* dont le rôle est de veiller à la bonne tenue du groupe et d'en écarter les articles qui sont hors sujet, provocateurs ou contreviennent aux règles de la plus élémentaire politesse. Le modérateur, c'est un peu un dictateur, mais si on veut que le groupe survive aux délires épistolaires de certains oisifs, c'est une nécessité.

Lorsqu'un visiteur poste un article, une copie de celui-ci est sauvegardée dans un dossier spécial créé par l'Assistant Web de discussion. Le nom de ce dossier dépend des choix que vous avez pu faire à l'étape 9 de la section "Création d'un groupe de discussion" et à l'étape 4 de la section "Ajustement du mécanisme de fonctionnement du groupe de discussion". Dans chaque groupe de discussion, les noms de tous les dossiers commencent par un blanc souligné (_). Ces dossiers sont considérés comme privés par FrontPage, ce qui signifie qu'ils ne sont pas visibles dans un browser (pour peu que les extensions serveur de FrontPage soient installées sur le serveur externe).

Pour pouvoir accéder à des articles conservés dans un dossier de groupe de discussion (qui est donc un dossier "caché"), vous devez demander à l'explorateur de FrontPage de le rendre visible. Pour cela, cliquez sur Outil/Paramètres du site Web. Dans la boîte de dialogue qui s'affiche, cliquez sur l'onglet Options avancées. Dans la zone Options, cliquez sur la case à cocher placée devant Afficher les documents dans les répertoires cachés puis cliquez sur OK pour refermer la boîte de dialogue.

Une autre boîte de dialogue s'affiche (Figure 15.9), vous demandant si vous voulez procéder immédiatement à la mise à jour de votre site Web. Cliquez sur Oui pour accepter et refermer la boîte de dialogue. Il vous suffira, à partir de maintenant, d'ouvrir les articles dans l'éditeur de FrontPage pour pouvoir en prendre connaissance et les modifier éventuellement.

Figure 15.9 : Autoriser ou non la mise à jour immédiate du site Web.

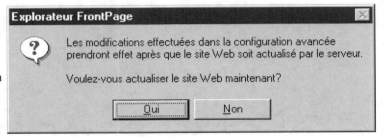

Quatrième partie
Promotion de votre site Web

"Mes enfants, ce n'est pas parce que nous visitons le site Web de la bibliothèque du Vatican qu'il faut parler tout bas !"

Dans cette partie...

Publier sur le Web peut être le fait d'une personne isolée ou, au contraire, un travail d'équipe où chacun a eu en charge un sous-ensemble de la présentation. Dans cette partie, vous allez voir comment FrontPage peut vous aider à organiser et à maintenir un site Web. Vous y verrez comment contrôler les accès à votre site et comment le faire connaître au monde entier.

Chapitre 16

Organisez-vous avec la liste des tâches à faire

La plus délicate des tâches d'un auteur Web est aussi la moins gratifiante : c'est celle qui consiste à se souvenir de tout ce qu'on a différé lorsqu'on a construit sa présentation. La maintenance d'un site Web de quelque importance implique un ensemble de petites tâches - réparation de liens hypertexte, mise à jour d'images, ajout de nouvelles rubriques... - qui doivent impérativement être réalisées si on veut que son site soit sans reproche. Si la maintenance est assurée par une équipe, ce suivi devient encore plus préoccupant.

Les créateurs de FrontPage ont compris ce problème et ont prévu une assistance à cette mise à jour sous la forme de *liste des tâches*. Cette liste joue le rôle d'un bloc-notes dans lequel vous (et les autres membres de votre équipe) allez inscrire tout ce que vous devez faire plus tard. Dans ce chapitre, nous allons voir ce qu'il en est de cette liste et comment en tirer parti.

Visite guidée de la liste des tâches

Chaque site Web a sa propre liste des tâches (Figure 16.1) que vous enrichissez au fur et à mesure que vous progressez dans la construction de votre site. On appelle *tâche* un travail ou un détail qu'il est nécessaire de prendre en compte.

Pour chaque tâche, on définit un nom, une priorité et, si besoin, une courte description. Sur la Figure 16.1, par exemple, la tâche Personnalisation (images) est décrite comme "Ajouter ma photo" (pour une page personnelle, ce n'est pas totalement déplacé). Certaines tâches peuvent être liées à d'autres.

Figure 16.1 :
La liste des
tâches.

Une fois qu'une tâche est terminée, vous pouvez la supprimer de la liste ou la marquer comme terminée et elle rentre dans l'historique.

Garder trace des tâches restant à accomplir est certainement important mais l'utilité réelle de cette liste apparaît encore plus nettement dans le cadre d'un travail en équipe. Comme FrontPage peut ouvrir des sites Web situés sur des serveurs externes, plusieurs auteurs peuvent simultanément modifier le même site quel que soit l'endroit où ils se trouvent, pourvu qu'ils aient une connexion à l'Internet. Chacun peut gérer la même liste des tâches, ce qui leur permet alors de se synchroniser.

Pour autoriser ce partage de la même liste des tâches, le serveur sur lequel vous publiez votre site Web doit avoir installé les extensions serveur de FrontPage.

Utilisation pratique de la liste des tâches

La liste des tâches est si bien intégrée à l'explorateur et à l'éditeur de FrontPage que son utilisation est réellement plus facile que la méthode des petits papiers qui jonchent perpétuellement votre bureau.

Ajout de tâches

Deux types de tâches peuvent être ajoutées : celles qui sont liées à des pages et celles qui sont indépendantes. Les premières s'appliquent à une page déterminée, les autres sont générales.

Voici comment on peut enrichir la liste des tâches :

- **Ajout d'une tâche liée à partir de l'explorateur :** Cliquez sur l'icône de la page à laquelle vous voulez lier la tâche puis sur Edition/Ajouter une tâche.

- **Ajout d'une tâche liée à partir de l'éditeur :** Ouvrez la page à laquelle vous voulez lier la tâche puis sur Edition/Ajouter une tâche.

- **Ajout d'une tâche indépendante à partir de l'explorateur ou de l'éditeur :** Ouvrez la liste des tâches en cliquant sur le bouton Liste des tâches ou sur Outils/Afficher la liste des tâches. Dans la fenêtre qui s'affiche, cliquez sur Ajouter.

Lorsque vous ajoutez une tâche à la liste des tâches, la boîte de dialogue Ajouter (Figure 16.2) s'affiche.

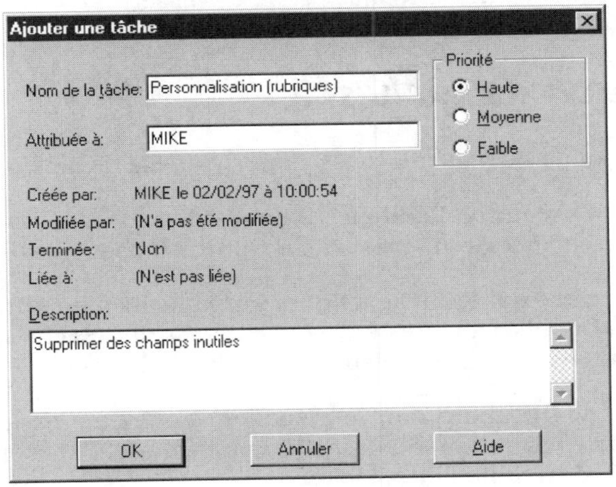

Figure 16.2 :
La boîte de
dialogue
Ajouter.

Cette boîte de dialogue contient des informations sur la tâche (sa date de création et si elle est liée à une page). Trois boîtes de saisie vous permettent de définir la tâche. Pour cela :

1. **Dans la boîte de saisie Nom de la tâche, tapez un titre descriptif mais bref.**

2. **Dans la boîte de saisie Attribuée à, tapez le nom de celui auquel incombe la réalisation de cette tâche.** Ce nom doit apparaître dans la liste des auteurs. Ce n'est qu'au Chapitre 17 que vous apprendrez comment enrichir cette dernière liste.

3. **Dans la zone Priorité, cliquez sur le bouton radio correspondant au degré de priorité que vous attribuez à cette tâche.** Vous avez le choix entre Haute, Moyenne et Faible.

4. **Si nécessaire, donnez des détails sur la tâche à accomplir dans la boîte de saisie Description.**

5. **Cliquez sur OK.**

Vous pouvez ajuster la présentation de la liste des tâches de cette façon :

- **Trier les tâches :** Cliquez sur le titre de la colonne en haut de chaque rubrique. En cliquant sur "Priorité", par exemple, les tâches vont s'afficher par ordre de priorité décroissante.

- **Modifier la largeur de chaque colonne :** Placez le pointeur de la souris sur la barre de titre, à la séparation de deux zones. Quand il prend la forme de traits verticaux, cliquez et faites glisser.

Modification de tâches

Vous pouvez modifier ou mettre à jour n'importe quelle tâche. Pour cela :

1. **Dans l'explorateur ou l'éditeur :** Ouvrez la liste des tâches en cliquant sur le bouton Liste des tâches ou sur Outils/Afficher la liste des tâches.

2. **Dans la fenêtre qui s'affiche, cliquez sur la tâche à modifier puis sur le bouton Détails.** La boîte de dialogue Détails de la tâche s'affiche (à la barre de titre près, elle est identique à la boîte de dialogue Ajouter).

3. **Faites les modifications que vous souhaitez effectuer de la façon que je viens de vous indiquer à la section précédente.** Par exemple, modifiez la description de la tâche.

4. **Cliquez sur OK.**

Terminer une tâche

Mettre fin à une tâche est sans doute ce qu'il y a de plus satisfaisant puisque la liste des tâches se raccourcit d'autant. Pour cela :

1. **Dans l'explorateur ou l'éditeur :** Ouvrez la liste des tâches en cliquant sur le bouton Liste des tâches ou sur Outils/Afficher la liste des tâches.

2. **Cliquez sur la tâche que vous voulez marquer.** Deux cas sont à considérer :

   - *La tâche est liée à une page.* Le bouton Exécuter est alors validé. En cliquant dessus, la page liée s'affiche dans l'éditeur et vous pouvez accomplir la tâche de la liste.

     Si vous voulez que la liste des tâches reste affichée, cliquez auparavant sur la case à cocher devant la mention Laisser la fenêtre ouverte.

   - *La tâche est indépendante.* Le bouton Exécuter est affiché en grisé (non validé). Vous devez donc charger la page concernée vous-même dans l'éditeur ou dans l'explorateur.

3. **Une fois terminée la tâche, vous devez mettre à jour la liste des tâches.** Pour cela, si elle n'est pas restée ouverte, rouvrez-la.

4. **Cliquez sur le nom de la tâche que vous venez de terminer.**

5. **Cliquez sur Terminer.** La boîte de dialogue Tâche terminée s'affiche.

6. **Cliquez sur l'un des deux boutons radio :**

   - Marquer cette tâche comme terminée. Elle restera affichée dans la liste des tâches si vous avez activé l'affichage de l'historique.

   - Supprimer cette tâche. Elle disparaîtra de la liste des tâches quelle que soit l'option retenue pour l'historique.

7. **Cliquez sur OK.**

Affichage de l'historique

Si vous n'avez pas activé l'historique (en cliquant sur la case à cocher correspondante de la liste des tâches), c'est le moment de le faire. Vous y verrez affichées les tâches terminées avec leur date d'achèvement (sauf si vous avez sélectionné l'option "Supprimer cette tâche" après avoir cliqué sur le bouton Terminer, à la section précédente).

Rien n'empêche de garder cet historique affiché en permanence et on peut d'ailleurs se demander pour quelle raison l'affichage de l'historique est une option.

Chapitre 17
Surveillez votre site Web

*Q*uand j'étais (plus) jeune, je savais que j'avais été trop loin lorsque mes parents me disaient : "Tant que tu vivras sous notre toit, c'est à nous que tu obéiras !" A cette déclaration péremptoire je ne pouvais opposer qu'un silence morose et quelques minutes de bouderie.

Eh bien, ce site Web, c'est votre maison. Ce qui signifie que c'est vous qui dictez vos lois. Vous pouvez contrôler qui y apporte des modifications et même quels sont ceux qui sont autorisés à le visiter. Ce processus est appelé *l'ajustement des autorisations*. Avec FrontPage, tout est prévu pour vous faciliter la tâche.

Qu'est-ce qu'une autorisation ?

Une *autorisation*, c'est le moyen de définir ce qu'on appelle en termes savants des anneaux de sécurité : vous allouez à différentes catégories de gens des niveaux différents dans l'accès à votre site. C'est une fonctionnalité quasi indispensable si vous travaillez en équipe. C'est également justifié si les informations que vous proposez ne doivent pas être accessibles par tous (pour des raisons de confidentialité ou de paiement, par exemple).

Un site à accès restreint est différent d'un site où les visiteurs doivent s'inscrire. Dans le premier cas, vous autorisez les visites en affectant aux visiteurs des noms d'utilisateur et des mots de passe qu'ils devront utiliser pour pénétrer dans ce site. Dans l'autre catégorie, tous les visiteurs ont un accès libre à la page d'inscription et, ensuite, ce sont eux qui choisissent librement leur nom d'utilisateur et leur mot de passe s'ils veulent accéder à certaines pages "protégées".

FrontPage reconnaît trois niveaux d'accès :

- **Administrateur :** Un administrateur peut créer, éditer et supprimer des sites Web et des pages et ajuster les niveaux d'autorisation d'accès.

- **Auteur :** Un auteur peut créer, éditer ou supprimer des pages mais ne peut ni créer ni supprimer un site Web pas plus qu'ils ne peut ajuster les autorisations d'accès.

- **Utilisateurs :** Une personne ayant ce niveau d'accès ne peut que visiter le site sans y rien changer. Elle ne peut même pas l'ouvrir dans l'explorateur.

Chaque site Web doit avoir au moins un administrateur. Lorsque vous installez FrontPage, vous choisissez un nom d'administrateur et un mot de passe qui font automatiquement de vous un administrateur. Si vous voulez partager vos prérogatives avec quelqu'un d'autre, vous avez le droit de l'ajouter à la liste des administrateurs. Je vous montrerai comment faire dans la section suivante : "Autorisations d'accès à votre site Web".

Autorisations d'accès à votre site Web

Pour contrôler qui peut faire quoi sur votre site Web, vous devez utiliser l'explorateur pour spécifier qui sont les administrateurs et les auteurs. Si vous voulez que votre site Web ne soit accessible qu'à une certaine catégorie de visiteurs, vous pouvez aussi créer une liste de ceux qui auront seuls un droit de visite.

Par défaut, tous les serveurs Web ont les mêmes autorisations que le site racine et sont donc visibles par tous. Il en résulte que si vous ajustez les autorisations du Web racine, vous modifiez automatiquement celles des sites Web enfants.

Attention aux autorisations !

Lorsque vous opérez des ajustements d'autorisations sur votre site Web, ces ajustements s'effectuent sur le serveur Web où est placé votre site Web. Donc, si vous voulez créer votre site Web au moyen du serveur personnel de FrontPage mais que vous souhaitez le publier ensuite sur un serveur externe, les permissions que vous avez établies lors de la création ne seront pas transférées sur le serveur externe.

Pour contourner ce problème, après avoir publié votre site Web (voir le Chapitre 18), vous devez opérer en trois étapes :

1. **Dans l'explorateur, ouvrez le site Web directement à partir du serveur externe sur lequel est placé votre site Web.**

2. **Définissez les permissions que vous voulez attacher à votre site Web.**

3. **Cliquez sur Fichier/Quitter pour refermer le site Web et quitter l'explorateur.** Vous pouvez aussi continuer à travailler. Dès que vous ouvrirez un autre site, le précédent sera automatiquement refermé.

Voici la marche à suivre pour définir les autorisations attachées à un site Web :

1. **Ouvrez le site Web dans l'explorateur.**

2. **Cliquez sur Outils/Autorisations.** La boîte de dialogue Autorisations s'ouvre. Si le site Web est le Web racine, la boîte de dialogue contient deux onglets : Utilisateurs et ordinateurs. Si c'est un site Web enfant, il y en a trois (Figure 17.1) : Paramètres, Utilisateurs et Ordinateurs. Le premier vous permet de modifier le niveau par défaut des autorisations (les sites Web enfants en hériteront).

3. **Cliquez sur le bouton radio Utiliser des autorisations uniques pour ce site Web (option par défaut).**

4. **Cliquez sur l'onglet Utilisateurs.** Les options d'autorisation pour les utilisateurs s'affichent. Votre nom d'administrateur apparaît dans la liste des utilisateurs. Si un système d'inscription est en place, les noms des inscrits s'affichent également.

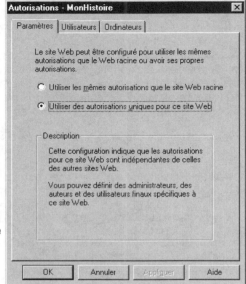

Figure 17.1 :
La boîte de dialogue des autorisations dans laquelle l'onglet Paramètres est visible.

5. **Pour ajouter un utilisateur, cliquez sur le bouton Ajouter.** La boîte de dialogue que montre la Figure 17.2 s'affiche. Pour chaque utilisateur, vous pouvez spécifier un nom d'utilisateur, un mot de passe et un niveau d'accès.

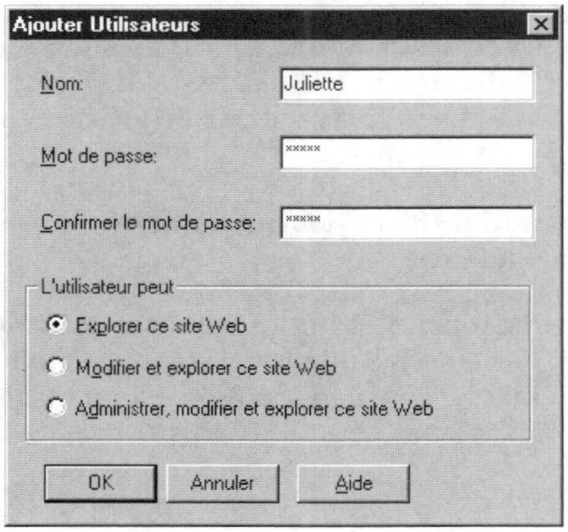

Figure 17.2 :
La boîte de dialogue Ajouter utilisateurs.

6. **Dans la boîte de saisie Nom, indiquez le nom que vous attribuez à l'individu.** Attention à bien différencier les majuscules des minuscules.

7. **Dans la boîte de saisie Mot de passe, tapez le mot de passe attribué à cet individu.**

8. **Dans la boîte de saisie Confirmer le mot de passe, tapez une seconde fois le mot de passe.**

9. **Dans la zone L'utilisateur peut, cliquez sur le bouton radio correspondant aux autorisations d'accès que vous lui accordez.** Vous avez le choix entre Explorer ce site Web, Modifier et explorer ce site Web et Administrer, modifier et explorer ce site Web.

10. **Cliquez sur OK.** La boîte de dialogue Ajouter utilisateurs se referme et vous revenez à l'onglet Utilisateurs de la boîte de dialogue Autorisations.

11. **Pour restreindre l'accès aux seuls visiteurs autorisés, cliquez sur le bouton radio en face de la mention Seuls les utilisateurs enregistrés peuvent explorer cette partie.**

12. **Cliquez sur Appliquer pour activer les modifications que vous venez d'effectuer.** Continuez éventuellement à ajuster les autorisations ou cliquez sur OK pour refermer la boîte de dialogue des Autorisations.

Autorisations d'accès accordées à des groupes

Vous pouvez contrôler les accès à un site Web selon une _adresse IP_ au lieu de les valider par des noms et des mots de passe individuels. Une adresse IP, c'est l'adresse Internet unique d'une machine et elle consiste en quatre nombres séparés par des points comme, par exemple, 190.172.112.02.

Dans ce cas, le niveau d'autorisation défini s'applique à tous les appels provenant de cette adresse. Vous pouvez aussi définir non pas une seule adresse mais un groupe d'adresses, par exemple toutes celles dont le premier nombre est égal à 190.

Cette possibilité s'avère particulièrement utile lorsque votre site concerne un intranet (réseau local de même structure que l'Internet).

Pour définir des autorisations basées sur des adresses IP, procédez comme suit :

1. **Le site Web étant ouvert dans l'explorateur, cliquez sur Outils/Autorisations.** La boîte de dialogue Autorisations s'ouvre.

2. **Cliquez sur l'onglet Ordinateurs.**

3. **Cliquez sur ajouter.** La boîte de dialogue Ajout d'un ordinateur s'ouvre (Figure 17.3).

4. **Dans les quatre cases devant Masque IP, vous tapez l'adresse de la machine qu'il faut filtrer.** Si vous ignorez son adresse IP, posez la question à son administrateur système. Si vous utilisez un masque, ne saisissez que le nombre commun à tout le groupe et tapez des astérisques (*) dans les autres cases.

5. **Dans la zone L'ordinateur peut, cliquez sur le bouton radio correspondant au niveau d'autorisation accordé.**

6. **Cliquez sur OK pour refermer la boîte de dialogue Ajouter un ordinateur.**

7. **Cliquez sur Appliquer pour activer les modifications que vous venez d'effectuer.** Continuez éventuellement à ajuster les autorisations ou cliquez sur OK pour refermer la boîte de dialogue des Autorisations.

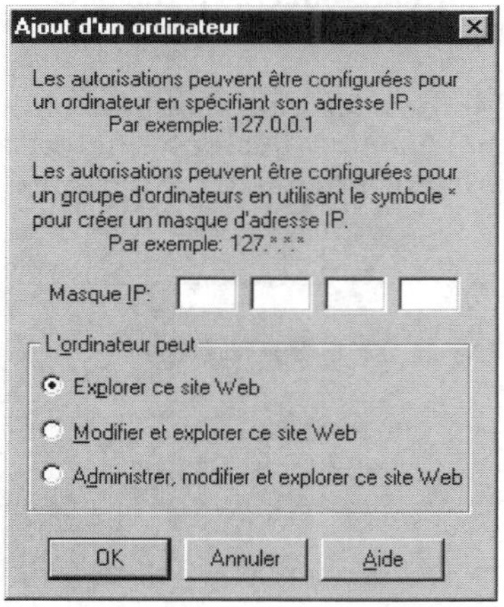

Figure 17.3 :
La boîte de
dialogue
Ajout d'un
ordinateur.

Ajustement des autorisations

Vous pouvez facilement ajuster les autorisations propres à votre site Web : modifier, par exemple, celles qui sont accordées à un auteur en le hissant au rang d'administrateur. Ou supprimer un utilisateur d'une liste de gens autorisés à visiter votre site.

Voici comment procéder :

1. **Ouvrez le site Web dans l'explorateur.**

2. **Cliquez sur Outils/Autorisations.** La boîte de dialogue Autorisations s'ouvre.

3. **S'il n'est pas visible, cliquez sur l'onglet Utilisateurs.**

4. **Dans la liste des utilisateurs, cliquez sur le nom de celui dont vous voulez ajuster le niveau des autorisations.**

5. **Cliquez sur Modifier.** La boîte de dialogue Modifier utilisateurs s'ouvre.

6. **Dans la zone L'utilisateur peut, cliquez sur le bouton radio correspondant au nouveau niveau d'autorisation accordé.**

7. **Cliquez sur OK.** La boîte de dialogue Modifier utilisateurs se ferme.

8. **Cliquez sur Appliquer pour activer les modifications que vous venez d'effectuer.** Continuez éventuellement à ajuster les autorisations ou cliquez sur OK pour refermer la boîte de dialogue des Autorisations.

Pour supprimer un utilisateur de la liste des autorisations, suivez les instructions précédentes mais, à l'étape 5, cliquez sur le bouton Supprimer au lieu du bouton Modifier.

Modification des mots de passe

Si vous êtes conscient de la nécessité de préserver la sécurité de votre site Web, changer périodiquement votre mot de passe est une nécessité, surtout si vous y jouez le rôle d'administrateur. Pour cela :

1. **Dans l'explorateur, cliquez sur Outils/Changer le mot de passe.** La boîte de dialogue Changement du mot de passe s'affiche.

2. **Tapez votre ancien mot de passe dans la première boîte de saisie.**

3. **Tapez votre nouveau mot de passe dans la boîte de saisie de même nom.**

4. **Tapez une seconde fois le même mot de passe dans la boîte de saisie de confirmation.**

5. **Cliquez sur OK.**

Pour modifier le mot de passe d'un autre utilisateur, vous devez commencer par le retirer de la liste des autorisations. Ensuite, vous allez l'y remettre et définir à ce moment-là son nouveau mot de passe.

Chapitre 18
Vos débuts sur le World Wide Web

*R*oulement de tambour, s'il vous plaît ! Voici venu le moment que vous attendez depuis longtemps : celui de paraître en public, autrement dit de permettre à tous les surfeurs du World Wide Web d'accéder à votre chef-d'œuvre.

De nos jours, tous ceux qui ont une connexion à l'Internet et un minimum de technicité sont capables de *publier*, c'est-à-dire d'offrir leur site aux yeux du monde entier.

Pour que ce soit le cas de votre site Web, vous devez le placer sur un serveur Web. (Au Chapitre 4, je vous ai donné un aperçu de la structure du Web.) Bien que FrontPage soit fourni avec un serveur personnel entièrement fonctionnel, celui-ci, comme son nom l'indique, n'est prévu que pour votre usage personnel, afin que vous puissiez tester votre site Web en local. Pour publier votre site, vous devez donc le porter sur un véritable serveur, connecté à l'Internet 24 heures sur 24. C'est ce qu'on appelle parfois un *serveur Web dédié*.

Pour la plupart des gens, cela nécessite un abonnement à un fournisseur d'accès (en anglais : *ISP - Internet Service Provider*) ou l'accès au serveur de votre entreprise. Dans ce cas, il est évident que vous devez d'abord avoir l'autorisation de l'administrateur de cette machine.

Les extensions serveur de FrontPage

Mais ce n'est pas tout. Pour que votre site FrontPage fonctionne correctement, il faut que les extensions serveur de FrontPage aient été installées sur ce serveur. Elles consistent en un programme spécial qui agit comme un traducteur entre FrontPage et le programme du serveur. Si quelqu'un poste un article vers un groupe de discussion du Web, par exemple, FrontPage a besoin des informations que lui transmettra le serveur pour traiter cet article. (C'est au Chapitre 15 que j'ai parlé des groupes de discussion de FrontPage.) Si ces extensions ne sont pas installées, rien ne fonctionnera.

L'installation des extensions serveur de FrontPage n'est pas un mince travail, c'est la raison pour laquelle beaucoup d'administrateurs ne les ont pas encore installées. Le nombre de ces installations croît néanmoins quotidiennement et, au fur et à mesure que FrontPage se répandra, il continuera d'augmenter.

De toute façon, vous pouvez publier votre site Web sur n'importe quel serveur externe, même s'il n'est pas équipé des extensions FrontPage. Seulement, certaines des facilités offertes par FrontPage vous seront interdites. Voici lesquelles :

- **WebBots associés aux formulaires.** Le WebBot de confirmation de formulaire, le WebBot de recherche et les gestionnaires de discussion, d'inscription et de sauvegarde de résultats.

- **Les images réactives FrontPage.** Mais rien ne vous empêche d'utiliser des images réactives ordinaires, conformes au type supporté par votre serveur.

- **Autorisations.** Si vous voulez ajuster les autorisations d'accès sur le serveur externe, vous devrez alors en discuter avec son administrateur système.

- **La liste des tâches.** Vous ne pourrez l'utiliser que localement.

- **Le dossier _PRIVATE.** Les pages qui s'y trouvent placées deviendront totalement accessibles par tous.

- **Ouverture et création de sites Web directement sur un serveur externe.**

- **Le service de publication de site de FrontPage.** Vous devrez alors utiliser l'assistant de publication (programme qui accompagne FrontPage) ou un client FTP. Je vous en dirai plus dans la section suivante.

Fournisseurs d'accès supportant les extensions FrontPage

Microsoft propose une liste des fournisseurs d'accès supportant les extensions FrontPage à l'URL `http://www.microsoft.com/frontpage/wpp/list`. Pour avoir une idée de leur qualité de service, vous pouvez demander des conseils sur le forum de discussion `microsoft.public.frontpage.client`. Vous en apprendrez de belles sur le compte de certains fournisseurs d'accès[13]. Pour accéder aux forums de discussion de Usenet, vous pouvez utiliser Internet Explorer 3.0 ou suivants ou des lecteurs de news spécialisés, comme l'excellent WinVN.

Etre accessible par tous

Bon, eh bien, maintenant, il faut y aller ! Dans cette section, je vais vous expliquer comment publier votre site Web.

Mais, auparavant, encore un détail : vérifiez scrupuleusement que votre site Web est absolument correct et qu'il n'y subsiste plus aucun bug, aucune faute d'orthographe, aucun lien brisé. Cliquez sur Aperçu dans l'explorateur Internet et explorez minutieusement toutes les branches. Ne laissez rien dans l'ombre : images réactives, formulaires... Tout doit y passer.

Ce n'est qu'après cet ultime test que vous pouvez, l'âme en paix, envisager de *publier* votre site Web à la face du monde.

Les procédures de publication varient selon les fournisseurs d'accès et les administrateurs de système. Bien que les instructions que je vais vous donner s'appliquent à la majorité des serveurs, renseignez-vous au préalable et conformez-vous aux directives qui vous seront données si elles diffèrent des miennes.

Votre fournisseur d'accès a installé les extensions serveur FrontPage

Si votre fournisseur d'accès a installé les extensions serveur FrontPage, vous allez pouvoir publier votre site Web au moyen de l'explorateur. C'est lui qui va établir la connexion avec le serveur externe et effectuer le transfert de vos fichiers.

---

13. Tout au moins sur ceux qui exercent leur activité aux Etats-Unis. Pour la France, mieux vaut consulter `fr.network.internet.fournisseurs` (N.d.T.)

FrontPage possède une fonctionnalité[14] bizarre. Lorsque vous venez de publier un nouveau site Web sur un serveur dédié, votre fournisseur d'accès doit manuellement redémarrer le serveur pour que soit reconnu ce que vous venez de lui envoyer. Ensuite, vous devez envoyer les fichiers proprement dits. Bien que redémarrer un serveur soit une procédure simple, seul votre fournisseur d'accès ou votre administrateur système peut le faire. Certains fournisseurs d'accès n'y consentent que sur demande expresse alors que d'autres le font systématiquement chaque jour.

Bizarre, bizarre...

Les fournisseurs d'accès américains auraient-ils des us et coutumes différents des nôtres ? La plupart des serveurs français, qu'ils soient des "poids lourds" comme MSN, CompuServe ou AOL, ou des "individuels", tournent 24 heures sur 24, 7 jours sur 7 et répugnent à interrompre leur service, sachant la gêne qu'ils vont occasionner à leurs utilisateurs et, corrélativement, le flot de reproches, voire d'injures dont ils risquent d'être submergés (N.d.T.).

Voici quelles sont les étapes à parcourir pour publier votre site Web :

1.   **Ouvrez le site Web que vous voulez publier.**

2.   **Cliquez sur Fichier/Publier le site Web FrontPage.** La boîte de dialogue Publication d'un site Web FrontPage s'ouvre (Figure 18.1).

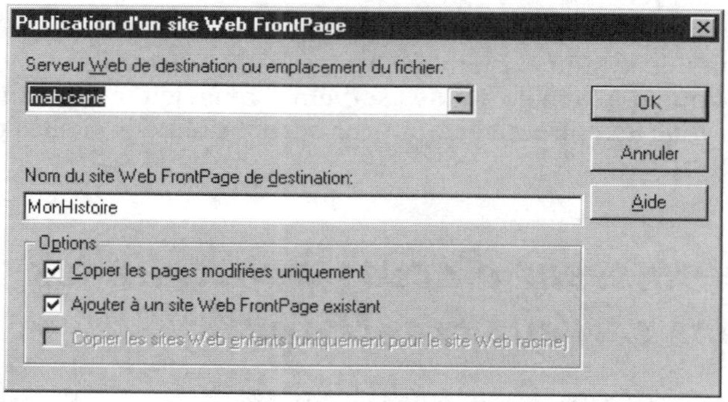

Figure 18.1 :
La boîte de dialogue Publication d'un site Web FrontPage.

3.   **Dans la boîte de saisie Serveur Web de destination ou emplacement du fichier, tapez le nom du serveur Web sur lequel vous voulez publier votre site.** Ce nom se présente sous la forme www.monfournisseur.fr. Si vous ne le connaissez pas, demandez-le à votre fournisseur d'accès.

---

14. Appelons plutôt ça un bug ! (N.d.T.)

N'OUBLIEZ PAS

Les informations que vous allez saisir dans cette boîte de dialogue dépendent de votre fournisseur d'accès et peuvent différer de celles que je vais vous donner ici.

4. **Dans la boîte de saisie Nom du site Web FrontPage de destination, tapez le nom de votre site Web ou, si vous publiez le Web racine, laissez cette zone vierge.** Le nom du site Web est le nom que vous avez choisi lors de la création de votre site Web. Il est listé dans la barre de titre de l'explorateur.

5. **Si c'est la première fois que vous publiez votre site Web, supprimez la coche dans la case à cocher Copier les pages modifiées uniquement.**

6. **S'il existe déjà un site Web de ce nom sur le serveur Web, cliquez sur Ajouter à un site Web FrontPage existant.** La plupart des fournisseurs d'accès FrontPage créent les nouveaux comptes avec un Web racine par défaut. Même si vous publiez votre Web racine pour la première fois, pour FrontPage, ce sera considéré comme une addition.

   Si vous publiez un site Web enfant (un site FrontPage autre que votre Web racine) pour la première fois, supprimez la coche dans cette case.

7. **Si vous publiez le Web racine et que vous voulez copier en même temps tous les sites Web enfants, cliquez sur la case à cocher Copier les sites Web enfants (uniquement pour le site Web racine).**

8. **Cliquez sur OK.** La boîte de dialogue Publication d'un site Web FrontPage se referme. Une pause survient pendant que FrontPage contacte le serveur Web dédié. Puis la boîte de dialogue Nom et mot de passe requis s'affiche (Figure 18.2).

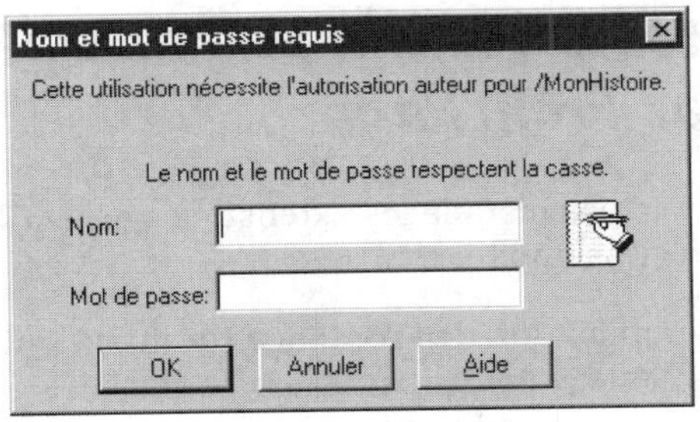

Figure 18.2 :
La boîte de dialogue
Nom et mot de passe requis.

Nom et mot de passe requis

Cette utilisation nécessite l'autorisation auteur pour /MonHistoire.

Le nom et le mot de passe respectent la casse.

Nom:

Mot de passe:

OK   Annuler   Aide

9. **Renseignez les deux boîtes de saisie Nom et Mot de passe.** Selon le niveau de permission du site Web, cette boîte de dialogue peut être affichée une seconde fois, vous réclamant alors votre identité d'administrateur.

A ce niveau, différentes choses peuvent se produire selon que vous ajoutez des pages à un site existant ou que vous créez un nouveau site :

- Si vous ajoutez des pages à un site existant, FrontPage copie tous vos fichiers vers le serveur externe. Le temps nécessaire à cette opération dépend à la fois de la taille des fichiers à transmettre, de la vitesse de votre modem et de la charge du serveur. Plusieurs minutes peuvent être nécessaires. Une fois le travail terminé, une boîte de message s'affiche, vous signalant la réussite du transfert (Figure 18.3). Cliquez sur OK pour la refermer.

- Si vous créez un nouveau site Web, une boîte de message de l'explorateur s'affiche, vous signalant que le serveur Web doit être redémarré manuellement avant de poursuivre. Cliquez sur OK pour refermer la boîte de message puis sur Annuler pour arrêter la transaction. Une fois le serveur redémarré, répétez la totalité de la procédure en cliquant cette fois sur Ajouter, lorsque vous en serez à l'étape 6. Maintenant, tout se passera normalement.

Figure 18.3 :
Le transfert sur le serveur s'est effectué normalement.

Votre fournisseur d'accès n'a pas installé les extensions serveur FrontPage

Si votre fournisseur d'accès n'a pas installé les extensions serveur FrontPage, vous avez le choix entre deux possibilités :

- Utiliser l'assistant de publication de FrontPage (utilitaire qui fait partie du bonus pack - voir l'Annexe A).

- Transférer vos fichiers par FTP.

Avec l'assistant de publication de FrontPage

L'assistant de publication de FrontPage travaille en conjonction avec l'explorateur pour publier un site Web sur des serveurs où ne sont pas installées les extensions FrontPage. Une fois que ses paramètres sont définis correctement, la symbiose est si parfaite que l'assistant devient complètement transparent.

Malheureusement, l'assistant de publication de FrontPage ne fonctionne que dans les conditions suivantes :

- Votre connexion à un serveur externe doit s'effectuer par le moyen d'un réseau local ou d'une connexion à l'Internet établie par le système d'accès réseau à distance de Windows 95.

- Votre site Web doit se trouver dans un seul répertoire : le Web ou un Web enfant.

- Vous utilisez la version anglaise de Windows 95 ou de Windows NT[15].

Si aucune de ces restrictions ne vous concerne, vous pouvez continuer. Sinon, sautez cette section et allez directement à la section "Par FTP".

Pour toutes informations concernant l'assistant de publication de FrontPage, vous pouvez pointer votre browser sur l'URL `http://www.microsoft.com/windows/software/webpost`.

Voici comment procéder pour publier un site Web à l'aide de l'assistant de publication de FrontPage :

1. **Si vous ne l'avez pas encore fait, installez l'assistant de publication de FrontPage.** Dans la version française, cela revient à cliquer sur la dernière icône de la présentation du CD-ROM de FrontPage (Figure 18.4) puis à suivre les instructions qui vous seront données. On notera l'absence de toute restriction concernant la langue. L'installation se termine par une boîte de message vous indiquant que vous pouvez lancer l'assistant de publication de FrontPage en cliquant sur Démarrer/Programmes/Accessoires/Outils Internet/Assistant de publication de sites Web.

2. **Dans l'explorateur, ouvrez le site Web que vous voulez publier.**

3. **Cliquez sur Fichier/Publier le site Web FrontPage.** La boîte de dialogue Publication d'un site Web FrontPage s'ouvre.

4. **Dans la boîte de saisie Serveur Web de destination ou emplacement du fichier, tapez le nom du serveur Web sur lequel vous voulez publier votre site.** Ce nom se présente sous la forme `www.monfournisseur.fr`. Si vous ne le connaissez pas, demandez-le à votre fournisseur d'accès.

5. **Laissez le boîte de saisie Nom du site Web FrontPage de destination vierge.**

---

15. Cette information semble contredite par le fait que la version française de FrontPage 97 comprend une version (partiellement) francisée de l'assistant de publication de FrontPage qui ne fait pas mention de cette restriction (N.d.T.).

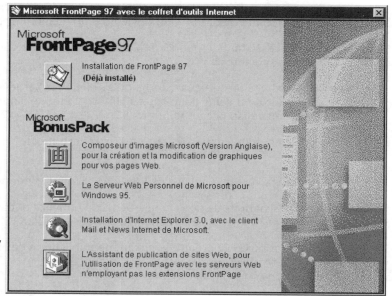

Figure 18.4 :
Pour installer
l'assistant de
publication
de FrontPage,
cliquez sur
l'icône du
bas.

6. **Si c'est la première fois que vous publiez votre site Web, supprimez la coche dans la case à cocher Copier les pages modifiées uniquement.**

7. **Conservez la coche dans la case Ajouter à un site Web FrontPage existant.** Même si c'est la première fois que vous publiez votre site Web, FrontPage considère cela comme une addition parce que le dossier de destination sur le serveur Web existe déjà (bien qu'il soit vide).

8. **Laissez la case à cocher Copier les sites Web enfants (uniquement pour le site Web racine) vide.**

9. **Cliquez sur OK.** La boîte de dialogue Publication d'un site Web FrontPage se referme. Une pause survient pendant que FrontPage contacte le serveur Web dédié. Lorsque le programme a déterminé que les extensions FrontPage n'étaient pas installées sur le serveur, la fenêtre de l'assistant de publication de FrontPage s'ouvre (Figure 18.5).

10. **Cliquez sur le bouton radio qui indique la façon dont vous êtes connecté au serveur Web puis sur le bouton Suivant.** Une boîte de dialogue apparaît et vous demande de cliquer à nouveau sur Suivant pour lancer la connexion.

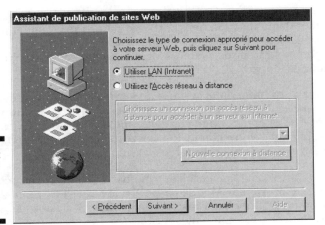

Figure 18.5 :
L'assistant
de publica-
tion de
FrontPage.

11. **Cliquez sur Suivant.** La boîte de dialogue Rassembler les informations s'affiche. Une pause se produit pendant que l'assistant de publication de FrontPage essaie d'établir la connexion avec le serveur Web.

Si cette tentative réussit, la boîte de dialogue suivante s'affiche, vous demandant de cliquer sur Terminer pour publier votre site Web. Dans ce cas, allez à l'étape 13.

Si l'établissement de la connexion n'est pas possible, une boîte de message s'affiche, vous indiquant de revoir le paramétrage de l'assistant de publication de FrontPage.

12. **Cliquez sur OK pour refermer la boîte de dialogue puis sur le bouton Précédent, jusqu'à ce que vous atteigniez le début de l'assistant.** Vous parcourez ainsi une succession de boîtes de dialogue que vous n'avez pas encore vues s'afficher, ce qui vous permet de vérifier les informations contenues dans l'assistant de publication de FrontPage. Vous savez que vous êtes au début de l'assistant de publication de FrontPage lorsque le bouton Précédent s'affiche en grisé (vous ne pouvez pas remonter plus loin).

13. **Cliquez sur le bouton radio qui s'applique à la façon dont vous êtes connecté au serveur Web externe puis cliquez sur Suivant.**

14. **Choisissez votre protocole puis cliquez sur Suivant.** Si vous êtes raccordé à l'Internet par un fournisseur d'accès, choisissez FTP. Si c'est un serveur local auquel vous êtes relié par Microsoft Windows 95 Networking, choisissez Windows File Transfer.

Si vous n'êtes pas sûr de bien comprendre ce que vous demande l'assistant de publication de FrontPage, cliquez sur Annuler pour refermer la boîte de dialogue et appelez votre fournisseur d'accès ou votre administrateur de système local. Lorsque vous serez renseigné, reprenez à l'étape 1.

15. **Indiquez votre nom dans la boîte de saisie Nom d'utilisateur et votre mot de passe dans la boîte de saisie Mot de passe puis cliquez sur Suivant.** Les références que vous allez indiquer ici sont celles qui correspondent à votre connexion sur votre fournisseur d'accès et non pas celles que vous avez déclarées à FrontPage.

Certains fournisseurs d'accès vous imposent d'utiliser *deux* combinaisons Nom d'utilisateur/Mot de passe : l'une pour vous connecter et l'autre pour effectuer les transferts de fichiers. Si c'est le cas, indiquez ici la seconde de ces combinaisons.

16. **Tapez le nom du serveur dans la boîte de saisie Nom du serveur FTP puis cliquez sur Suivant.** C'est le nom du serveur Web sur lequel vous allez publier votre site Web. L'assistant de publication de FrontPage s'y réfère comme à un serveur FTP parce que, outre sa fonction de serveur de fichiers Web, il doit aussi pouvoir accepter des transferts de fichiers à partir d'autres ordinateurs. Une nouvelle boîte de dialogue s'affiche.

17. **Dans la boîte de dialogue Sous dossier contenant vos pages Web sur votre serveur FTP, indiquez le nom du dossier du serveur Web contenant les fichiers de votre site Web.** Tous les serveurs Web ont un dossier spécial pour placer les fichiers des sites Web. Un fournisseur d'accès qui héberge plusieurs présentations Web affecte un dossier particulier à chacun d'eux. (Beaucoup appellent ce dossier PUBLIC_HTML mais ce n'est pas général.)

18. **Dans la boîte de saisie URL de votre racine sur votre serveur, tapez l'URL de votre site puis cliquez sur Suivant.** Pour moi, par exemple, ce serait `http://www.dnai.com/~asha`. Après avoir cliqué sur Suivant, une nouvelle boîte de dialogue s'affiche, vous demandant de cliquer une nouvelle fois sur Suivant.

19. **Cliquez sur Suivant afin que l'assistant de publication de FrontPage vérifie les informations que vous venez de taper.** Si la connexion ne peut pas être établie, l'assistant de publication de FrontPage vous demande de revenir en arrière pour contrôler les informations que vous lui avez fournies. Résignez-vous et cliquez sur OK pour fermer cette boîte de message. Ensuite, soit vous cliquez sur le bouton Précédent pour revenir à la première boîte de dialogue et recommencer, soit vous cliquez sur Annuler pour refermer l'assistant de publication de FrontPage et publier votre site Web avec un client FTP.

Si l'assistant de publication de FrontPage ne peut pas vous connecter à votre serveur Web, bien que vous soyez certain d'avoir indiqué des informations correctes, c'est peut-être parce que le programme du serveur ne sait pas communiquer avec l'assistant de publication de FrontPage (c'est rare mais ça peut arriver). Pour corriger cet ennui, votre fournisseur d'accès ou votre administrateur système peut faire les ajustements nécessaires au serveur. Pour toute information complémentaire, vous pouvez consulter le serveur de Microsoft à l'URL `http://www.microsoft.com/windows/software/webpost`.

Si la connexion a pu être établie, la boîte de dialogue finale s'affiche.

20. **Cliquez sur Terminer pour lancer la publication de votre site Web.**
    La boîte de dialogue de transfert de fichiers s'affiche et reste visible pendant toute la durée du transfert. Une fois terminée cette copie, la boîte de dialogue de l'assistant de publication de FrontPage s'affiche à son tour, vous signalant la fin du transfert.

21. **Cliquez sur OK pour refermer la boîte de dialogue et l'assistant de publication de FrontPage.**

Par FTP

Si, pour quelque raison que ce soit, vous ne pouvez pas publier votre site Web avec l'assistant de publication de FrontPage, il vous reste la solution d'utiliser un *client FTP*, c'est-à-dire un programme de transfert de fichiers selon le protocole *File Transfer Protocol* qui est la façon normale de transférer des fichiers par l'Internet.

La plupart des fournisseurs d'accès vous remettent un kit de connexion lorsque vous souscrivez votre abonnement. Sur le CD-ROM d'accompagnement, vous trouverez WS_FTP, qui est le client FTP que je préfère.

Chaque client FTP a un mode d'utilisation différent. Reportez-vous à celui dont vous disposez. Si vous avez déjà quelque expérience de l'Internet, il est à peu près certain que vous avez déjà utilisé ce type de programme, ne serait-ce qu'à cause des très nombreux sites serveurs FTP sur lesquels on peut récupérer beaucoup de programmes shareware ou freeware ou en version de démonstration.

Vous y êtes !

Félicitations, votre site Web a rejoint la communauté de l'Internet et vous avez droit au titre (envié) d'auteur Web reconnu. Soyez votre premier visiteur, ne serait-ce que pour vous assurer que tout s'est bien passé.

Si quelque chose n'est pas correct, corrigez le problème en local puis transférez le ou les fichiers modifiés sur le serveur Web dédié, de la façon que je vais vous indiquer dans la section suivante.

Faites vivre votre site Web

Les présentations Web dormantes sont comme la pâtisserie pas fraîche : ils n'attirent personne. Sur le Web, ce qui compte, c'est la nouveauté. Aussi, une fois qu'il est installé, attachez-vous à sa mise à jour, rajoutez des rubriques, corrigez-en d'autres. En un mot, faites-le vivre !

La mise à jour d'un site Web commence par se faire en local, sur votre propre machine. Ce n'est qu'après que vous reporterez la mise à jour sur le serveur externe. Vous indiquerez alors à FrontPage de ne recopier que les pages modifiées, qui viendront automatiquement remplacer les anciennes.

Si vous opérez par FTP, vous devrez faire manuellement cette sélection et ne transférer que les nouvelles pages.

Voici comment procéder pour faire la mise à jour avec l'explorateur FrontPage ou l'assistant de publication de FrontPage :

1. **Ouvrez le site Web que vous voulez mettre à jour.**

2. **Cliquez sur Fichier/Publier le site Web FrontPage**. La boîte de dialogue Publication d'un site Web FrontPage s'affiche.

3. **Dans la boîte de saisie Serveur Web de destination ou emplacement du fichier, tapez le nom du serveur Web sur lequel se trouve votre site Web.**

4. **Dans la boîte de saisie Nom du site Web FrontPage de destination, tapez le nom du site Web.** Même pour une mise à jour d'un site Web existant, vous devez spécifier le nom du site Web pour que FrontPage sache où il se trouve. Si vous faites la mise à jour du Web racine, laissez la boîte vierge.

5. **Conservez la coche dans la case en face de Copier les pages modifiées uniquement.**

6. **Conservez la coche dans la case en face de Ajouter à un site Web FrontPage existant.**

7. **Si vous faites la mise à jour du Web racine et que vous voulez copier des pages modifiées dans des sites Web enfants, cliquez dans la case à cocher en face de Copier les sites Web enfants (uniquement pour le site Web racine).**

8. **Cliquez sur OK.** FrontPage contacte le serveur externe. Quelques instants après apparaît la boîte de dialogue Nom et mot de passe requis.

9. **Renseignez les deux boîtes de saisie Nom et Mot de passe.** Selon le niveau de permission du site Web, cette boîte de dialogue peut être affichée à nouveau, vous réclamant cette fois votre identité d'administrateur.

   Après que vous avez cliqué sur OK, FrontPage transfère les fichiers modifiés depuis la dernière fois que vous avez publié votre site Web. Puis une boîte de message s'affiche vous signalant que le transfert s'est bien effectué.

10. **Cliquez sur OK.**

Faites-vous connaître

Maintenant que votre site Web est vivant, vous devez le faire savoir à tout le monde. Qu'il propose des articles à la vente ou qu'il vous serve à présenter votre collection de photos, vous tirerez toujours avantage à vous faire connaître. Mais comment inviter le monde à venir vous rendre visite ? Voici quelques moyens d'attirer les visiteurs :

- **Moteurs de recherche :** Faites-vous référencer par Yahoo (http://www.yahoo.com/), Excite (http://www.excite.com) et Altavista (http://www.altavista.digital.com).

- **Net-happenings** (littéralement : événements du Net) : C'est l'un des plus anciens et des plus respectés services d'annonces de l'Internet. Visitez son site Web à l'URL http://www.gi.net/NET pour apprendre comment proposer une description de votre site.

- **Bouche à oreille :** Invitez vos amis et connaissances à visiter votre site Web et encouragez-les à vous faire de la propagande.

- **Groupes de news :** Postez une annonce discrète dans des groupes de discussion traitant de sujets voisins de celui abordé par votre site Web.

- **Signature e-mail :** Incorporez l'adresse de votre site Web dans la signature de vos messages *e-mail*.

Cinquième partie
Les dix commandements

Dans cette partie...

Dans les trois chapitres qui suivent, j'ai mis FrontPage en sommeil et je vous donne quelques tuyaux destinés à compléter vos connaissances en matière de publication sur le Web. Pas de panique : je ne vous pousse pas à la méditation, mais tout au contraire, je vous apporte trois bouquets de gadgets : dix choses à faire avec votre site Web, dix outils logiciels gratuits et indispensables et dix bonnes adresses à "ne manquer sous aucun prétexte".

Chapitre 19
Dix choses à faire avec votre site Web

Les sites Web sont comme les élastiques et les trombones : avec un peu d'ingéniosité, vous pouvez en faire à peu près n'importe quoi et trouver des millions de façons d'en tirer parti. Pour vous donner un bon départ, voilà les dix (moins une) façons que je préfère pour utiliser un site Web.

Pour le lecteur français, ce chapitre a un caractère plutôt anecdotique car il correspond de trop près à la culture et au mode de vie américains. Chez nous ni l'Internet ni le Web ne sont encore suffisamment entrés dans les moeurs pour qu'on puisse prendre ces conseils au pied de la lettre (N.d.T.).

Gagnez des millions de dollars

Beaucoup de ceux qui entendent parler des millions d'utilisateurs de l'Internet y voient un potentiel d'autant de clients et le symbole du dollar se met à clignoter dans leur tête. Bien que le commerce sur l'Internet commence tout juste à décoller (les gens éprouvent quelques inquiétudes à faire circuler leur numéro de carte de crédit sur le Net), il existe des techniques de sécurisations de nature à donner tous apaisements pour les transactions commerciales. Alors, précipitez-vous sur l'assistant Présence institutionnelle dont je vous ai parlé au Chapitre 1 et créez votre site commercial. Qui sait, ce sera peut-être vous, le prochain Rockefeller !

Restez en contact

Vos parents sont partis au Maroc, votre meilleur ami est en stage à San Francisco, votre frère est trop occupé pour trouver le temps de téléphoner ? Pas de problème ! Servez-vous de votre site Web comme point de rencontre pour vos amis et votre famille. Ils peuvent s'y logger et venir bavarder tout leur soûl pour peu que vous mettiez à leur disposition une *chat-room* (un salon de conversation) protégé par un mot de passe que seuls vos proches connaîtront. (Revoyez les Chapitres 15 et 17 pour plus de détails.) Consacrez une page aux fêtes et anniversaires, publiez les photos prises au mariage du cousin Jules et racontez les derniers potins de votre village.

Impressionnez votre futur patron

Un site Web est l'endroit idéal pour chanter vos louanges. Placez-y votre CV avec la liste de vos références et de vos réussites professionnelles. Expliquez vos motivations et placez des pointeurs vers vos précédents employeurs et les (prestigieuses) universités qui ont eu l'honneur de vous instruire. N'oubliez pas d'ajouter l'URL de votre site sur votre papier à en-tête et sur vos cartes de visite.

Impressionnez vos amis crédules

Si vous jouez à "mon disque dur est plus grand que ton disque dur" avec vos amis, servez-vous de votre site Web pour vous faire couronner roi (ou reine) de votre Landerneau technique. Téléchargez de mystérieux applets Java et d'abscons contrôles ActiveX - ou bien écrivez-les vous-même si vous en êtes capable - et installez-les sur votre site. (Le Chapitre 13 vous dira tout ce que vous devez savoir à ce sujet.) Créez une liste de vos sites favoris dans lesquels vous n'oublierez pas de placer un pointeur sur Sun Microsystems, Microsoft et le Fan Club de Star Trek. Cultivez un vocabulaire à base d'expressions et d'acronymes cueillis sur le Web et apprenez-les par coeur. ("Ouais, j'avais ajouté un pointeur vers une fonction JavaScript dans mon marqueur IMG mais il est tombé en rade quand Fred est tombé dessus avec son Netscape Navigator version 3.4026b et qu'il a planté sa bécane.")

Branchez votre entreprise

Si vos employés ont accès au Web ou que votre entreprise possède un intranet (réseau interne à architecture comparable à celle de l'Internet), servez-vous de votre site Web comme d'un centre de communication. Placez-y les dix commandements du bon et fidèle employé ainsi que l'annuaire local. Constituez des groupes de discussion pour chacun des départements de l'entreprise. Créez une lettre d'information. Utilisez le modèle Livre d'or de l'Editeur de FrontPage pour créer une boîte à idées. (Tous les détails se trouvent au Chapitre 3.)

Répandez la bonne parole à travers le monde

Y a-t-il quelque chose que vous voulez faire connaître au monde entier ? Un site Web a le potentiel nécessaire pour remplir cette mission. Faites-vous référencer par les plus importants moteurs de recherche pour accroître votre audience (voyez à ce sujet le Chapitre 18). Créez un formulaire qui permettra à vos visiteurs de vous dire ce qu'ils pensent de votre site. Offrez à ceux qui le souhaitent de leur envoyer d'autres informations. Veillez à ce que votre site soit constamment à jour afin qu'il devienne une référence absolue des connaissances sur le sujet qu'il traite.

Donnez libre cours à vos penchants artistiques

Si vous êtes poète, artiste ou musicien, un site Web est un excellent moyen pour vous faire connaître. Mieux encore que la feuille d'avis locale de votre village, une galerie d'exposition ou un concert. Servez-vous de ce site pour montrer toutes les facettes de votre talent. Placez-y des clips (si vous êtes musicien) ou des reproductions de vos oeuvres picturales si vous êtes peintre.

Brandissez l'étendard de la révolte

La photocopieuse a placé le pouvoir de la presse dans les mains de chacun. Les activistes de tout poil noircissent des tonnes de papier pour tenter de révolutionner le monde. Le Web facilite la propagation de vos idées puisqu'une page Web peut être vue par des millions de personnes et que vous n'avez pas besoin de perdre votre temps à agrafer vos libelles et à les distribuer aux sorties de métro. Utilisez votre site Web pour montrer votre différence.

Erigez un monument à votre propre gloire

Rien n'est plus excitant que de voir son nom imprimé à la place réservée à l'auteur d'un livre. Sans doute est-ce le caractère de permanence de la chose écrite qui en est cause. Un site Web peut constituer l'équivalent d'un monument à votre gloire, un endroit où vous pourrez faire connaître vos mérites et vos vertus. Qu'est-ce qui vous empêche de créer votre propre fan club et d'utiliser votre site Web comme instrument de diffusion ?

Chapitre 20
Une dizaine d'outils indispensables et gratuits

*L'*Internet est gorgé de logiciels gratuits que vous pouvez télécharger sans aucune difficulté. Voici une dizaine de mes préférés, que tout auteur Web se doit de posséder.

Rappelez-vous que le CD-ROM d'accompagnement contient une liste de tous les liens cités dans le livre.

VirusScan

J'ai placé VirusScan en tête de liste parce que personne - et je dis bien *personne* - n'est immunisé contre les virus d'ordinateur. Surtout ceux qui passent leur temps à télécharger puis installer des logiciels par l'Internet. Protégez-vous donc avec un détecteur de virus comme le très respecté VirusScan de McAfee. C'est un produit commercial que vous pouvez utiliser gratuitement pour évaluation pendant 30 jours.

Visitez la page d'accueil de McAfee à l'URL `http://www.mcafee.com`. Vous y trouverez VirusScan.

Microsoft Office Viewers

Il s'agit de logiciels de visualisation qui permettent à ceux qui ne possèdent ni Word, ni Excel, ni PowerPoint de prendre connaissance et même d'imprimer les fichiers produits par Microsoft Office. Si votre site Web renferme un de ces documents, n'oubliez pas de fournir à vos visiteurs un appel de lien vers le site de Microsoft où ils pourront télécharger ces logiciels.

Pour plus de détails sur ces outils de visualisation, pointez votre browser sur les URL suivantes :

- **Word pour Windows :** http://www.microsoft.com/word/ Internet/Viewer/default.htm.

- **Excel :** http://www.microsoft.com/excel /Internet/Viewer/ default.htm.

- **PowerPoint :** http://www.microsoft.com/powerpoint / Internet/Viewer/default.htm.

Microsoft PowerPoint Animation Publisher and Player

Il s'agit d'un logiciel qui permet de créer des animations PowerPoint pour des pages Web. (Je vous ai montré comment au Chapitre 13.) Publisher et Player sont deux programmes séparés regroupés en un seul package. Publisher s'utilise avec PowerPoint pour optimiser les fichiers PowerPoint destinés à être utilisés sur l'Internet et Player joue le rôle d'assistant pour permettre à un browser d'afficher des fichiers PowerPoint.

Pour tous détails, voir le serveur de Microsoft à l'URL http:// www.microsoft.com/powerpoint /Internet/player/default.htm.

Paint Shop Pro

Si vous voulez jongler avec vos fichiers d'image mais que vous n'avez pas besoin d'un outil aussi sophistiqué que Image Composer, Paint Shop Pro est le programme qu'il vous faut. Il contient tout ce qui est nécessaire pour dessiner, découper et peindre, sans oublier quelques effets spéciaux tels que ombrage, découpage et mosaïque.

Paint Shop Pro se trouve sur le CD-ROM d'accompagnement. Pour l'installer, voir l'Annexe C.

Tout ce que vous voulez savoir sur Paint Shop Pro se trouve à l'URL http:// www.jasc.com/psp.html.

GIF Construction Set

Cet outil sert à créer des images GIF animées, c'est-à-dire à regrouper plusieurs images décomposant un mouvement, en un seul fichier. (J'en ai parlé au Chapitre 7.) Ce programme ne se trouve pas sur le CD-ROM.

Vous trouverez tous les détails sur GIF Construction Set à l'URL http:// www.mindworkshop.com/alchemy/gifcom.html.

WS_FTP LE

Si votre serveur ne supporte pas les extensions serveur de FrontPage et que vous ne pouvez pas utiliser l'assistant de publication de FrontPage, il vous faut un logiciel client FTP pour charger vos fichiers sur votre serveur. WS_FTP LE est celui que je préfère. Il est compact, facile à utiliser et fait très bien son travail. ("LE" signifie *limited édition* : édition limitée.)

WS_FTP LE se trouve sur le CD-ROM d'accompagnement. Pour l'installer, voir l'Annexe C.

WinZip

J'utilise quotidiennement ce programme, qui permet de compresser (*zipper*) et décompresser des fichiers d'archives. Les fichiers compressés occupent moins de place sur un disque dur et c'est une bonne astuce pour les envoyer par *e-mail* en documents attachés.

Pour télécharger ce programme (ou avoir d'autres renseignements sur lui), visitez la page d'accueil de WinZip à l'URL http://www.winzip.com.

Et en prime...

Si télécharger des logiciels sur l'Internet et les installer vous intimide, vous pourrez trouver des renseignements utiles (en anglais) à l'URL http:// www.download.com (section Toolkits). Vous y trouverez aussi des liens vers les logiciels shareware les plus populaires.

Chapitre 21
Une dizaine de bonnes adresses

Tout au long de ce livre, je vous ai recommandé des adresses des sites que j'ai trouvés particulièrement intéressants et utiles. Dans ce chapitre, je vous présente les dix qui me paraissent les plus dignes d'attention.

La page d'accueil de FrontPage chez Microsoft

Ce site est l'endroit que vous devez visiter pour tout ce qui concerne FrontPage. Vous y trouverez des astuces et des informations ainsi que des liens vers les pages d'accueil de tous les programmes du Bonus Pack. Vous pouvez aussi accéder à une assistance en ligne, à des groupes de discussion de Usenet et à des FAQ[16] sur FrontPage.

L'URL de ce site est `http://www.microsoft.com/frontpage`.

The Microsoft Site Builder Workshop

(L'atelier Microsoft du constructeur de site) Ce site a de quoi retenir les passionnés de la publication sur le Web pendant plusieurs heures. Il contient des informations sur tout : depuis la création d'un site Web élémentaire jusqu'à celle du site le plus complexe. J'y reviens moi-même de temps en temps et je n'ai que rarement besoin d'aller chercher ailleurs. Pour en profiter au mieux, utilisez un browser supportant les *frames* (Internet Explorer ou Netscape Navigator).

Le Microsoft Site Builder Workshop se trouve à l'URL `http://www.microsoft.com/workshop`.

---

16. FAQ : *Frequently Asked Questions* (Foire aux questions) (N.d.T.).

The Microsoft Knowledge Base

(La base de connaissances de Microsoft) Si vous avez une question, cette base de connaissances a la réponse parmi les milliers d'articles qui couvrent à peu près tous les sujets. Vous y trouverez tout ce qui concerne les produits Microsoft, y compris naturellement FrontPage.

Cette base de connaissances se trouve à l'URL http://www.microsoft.com/kb.

The Netscape Home Page

(La page d'accueil de Netscape) Il n'y a aucune raison de se cantonner à Microsoft. On peut fort bien aller surfer sur la page de son ennemi juré, Netscape. N'oubliez pas que Netscape Navigator est le browser le plus utilisé actuellement. Si vous voulez que vos pages Web émerveillent vos visiteurs, vous devez vous tenir au courant des dernières nouveautés élaborées par Netscape. En outre, vous pourrez télécharger les dernières versions de Netscape Navigator[17]. Même si vous ne l'utilisez pas pour vous-même, ce sera un bon outil de test pour vous assurer que les pages réalisées avec FrontPage seront vues dans de bonnes conditions par les utilisateurs de Netscape Navigator.

Le site de Netscape se trouve à l'URL http://www.netscape.com.

The Beginner's Guide to HTML

(Le guide HTML du débutant) Le moyen le plus sûr de maîtriser votre site Web est de bien connaître HTML, le langage du Web. Il existe de nombreux livres sur le sujet (dont beaucoup ont été traduits en français) mais si vous êtes pressé(e) de vous lancer, consultez ce site légendaire. Il existe depuis que le Web existe et sa renommée ne cesse de grandir.

L'URL de ce site est http://www.ncsa.uiuc.edu/General/Internet/ WWW/HTMLPrimer.html.

The World Wide Web FAQ

(La foire aux questions du Web) Si vous voulez savoir comment fonctionne le Web, visitez ce site. Vous y trouverez des réponses aux questions qu'on se pose le plus fréquemment sur le Web et tout ce qui y touche.

---

17. Presque toujours en version limitée à trois mois (N.d.T.).

L'URL de ce site est `http://www.boutell.com/faq`.

Search.com

Le Web contient des informations politiques, zoologiques, ethniques, techniques... Le problème, c'est de les découvrir. Search.com vous permettra de trouver pratiquement tout ce que vous pouvez chercher, avec des liens vers les moteurs de recherche les plus populaires : pages jaunes, répertoire d'adresses *e-mail*, informations de vol... Vous n'avez qu'un mot à dire !

L'exploration de l'Internet commence à l'URL `http://www.search.com`.

Download.com

Tout le monde parle des gigaoctets de logiciels gratuits répartis sur le Net, mais beaucoup moins de gens connaissent les bonnes adresses. Au Chapitre 20, je vous ai donné les adresses de quelques bons sites, mais si vous en voulez davantage, allez donc consulter Download.com. Vous y trouverez des classements par catégories : affaires, multimédia, Internet...

Pour surfer sur Donwload.com, l'URL est `http://www.download.com`.

The Web Style Manual

(Le manuel de style du Web) Sur ce site vous trouverez de nombreux détails faciles à mettre en oeuvre sur les principes de conception d'un site Web. Les informations sont assez denses mais valent le déplacement.

L'URL de ce site est `http://info.med.yale.edu/caim/StyleManual_Top.HTML`.

Addicted2Stuff

(Littéralement : accro au truc) Si FrontPage vous donne des migraines et que vous souhaitiez vous délasser, visitez ce site propice à la détente. Les articles y sont rédigés avec esprit, mais si vous n'êtes pas familier avec la langue anglaise et surtout avec la civilisation américaine au quotidien, vous n'y comprendrez strictement rien.

L'URL de ce site est `http://www.morestuff.com`.

Et plus près de vous...

Si les Américains s'y complaisent, le traducteur craint fort que les Français n'y découvrent rien qui vaille et, pour les consoler, il leur offre un onzième site, "bien d'chez nous" :

Un Nouveau Guide Internet est une suite de pages Web écrites par Gilles Maire et qui couvre à peu près tout ce que vous pouvez souhaiter savoir sur l'Internet (sauf, semble-t-il, FrontPage, sans doute trop récent). Ces pages ont d'ailleurs été récemment publiées en librairie. Mais vous pouvez les consulter gratuitement sur l'Internet et, outre l'abondante documentation qu'elles renferment, elles ont le gros avantage d'être écrites en français. Ce site est très recommandé.

UNGI se trouve à l'URL http://www.imaginet.fr/ime/toc.htm.

Annexe A
Le Bonus Pack

Sur le CD-ROM de FrontPage 97 se trouve un *bonus pack* (autrement dit une prime) constitué par quatre logiciels qui sont présentés sur l'écran d'accueil du CD-ROM de Microsoft (Figure A.1). Voici, succinctement exposées, les caractéristiques de ces programmes.

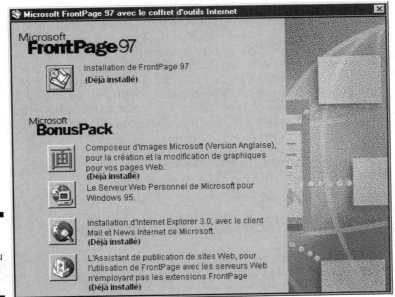

Figure A.1 :
Ecran
d'accueil du
CD-ROM de
FrontPage.

Image Composer

Il s'agit d'un éditeur d'images très complet qui pourra vous être utile pour retravailler certaines images destinées à votre site Web ou faire des conversions de formats de fichiers. Sa complexité le rend difficile à maîtriser, mais les fonctions les plus souvent utilisées sont vite assimilables. De nombreux effets sont à votre disposition. Il est accessible directement depuis FrontPage, ce qui rend très facile le basculement d'un programme à l'autre. Comme l'indique la Figure A.1, il n'a pas été francisé par Microsoft.

 Pour plus de détails, visitez le site Web de Microsoft `http://www.microsoft.com/imagecomposer`. Vous y trouverez aussi des images à télécharger et de l'inspiration.

Internet Explorer 3.0

C'est l'une des dernières versions du célèbre browser de Microsoft (Build 1215). Outre ses fonctions d'explorateur, il comporte un lecteur de courrier électronique et un lecteur de news (menus Aller à/Lire le courrier et Aller à/Lire les news). C'est une version entièrement francisée. Il reconnaît les scripts VBScript et JavaScript (activation par le menu Affichage/Options, onglet Sécurité, case à cocher Exécuter les scripts ActiveX) et les applets Java (activation par le menu Affichage/Options, onglet Sécurité, case à cocher Activer les programmes Java). Une autre option (Affichage/Options/Avancées/Activer le compilateur Java JIT) permet de disposer du compilateur Java JIT.

 Pour tout renseignement supplémentaire, vous pouvez consulter le site Web de Microsoft à l'URL `http://www.microsoft.com/ie/`.

Assistant de publication de FrontPage

Il a déjà été question de ce programme au Chapitre 18. Rappelons simplement qu'il permet de publier le contenu d'un site Web sur un serveur Web externe ne supportant pas les extensions serveur de FrontPage.

 Pour tout renseignement supplémentaire, vous pouvez consulter le site Web de Microsoft à l'URL `http://www.microsoft.com/windows/software/webpost`.

Serveur Web personnel

Le Serveur Web personnel de FrontPage permet de tester en vraie grandeur une présentation Web. Bien que ses fonctionnalités soient complètes, il n'est pas conçu pour supporter la charge occasionnée par de multiples accès. Ceux d'entre vous qui souhaiteraient disposer d'un serveur Web capable de gérer de réels accès sur l'Internet trouveront ici un outil à essayer. Il a principalement été conçu pour être utilisé comme serveur sur un Intranet de petites dimensions. Il permet aussi le partage de fichiers entre auteurs Web.

 Pour tout renseignement supplémentaire, vous pouvez consulter le site Web de Microsoft à l'URL `http://www.microsoft.com/ie/isk/pws.htm`.

Annexe B
Installation de FrontPage

*V*oici comment procéder pour installer FrontPage sur votre machine.

1. **Allumez votre ordinateur.** S'il l'est déjà, fermez les autres programmes qui pourraient tourner.

2. **Insérez le CD-ROM de FrontPage dans le lecteur de CD-ROM**. En peu de temps, vous voyez s'afficher l'écran d'ouverture reproduit sur la Figure B.1. Si ce n'est pas le cas, double-cliquez sur l'icône du Poste de travail puis sur celle qui représente le lecteur de CD-ROM.

Figure B.1 : L'écran d'ouverture de l'installation du CD-ROM de FrontPage.

3. **Cliquez sur le bouton d'installation de FrontPage (le premier en haut).** L'assistant d'installation est alors lancé et la boîte de dialogue intitulée Bienvenue s'affiche (Figure B.2).

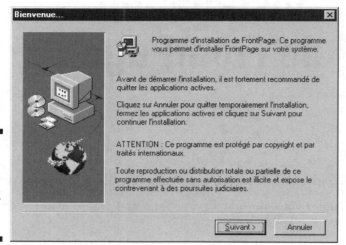

Figure B.2 : La boîte de dialogue de bienvenue de l'installation de FrontPage.

4. **Cliquez sur le bouton Suivant**. La boîte de dialogue d'inscription apparaît.

5. **Si Windows 95 a réussi à trouver votre nom et celui de votre société que vous lui avez indiqués lors de son installation, il vous les affiche pour confirmation.** Sinon, il vous demande de les saisir dans les deux boîtes qui sont affichées. Cliquez ensuite sur OK.

6. **La boîte de confirmation d'inscription s'affiche en reproduisant ces renseignements.** Si vous êtes d'accord, cliquez sur Oui. Si vous avez fait une erreur de saisie, vous serez renvoyé à l'étape précédente pour la corriger en cliquant sur Non. Si tout va bien, une nouvelle boîte s'affiche, dans laquelle il vous est demandé de taper les onze chiffres de la clé du CD qui se trouvent sur l'emballage de FrontPage.

7. **Tapez attentivement les onze chiffres (la saisie passe automatique- ment de la première case à la seconde) puis cliquez sur OK.** S'affiche alors la boîte de dialogue du chemin de destination, qui vous propose d'installer FrontPage dans le répertoire proposé (C:\Program Files\Microsoft\FrontPage).

8. **Si ce répertoire vous convient, cliquez sur OK.** Sinon, vous pouvez en choisir un autre à l'aide du bouton Parcourir. Je vous recommande d'accepter la proposition par défaut de façon à simplifier l'installation. Une

fois votre choix effectué, cliquez sur Suivant. Une nouvelle boîte de dialogue s'affiche, qui est reproduite sur la Figure B.3 (Type d'installation).

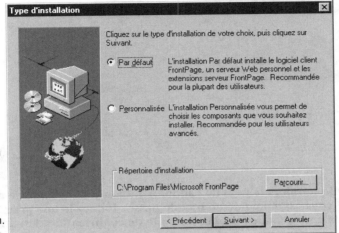

Figure B.3 :
Boîte de
dialogue
Type
d'installation.

Vous pouvez à tout moment revenir à l'étape précédente en cliquant sur Précédent ou arrêter l'installation en cliquant sur le bouton Annuler.

9. **Cliquez sur le bouton Par défaut.** C'est le plus simple, car ainsi vous installerez tout ce qui est nécessaire. Ne choisissez l'installation personnalisée que si, plus tard, vous voulez ajouter des composants ou installer une version plus récente de FrontPage.

10. **Cliquez sur Suivant.** Si vous avez choisi Par défaut, une boîte de dialogue apparaît. Indiquez dans quel répertoire vous voulez installer le serveur personnel sur votre machine.

    Si vous avez choisi Personnalisée, la boîte de sélection des composants s'affiche. Cochez les cases en face des composants que vous voulez installer. Une fois vos choix effectués, cliquez sur Suivant. La boîte de dialogue de choix du répertoire d'installation du serveur personnel s'affiche alors, comme lorsque vous avez choisi Par défaut.

11. **Pour accepter le répertoire par défaut proposé, cliquez sur Suivant.** Si vous préférez un autre répertoire, servez-vous du bouton Parcourir pour faire votre choix et lorsqu'il est effectué, cliquez sur Suivant.

12. **Commence alors la recopie des fichiers depuis le CD-ROM.** Lorsqu'elle est presque complète, la boîte de dialogue Configuration de l'administrateur du Serveur Web personnel FrontPage s'affiche pour

vous permettre d'indiquer votre nom d'administrateur et éventuellement un mot de passe (Figure B.4).

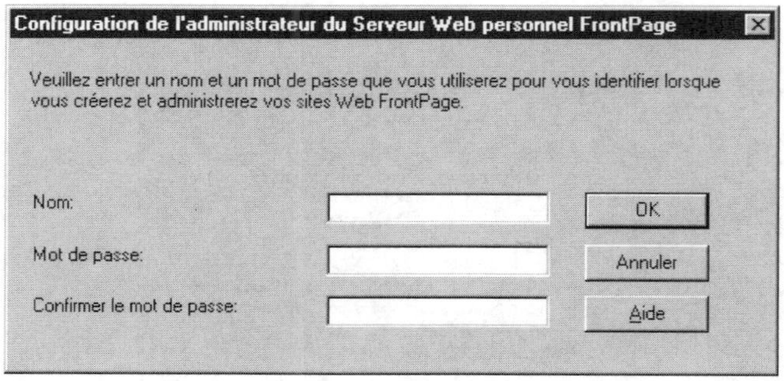

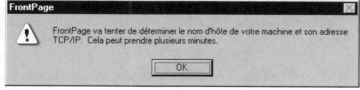

Configuration de l'administrateur du Serveur Web personnel FrontPage

Veuillez entrer un nom et un mot de passe que vous utiliserez pour vous identifier lorsque
vous créerez et administrerez vos sites Web FrontPage.

Nom: [   ]   [OK   ]

Mot de passe: [   ]   [Annuler]

Confirmer le mot de passe: [   ]   [Aide]

Figure B.4 :
Boîte de
dialogue de
l'administra-
teur.

13. **Indiquez alors le nom de l'administrateur dans la boîte de saisie et,
    s'il vous est demandé un mot de passe, donnez-le une première fois,
    puis une seconde fois dans la boîte de confirmation.** Attention, nom
    d'administrateur et mot de passe sont sensibles aux différences de
    casse.

14. **Cliquez sur OK puis sur Terminer dans la boîte de dialogue qui
    s'affiche ensuite.** Cela a pour effet de lancer l'Explorateur de FrontPage
    en affichant une boîte de dialogue indiquant qu'il va déterminer le nom
    d'hôte de votre machine et son adresse IP (Figure B.5).

Figure B.5 :
FrontPage va
essayer de
trouver votre
adresse IP.

FrontPage

⚠ FrontPage va tenter de déterminer le nom d'hôte de votre machine et son adresse
   TCP/IP. Cela peut prendre plusieurs minutes.

[OK   ]

15. **Cliquez sur OK pour lancer la recherche.** Après quelques secondes,
    FrontPage vous affiche le résultat de sa recherche.

16. **Cliquez sur OK.** La boîte de dialogue se referme pour laisser place à la
    fenêtre de mise en route de FrontPage (Figure B.6).

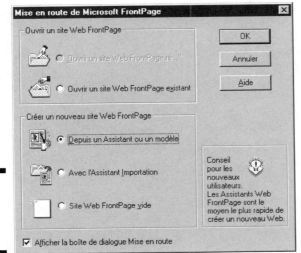

Figure B.6 :
Ecran de
mise en
route de
FrontPage.

Annexe C

Qu'y a-t-il sur le CD-ROM d'accompagnement ?

S ur le CD-ROM qui est encarté dans la dernière page de couverture de ce livre, vous allez trouver quelques programmes et gadgets qui vous faciliteront l'utilisation de FrontPage.

Modèles de pages personnalisées

Les modèles de pages de FrontPage constituent une bonne base de départ pour ceux qui n'ont pas encore beaucoup d'expérience d'auteur Web, mais ils ne sont pas très attrayants. C'est pourquoi j'en ai conçu quelques-uns spécialement à l'intention des lecteurs de ce livre : curriculum vitae, page d'accueil personnelle, formulaire de confirmation et d'autres encore.

Pour utiliser ces modèles (ou les ouvrir dans l'éditeur de FrontPage afin d'y jeter un coup d'œil), vous devez commencer par recopier tous les dossiers du répertoire TEMPLATES du CD-ROM dans le répertoire C:\Program Files\Microsoft FrontPage\Pages de votre disque dur (ou ailleurs, si vous n'avez pas installé FrontPage dans le répertoire par défaut proposé lors de son installation).

Le plus simple est d'utiliser pour cela l'explorateur de Windows 95 de la façon suivante :

1. **Lancez l'explorateur de Windows 95.** Cliquez sur le bouton Démarrer, à gauche dans la barre des tâches, puis sur Programmes/Explorateur Windows.

2. **Dans le panneau de gauche, localisez le répertoire C:\Program Files\Microsoft FrontPage\Pages en cliquant sur les icônes + jusqu'à ce que ce dernier répertoire soit visible (Figure C.1).** Inutile de l'ouvrir.

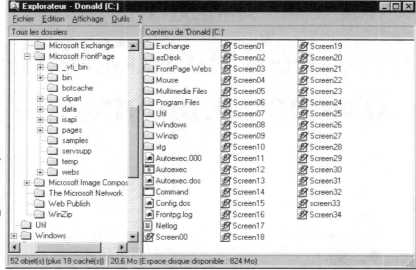

Figure C.1 :
L'explorateur
Windows
montrant le
répertoire de
FrontPage où
doivent être
installés les
modèles.

3. **Dans le panneau de gauche, cliquez maintenant sur l'icône du lecteur de CD-ROM (en faisant au besoin défiler le contenu du panneau pour la trouver).** Le contenu du CD-ROM s'affiche dans le panneau de droite.

4. **Dans le panneau de droite, double-cliquez sur le dossier TEMPLATE pour l'ouvrir.** Les dossiers qui s'y trouvent deviennent visibles dans le panneau de droite de l'explorateur.

5. **Sélectionnez tous les dossiers de ce panneau et faites-les glisser vers le panneau de gauche pour les déposer sur le dossier PAGES.** L'explorateur recopie alors tous les fichiers.

6. **Une fois cette recopie terminée, refermez l'explorateur.**

Maintenant que ces modèles sont recopiés au bon endroit, vous pouvez les ouvrir dans l'éditeur de FrontPage. Pour cela, opérez comme je l'ai indiqué au Chapitre 3, section "Création d'une nouvelle page Web – Au moyen d'un modèle".

Les bonnes adresses de l'Internet

Tout au long de cet ouvrage, je vous ai cité des adresses de sites Web de l'Internet particulièrement intéressants. *Les bonnes adresses de l'Internet* est une page Web qui contient un lien vers chacun de ces sites (plus quelques autres). Inutile, donc, de vous échiner à recopier une adresse parfois ésotérique dans la fenêtre de votre browser pour aller explorer ces sites. Il vous suffit d'ouvrir ma page dans votre browser habituel. Si vous voulez pouvoir ouvrir cette page sans avoir à insérer chaque fois le CD-ROM dans son lecteur, recopiez-la sur votre disque dur.

NETCOLPC.GIF

Ce fichier d'image contient un échantillon de chacune des couleurs "sûres", c'est-à-dire des couleurs que vous pouvez utiliser pour une image dans une présentation Web. J'ai déjà abordé ce sujet au Chapitre 7. La plupart des éditeurs d'image, y compris Image Composer de Microsoft et Paint Shop Pro, vous permettent d'ouvrir une image et d'en sauvegarder les couleurs dans une *palette*. Plus tard, vous pourrez utiliser les couleurs de cette palette pour d'autres images. Pour tous détails concernant ce sujet, consultez la documentation de votre éditeur d'images habituel.

Paint Shop Pro

Si Image Composer de Microsoft vous semble trop sophistiqué pour la tâche que vous voulez accomplir, utilisez Paint Shop Pro pour créer et éditer vos images Web.

Voici comment installer Paint Shop Pro :

1. **Insérez le CD-ROM dans votre lecteur de CD-ROM.**

2. **Sur le bureau de Windows 95, double-cliquez sur l'icône Poste de travail.** Une icône apparaît dans la fenêtre pour chacun des disques installés.

3. **Double-cliquez sur l'icône du CD-ROM pour en afficher le contenu.**

4. **Double-cliquez sur le dossier PSP pour l'ouvrir.**

5. **Double-cliquez sur SETUP.EXE pour lancer le programme d'installation de Paint Shop Pro.** L'installation commence. Suivez les instructions qui vous seront données.

Pour lancer Paint Shop Pro, cliquez sur le bouton Démarrer de la barre des tâches de Windows 95, puis sur Programmes/Paint Shop Pro/Paint Shop Pro Shareware 3.12 - 32 Bit.

N'oubliez pas que ce programme est proposé en shareware. Si vous décidez de continuer à l'utiliser, vous devez donc verser à son auteur la redevance qu'il demande. Pour plus d'informations sur la façon de s'enregistrer, cliquez sur le bouton Help dans le message initial ou sur le menu Help/Purchasing.

Pour voir des images avec Paint Shop Pro, faites ce qui suit :

1. **Lancez Paint Shop Pro comme indiqué ci-dessus. Lorsque s'affiche le message initial, cliquez sur OK.**

2. **Cliquez sur File/Open pour afficher la boîte de dialogue d'ouverture des images.**

3. **Choisissez le fichier d'image que vous voulez observer et double-cliquez sur son nom.**

4. **Pour quitter Paint Shop Pro, cliquez sur File/Exit.**

WS_FTP

Si vous devez publier votre site Web par FTP, WS_FTP est le meilleur choix que vous puissiez faire. Il vous permet de transférer des fichiers d'un ordinateur à l'autre sur l'Internet.

Pour installer WS_FTP, procédez ainsi :

1. **Insérez le CD-ROM dans votre lecteur de CD-ROM.**

2. **Sur le bureau de Windows 95, double-cliquez sur l'icône Poste de travail.** Une icône apparaît dans la fenêtre pour chacun des disques installés.

3. **Double-cliquez sur l'icône du CD-ROM pour en afficher le contenu.**

4. **Double-cliquez sur le dossier WS_FTP pour l'ouvrir.**

5. **Double-cliquez sur SETUP.EXE pour lancer le programme d'installation.** L'installation commence. Suivez les instructions qui vous seront données.

Pour lancer Paint Shop Pro, cliquez sur le bouton Démarrer de la barre des tâches de Windows 95, puis sur Programmes/WS_FTP/WS_FTP95LE.

Il s'agit ici d'une édition limitée, gratuite pour tout usage non lucratif. Si vous voulez l'utiliser dans des applications commerciales, vous devez vous enregistrer. Pour cela, cliquez sur le bouton About puis sur le bouton About WS_FTP Pro.

Index

Achevé d'imprimer le 24 mars 1997
sur les presses de l'imprimerie «La Source d'Or»
63200 Marsat
Dépôt légal : 1er trimestre 1997
Imprimeur n° 6729